신생아부터 72개월까지 SOS 육아 고민 해결서

처음 부모 육아멘붕 탈출법

| 일러두기 |

이 책에 사용한 의학 용어는 국립국어원《표준국어대사전》에 따라 표기하였으나 일부 표현이 다른 용어의 경우 미래엔에서 출간한《홍창의 소아과학》에서 정의한 용어를 사용하였습니다.

주요 참고 도서 :《홍창의 소아과학(제12판)》안효섭·신희영 저, 미래엔 출간,《Nelson Textbook of Pediatrics(Edition 21)》ELSEVIER,《소아과 진료(개정 제9판)》홍창의 저, 고려의학 출간

주요 참고 자료 : 국가건강정보포털 의학 정보

신생아부터 72개월까지 SOS 육아 고민 해결서

처음 부모 육아 멘붕 탈출법

피터소아청소년과 원장 **곽재혁**

SOULHOUSE

피터 쌤과 함께 초보 부모 탈출하기

    불과 칼로 인해 긴장과 냉정이 공존하는 주방에서 25년을 일해온 나는 스스로 멘탈이 강한 편이라 자부해왔다. 하지만 3년 전 딸아이가 비행기 안에서 열성 경련을 일으킨 후로는, 적어도 내 아이에 관해서만은 냉정과 침착을 유지할 수 없음을 뼈저리게 느꼈다. 그 후론 아이에게 조금만 열이 나도 멘붕이 오는 나는 딸아이를 안고 피터 선생님께 날아가듯 달려가는데, 그분은 매번 침착한 말투와 정확한 진료로 이 못난 루아 아비를 안심시켜주신다. 아마도 딸 가진 아빠들끼리의 공감대가 피터 선생님을 향한 내 신뢰를 더 굳건하게 만들어주는 것 같다.

    의사로서의 경험에 아빠로서의 경험이 더해진 이 책을 우리 집 서재가 아닌 거실 탁자 위에 올려 두고 틈날 때마다 읽으며 내 멘탈을 단련해야겠다. 물론 아이에게 열이 나면, 또다시 바람처럼 날아서 피터 선생님께 달려가겠지만 말이다.

– 루아나리 아빠, 셰프 레이먼 김

시안이와 해안이를 처음 데리고 피터 선생님께 갔을 때, 친삼촌처럼 친절하고 믿음직한 진료를 해주셨던 순간을 기억합니다. 특히 우리 둘째와 동갑인 딸을 키우고 계셔서 큰 공감대를 가질 수 있었고, 언제나 그 푸근한 아빠 미소를 아이들에게 보여주셔서 여러 소아 질환들을 편안하게 이겨낼 수 있었습니다. 우리 두 아들을 건강하게 키우는 데 지대한 역할을 해주신 피터 선생님께서 책을 내시니, 우리 부부의 살아있는 경험으로 추천합니다.

— 투안이 아빠 엄마, 재즈피아니스트 김가온 & 탤런트 강성연

7년 전 수지 동천동에 이사 왔을 때, 모든 게 낯설었습니다. 아이가 아플 때 부모 마음은 정말 답답하기 그지없었고, 그저 피터 선생님만 믿고 달려갔습니다. 7년이란 세월 동안 마음 깊이 감사, 또 감사했습니다. 이 책이 7년 전의 저처럼 답답한 부모님들께 도움이 될 수 있길 기원합니다.

— 세라 세빈 엄마, 탤런트 이윤성

항상 아이들에게 살가운 말씀을 많이 해주시는 선생님의 모습을 보면서, 형식보다 따뜻한 마음으로 진료에 임하신다는 인상을 받았습니다. 선생님이 우리 곁에 계신다는 것에 감사드립니다. 아픈 아이를 마음껏 믿고 맡길 수 있었던 피터 선생님처럼, 이 책 역시 믿고 사셔도 괜찮은 책이라고 생각합니다. 강력히 추천합니다.

— 세라 세빈 아빠, 치과의사 홍지호

현실적이면서 따뜻한
육아 길잡이가 되기를 바랍니다

"밤 10시 이전에 꼭 재우세요!"

"훈육은 8개월부터 시작해야 해요!"

"배변 훈련은 18개월부터 시작해야 합니다!"

이상은 모두 내가 진료실에서 자주 했던 말이다. 소아청소년과 의사라는 이유로 나름 육아 전문가 행세를 해왔던 나는 정색한 표정에 권위를 더하여 저런 발언을 일삼곤 했다. 만약 지금 내게 타임 슬립 능력이 생긴다면, 당장 그 시절의 나를 찾아가 그 입을 틀어막고 싶다.

마흔이 넘도록 혼자만의 삶에 몰입해 사느라 소아청소년과 전문의가 된 후로도 8년 이상 독신이었던 나는, 그 기간만큼은 반쪽짜리 전문가였음을 인정하지 않을 수 없다. 사실 그 미완의 전문가 시절에는 내게 부족한 게 뭔지 미처 깨닫지 못했었다. 나는 스스로 육아에 대해 잘 알고 있다고 여겼고, 내 아이가 생긴다면 정말 잘 키워낼 자신이 있는 준비된 아빠라고 믿었더랬다.

그런데 마흔하나의 나이에 결혼한 후 뒤늦게 아빠가 되어 나와 집사람을 반반씩 닮은 딸을 낳아 직접 키워보고 나서야 비로소 깨달을 수 있었다. 이론과 현실은 완전히 다르다는 걸 말이다.

주위를 둘러보면 책으로 배운 지식으로 멋모르는 소리를 지껄였던 과거의 나처럼 현실과는 동떨어진 육아 지침을 큰 소리로 떠들어대는 전문가들을 심심찮게 볼 수 있다. 그들은 밤낮없는 육아 전쟁에 시달리느라 가뜩이나 고단한 부모들이 마치 큰 잘못이라도 한 것처럼 호통친다.

'이론으로 무장한 육아서가 아니라 현실적으로 와닿는 육아서가 있으면 좋겠는데…. 아이가 아플 때 발을 동동 구르는 부모에게 위안이 되는 한마디를 건네주었으면 좋겠는데…. 내가 가진 지식과 경험이 도움이 될 순 없을까?'

이 책은 그런 생각에서 시작하였다. 13년 동안 쌓아온 임상 경험에 뒤늦게 아빠가 되어 몸소 체험한 현실 육아 경험을 더하였다. 현역 소아청소년과 의사로서의 중심과 균형을 잃지 않으면서도, 딸을 키우는 아빠로서 느끼는 소회를 최대한 솔직하게 털어놓았다. 무엇보다 소아 질환에 대한 전문적인 지식과 정보를 체계적이면서도 쉽게 정리하는 한편, 실제 육아 현장에서 수시로 펼쳐 참고할 수 있도록 현실적 육아 지침을 제시하려고 노력했다.

아이를 키우다 보면 부모는 수시로 멘붕에 빠지기 마련이다. 모쪼록 이 책이 처음 부모에게 실질적인 도움과 정서적 구원을 주길 바란다. 아울러, 당신의 지친 마음을 다독이며 긍정의 마법을 전하는 책이 될 수 있다면 좋겠다.

피터소아청소년과의원 원장 곽재혁

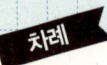

추천사 피터 쌤과 함께 초보 부모 탈출하기 4
머리글 현실적이면서 따뜻한 육아 길잡이가 되기를 바랍니다 6

Chapter 1 신생아, 모든 게 궁금해요! 신생아 Q&A

Case 1 심장에서 잡음이 들린다고요? 20
Q. 아기 심장에서 잡음이 들린다는데 어떻게 해야 하나요? 22 Q. 심잡음이 들리면 무조건 심장초음파 검사를 해야 하나요? 23 Q. 동네 소아청소년과가 아니라 대학병원에 가야 하지 않을까요? 24 Q. 심잡음이 들렸다 안 들렸다 할 수도 있나요? 25 Q. 심잡음이 안 들릴 때에도 심장병이 있을 수 있나요? 25 병적 심잡음을 유발하는 대표적 선천 심질환 5가지 27

Case 2 딤플이 있다고 해서 걱정돼요! 30
Q. 딤플이 뭔가요? 31 Q. 딤플은 왜 생기는 건가요? 31 Q. 최악의 경우 어떤 이상이 생길 수 있나요? 31 Q. 정밀 검사가 필요한 경우에는 어떤 검사를 받게 되나요? 32 딤플이 있는 아기에게 초음파나 MRI를 시행해야 하는 경우 32

Case 3 신생아 황달이 심하면 모유를 끊어야 하나요? 33
Q. 신생아 황달은 왜 일어나는 거죠? 34 Q. 피부색만 보고도 황달이 어느 정도 심한지 알 수 있나요? 34 Q. 황달이 심하면 모유를 끊어야 하나요? 35 Q. 조기 모유 황달은 뭔가요? 36 신생아 황달에서 치료가 필요한 경우는? 37

Case 4 신생아에게 열이 나면 어떡해요? 40
Q. 신생아에게 열이 나면 무조건 병원에 가야 하나요? 41 Q. 엄마에게 받은 항체가 있는 신생아에게 왜 감염이 발생하는 거죠? 41 Q. 3개월 미만의 아기에게 열이 나면 무조건 입원해야 하나요? 42 신생아에게 열이 날 때, 꼭 병원에 데려가야 하는 경우 44

Case 5 태열인가요, 아토피인가요? 45
Q. 태열인가요, 아토피인가요? 46 Q. 태열이 심해져서 아토피가 되면 어떡하죠? 48 Q. 덥게 키워서 태열이 심해진 건가요? 49 Q. 신생아에게 가장 적합한 온도와 습도는? 49 신생아에서 흔히 발견되는 일과성 피부 병변들 – 좁쌀종, 신생아 중독 홍반, 한진, 신생아 여드름, 연어반, 대리석양 피부 50

Case 6 신생아에게 눈곱이 끼면 어떻게 해야 하나요? 52
Q. 코눈물관이 막혀 있으면 어떻게 치료해야 하나요? 53   Q. 안약은 어떻게 넣어야 하나요? 53   Q. 눈물샘 마사지는 어떻게 하나요? 54   Q. 안약을 넣다가 좋아져서 끊었는데, 얼마 후에 눈곱이 다시 껴요 54   선천 코눈물관 막힘의 치료 55

Case 7 녹색 변을 보는데 괜찮을까요? 56
Q. 아기 변이 녹색인데 괜찮을까요? 57   Q. 어떤 색깔이 건강한 아기 변이라고 할 수 있나요? 58   변 색깔에 따른 대처 방법 59

Case 8 기저귀에 붉은 얼룩이 묻어 있어요! 60
Q. 기저귀에 주황색 얼룩이 묻어 있는데, 혹시 피는 아닐까요? 60   Q. 태어난 지 며칠 안 된 우리 딸 기저귀에 피가 묻어 있어요! 61   Q. 소아청소년과에 기저귀를 가져가는 게 좋나요? 62   신생아 기저귀에서 보이는 얼룩에 대한 대처 방법 63

Case 9 아기에게 기저귀 발진이 생겼어요! 64
기저귀 발진에 사용하는 연고들 66

Case 10 설소대가 짧다는데 어떡하죠? 67
Q. 아기가 모유 수유를 잘 못하는 게 설소대 때문일까요? 68   Q. 설소대가 짧으면 어떤 문제가 생기나요? 69   설 유착의 수술적 치료 70

Case 11 아구창, 엄마 잘못인가요? 71
아구창의 치료 72

Case 12 그 외의 신생아 건강 관련 질문들 73
Q. 아기가 자지러지게 우는데 영아 산통인가요? 73   Q. 아기가 딸꾹질을 너무 자주 하는데 괜찮을까요? 74   Q. 두피에 각질과 누런 딱지가 생겼는데, 지루성 피부염인가요? 74   Q. 배꼽 관리는 어떻게 해줘야 하나요? 75   Q. 아기 눈이 몰려 보이는데, 사시는 아닐까요? 76   Q. 아기가 한쪽으로만 고개를 돌리고 있는데, 사경은 아닐까요? 76

Checklist 처음 부모를 위한 성장 발달 체크리스트 78
Q. 영유아 검진, 꼭 받아야 하나요? 79   Q. 우리 아기는 언제쯤 걸을까요? 81   Q. 운동 발달의 순서와 시기가 궁금해요 82   Q. 정상적인 언어 발달 과정이 궁금해요 84
신장 백분위수 86   체중 백분위수 88   머리둘레 백분위수 90

Chapter 2 12대 증상별 소아 질환과 원인

Case 1 열나는 아이 96
Reason. 생후 3개월 미만에서의 발열 원인 97   **Reason.** 생후 3개월~36개월에서의 발열 원인 97   **Reason.** 만 3세 이후에서의 발열 원인 98   **Q.** 병원에 가기 전에 집에서 어떻게 하는 게 좋을까요? 98   밤에 갑자기 열이 나면 응급실에 가야 하나요? 99

Case 2 경련하는 아이 100
Reason. 열성 경련 101   **Q.** 아이가 처음으로 경련했을 때, 어떻게 대처해야 하나요? 102   열성 경련 치료 방법 103

Case 3 기침하는 아이 104
Reason. 급성 기침의 원인 – 감기, 이물질 흡인 105   **Reason.** 만성 기침의 원인 – 감기, 천식, 부비동염 등 105   **Q.** 아이가 기침이 심할 때 집에서 해줄 수 있는 게 없을까요? 106   기침약을 꼭 먹여야 하나요? 107

Case 4 숨쉬기 힘들어하는 아이 108
Reason. 천식 108   **Reason.** 모세기관지염 109   **Reason.** 급성 후두염 110   **Reason.** 아나필락시스 111

Case 5 콧물이 나거나 코 막히는 아이 112
Reason. 감기 113   **Reason.** 부비동염 114   **Reason.** 알레르기 비염 115   **Q.** 아이에게 콧물과 코 막힘이 있을 때 집에서 해줄 수 있는 게 없을까요? 117   코 말리는 약과 코 뚫는 약 118

Case 6 배 아픈 아이 120
Reason. 급성 복통 – 복막염, 장중첩증 등 121   **Reason.** 만성 복통 122   **Reason.** 복통의 위치에 따른 원인 123   **Q.** 아이가 배 아파할 때 집에서 해줄 수 있는 게 없을까요? 124   배가 아플 때 즉시 병원에 가야 하는 경우 125

Case 7 토하는 아이 126
Reason. 생후 1개월 미만 신생아의 구토 127   **Reason.** 생후 1개월~12개월 영아의 구토 127   **Reason.** 만 1세~10세 소아의 구토 128   **Q.** 아이가 토할 때 집에서 해줄 수 있는 게 없을까요? 128   이럴 땐 탈수를 의심해야 해요! 129

Case 8 머리 아픈 아이 130
Reason. 두통의 종류와 원인 131   **Q.** 아이가 머리 아프다고 할 때 집에서 해줄 수 있는 게 없을까요? 132   두통으로 영상의학 검사를 받아야 하는 경우 132

Case 9 설사하는 아이 133
Reason. 생후 12개월 미만 영아의 설사 134   **Reason.** 만 1세~10세 소아의 설사 134   **Q.** 아이가 설사할 때 집에서 해줄 수 있는 게 없을까요? 134   설사 치료는 이렇게 해요 135

Case 10 변비가 심한 아이 136
Reason. 모유나 분유만 먹는 아기의 변비 원인 및 대처법 137   **Reason.** 이유식을 시작한 아기의 변비 138   **Reason.** 밥을 먹기 시작한 아이의 변비 139   **Reason.** 대소변 가리기를 시도 중인 아이의 변비 139   **Reason.** 집 밖에서 배변을 거부하는 아이의 변비 140   변비에 있어 유산균의 효과 141

Case 11 귀 아픈 아이 142
Reason. 중이염의 원인 143   **Q.** 중이염에 걸렸을 때 수영하면 안 되나요? 144   **Q.** 중이염에 걸렸을 때 비행기에 타면 안 되나요? 145   **Q.** 중이염에 걸리면 꼭 항생제 치료를 해야 하나요? 145   **Q.** 중이염은 한 번 걸리면 계속 걸리나요? 146   **Q.** 밤에 갑자기 귀가 아프다고 울면 응급실에 가야 하나요? 147

Case 12 발진 돋은 아이 148
Reason. 돌발진 148   **Reason.** 전염성 홍반 149   **Reason.** 수족구병 149   **Reason.** 수두 150   **Reason.** 성홍열 150   **Reason.** 가와사키병 151   **Reason.** 약진 152   **Reason.** 한진 152   **Reason.** 농가진 152   **Reason.** 곤충 자상 132

Chapter 3 육아 멘붕 상황 해결법

Q. 항생제는 안 쓰는 게 좋지 않나요? 158
Q. 항생제 사용 기준이 궁금해요 160
Q. 세균과 바이러스는 뭐가 다른 건가요? 161
Q. 항생제를 먹고 설사하는 경우에는 어떻게 해야 하나요? 162
Q. 냉장 보관하라는 항생제를 실수로 실온에 뒀는데 어떡하죠? 163

Q. 항생제에 내성이 생기면 어떡하죠? 164
Q. 항생제를 썼는데도 열이 지속되면 어떻게 해야 하나요? 165
Q. 스테로이드 연고, 써도 될까요? 166
Q. 스테로이드 연고는 얼마 동안 쓸 수 있나요? 168
Q. 스테로이드 연고의 부작용은 무엇인가요? 169
　+ 스테로이드 연고의 강도별 분류 170
Q. 열이 나면 반드시 해열제를 먹여야 하나요? 172
Q. 해열제를 먹여도 열이 안 떨어지면 어떡하죠? 173
Q. 고열이 심하면 응급실에 꼭 가야 하나요? 174
Q. 해열제 종류에 대해 알려주세요 175
Q. 약의 유효기간이 궁금해요! 176
Q. 예방접종을 꼭 해야 하나요? 178
Q. 한 번에 여러 백신을 접종해도 괜찮은가요? 180
　+ 한눈에 보는 예방접종 표 181
Q. 어떤 백신을 선택해야 할지 잘 모르겠어요 182
Q. 피내용과 경피용 BCG 중에서 뭐가 낫나요? 183
Q. 독감 예방접종은 왜 매년 해야 하나요? 184
Q. 독감 접종은 3가로 할까요? 4가로 할까요? 185
Q. 타미플루 부작용이 걱정돼요 186
Q. 신종 전염병에 어떻게 대처해야 할까요? 187
　+ 전염병 예방 수칙 188
Q. 아이가 밤에 오줌을 싸요 189
Q. 야뇨증을 치료할 때 꼭 약을 먹여야 하나요? 190
Q. 아데노이드가 크다는데 꼭 수술을 해줘야 하나요? 192
Q. 요즘도 기생충 감염이 있나요? 194
Q. 머릿니는 어떻게 제거하나요? 196
Q. 아이가 항문 주위에 가려움을 느껴요! 198
Q. 유산균, 신생아에게도 먹이는 게 좋은가요? 199
Q. 우리 아이는 변비가 없는데 꼭 유산균을 먹여야 할까요? 200
Q. 유산균, 어떤 걸 먹여야 할지 모르겠어요! 201
Q. 아이 입 냄새가 심한데 왜 그런 걸까요? 202

Q. 입 냄새를 없애려면 어떻게 해야 하나요? 203
Q. 입 냄새를 예방하는 치아 관리법은? 204
Q. 미세먼지가 심한 날에는 어떻게 해야 하죠? 206
Q. 환기는 어떻게 하는 게 좋은가요? 208
Q. 마스크는 어떤 걸 사용해야 하죠? 209
Q. 아토피가 있으면 왜 피부가 건조한가요? 210
Q. 보습제와 연고 중에 무엇을 더 먼저 발라야 하나요? 211
Q. 보습제는 어떤 제품을 선택해야 하나요? 212
Q. 우리 아이가 비만일까 봐 걱정이에요! 214
Q. 소아 비만은 어떤 문제를 유발하나요? 215
Q. 소아 비만은 어떻게 치료하나요? 216
Q. 또래에 비해 키가 작아서 고민이에요! 218
Q. 키가 다 자랐다는 건 뭘 보고 판단하나요? 219
Q. 성장판 검사는 언제 하는 게 좋은가요? 220
Q. 아이에게 성장 호르몬 치료를 해주는 것이 좋을까요? 221
Q. 성장 호르몬 치료 외에 키 크는 방법은 없을까요? 222
Q. 귀지를 파줘도 될까요? 223
Q. 가습기를 써도 될까요? 224
Q. 포경수술, 꼭 시켜줘야 하나요? 225

Chapter 4 우리 아이가 다쳤어요! 응급 상황 대처법

Q. 이마가 찢어졌는데 흉터가 남을까요? 230
Q. 넘어진 상처에는 무슨 밴드를 써야 하나요? 234
Q. 아이가 침대에서 떨어졌는데 괜찮을까요? 235
Q. 뼈가 부러진 것 같아요! 239

Checklist SOS! 응급 상황 대처법 240
Q. 아이가 화상을 입었을 땐 어떻게 하죠? 241　Q. 아기가 뭘 삼켰어요 242　Q. 기도가 막혔을 때는 어떻게 해야 하죠? 244　Q. 심폐소생술은 어떻게 하나요? 247

Chapter 5   뒤늦게 아빠가 된 소아과 의사의 현실 육아

Story 1 우리 아이는 왜 이렇게 자주 아플까요? 254
Q. 바이러스 질환에 자주 걸리는데 면역력이 약해서 그런 건가요? 255   Q. 어린이집을 보내지 말아야 할까요? 256   Q. 면역력을 높일 방법은 없나요? 256   면역력을 높이는 방법 257   Q. 면역력 증강을 위해 홍삼을 먹여도 될까요? 259

Story 2 밥을 너무 안 먹는데 좋은 영양제는 없나요? 260
밥을 잘 안 먹는 아이를 둔 부모님을 위한 행동 지침 261

Story 3 감기가 안 나으면 병원을 바꿔야 하나요? 264

Story 4 이른둥이를 둔 부모님께 269
Q. 이른둥이가 신생아 집중치료실에서 받는 치료는? 271   아기가 신생아 집중치료실에 있는 동안 보호자가 해야 할 일 272   신생아 집중치료실에서 퇴원할 수 있는 조건 272   신생아 집중치료실 퇴원 전후에 받아야 할 검사 273   신생아 집중치료실 퇴원 후 관리 274

Story 5 가택 연금의 공포, 수족구병 276
Q. 수족구병에 걸린 아이에게 아이스크림을 먹여도 되나요? 279

Story 6 아이에게 스마트폰 보여주면 안 되나요? 280
스마트폰 및 영상 매체의 바람직한 사용 지침 281   Q. 식당에서 밥 먹을 때 아이가 스마트폰 보여 달라고 떼쓴다면? 282

Story 7 우는 아이에게 어떻게 반응해야 할까요? 284
1. 필요와 욕구를 구분하라! 287   2. 엄마의 모성 본능에 귀를 기울여라! 288

Story 8 손가락을 못 빨게 하는 방법은 없나요? 290
Q. 손가락 빨기는 언제부터 못 하게 해야 하나요? 291   Q. 우리 아이는 꼭 손가락을 빨아야 잠드는데, 허용하면 안 될까요? 291

Story 9 수유가 이렇게 어려운 거였나요? 292
1. 이상적인 모유 수유 간격과 횟수 294   2. 이상적인 분유 수유 간격과 횟수 295
3. 이상적인 혼합 수유 방법 296   Q. 자주 게워내는 아기, 어떻게 해야 할까요? 297

Story 10 이유식, 사서 먹이면 안 될까요? 298
1. 이유식의 필요성 299   2. 적절한 시기에 시작하라! 300   3. 육아 책에 나와 있는 스케줄은 참고만! 301   4. 알레르기 예방도 중요하지만, 영양이 더 중요하다 302   5. 이유식은 엄마와 아기가 모두 즐거워야 한다 303   6. 시판 이유식이라도 괜찮아! 304

Story 11 프랑스 육아, 나도 한 번 해볼까? 305

Story 12 배변 훈련이라는 게 정말 효과가 있나요? 312

Story 13 아이와 함께하는 해외여행 318
Q. 신생아는 언제부터 비행기 탑승이 가능한가요? 318   Q. 해외여행 전에 어떤 비상약을 준비해야 하나요? 320   아이와 함께하는 해외여행 전에 챙겨야 할 체크리스트 320

Story 14 소아과 의사를 100% 활용하는 방법 322
1. 진단을 먼저 내리지 말고 증상을 알려주세요 323   2. 증상은 가급적 자세하게 말씀해주세요 323   3. 질병의 경과를 정확하게 파악해서 알려주세요 324   4. 스마트폰을 적극적으로 활용하세요 325   5: 질문은 의사의 설명이 끝난 후에 해도 늦지 않습니다 325   6. 왜 이렇게 안 낫느냐고 따지기보다는 같은 편으로 생각해주세요 325   7. 의견 제시는 환영하지만 지시에 가까운 요구는 곤란합니다 326   8. "미안해!" 보다는 "괜찮아!" 하며 달래주세요 327   9. 아이가 자주 앓는 질환에 대해서는 어느 정도 이해가 필요합니다 327   10. 부디 믿어주세요 328

Story 15 많이 아픈 아이를 둔 부모님께 329

찾아보기 332

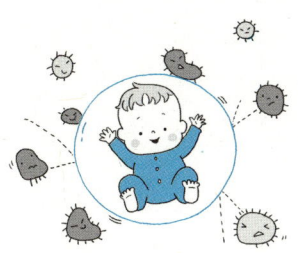

Chapter 1

신생아, 모든 게 궁금해요!

신생아 Q&A

소아과 진료실에서 만나는 보호자 중 가장 대하기 조심스러운 부류를 꼽자면 그건 바로 갓난아기의 보호자, 즉 초보 엄마, 아빠들이다. 아기를 낳은 지 얼마 안 된 산모들은 대개 산후 호르몬 불균형으로 인해 잔뜩 예민해진 데다가 처음으로 엄마가 된 긴장과 불안까지 더해져 신경과민 상태인 경우가 많다.

"우리 아기가 딸꾹질을 너무 자주 하는데 괜찮나요?"
"아기가 자지러지게 우는데 왜 그런 걸까요?"

이처럼 아기의 미세한 몸짓이나 반응 하나까지 심각하게 걱정하며 나를 향해 속사포 같은 질문 공세를 퍼부어대곤 한다.

사실 이런 질문 공세는 비단 진료실 안으로 국한되었던 건 아니다. 내가 소아청소년과 전문의가 된 이후, 갓 부모가 된 친인척과 지인으로부터 걸려 오는 문의 전화를 수시로 응대해왔었다.

그런데 진료실에서, 혹은 문의 전화로 숱하게 접해온 질문 속의 상황을 막상 내가 직접 내 아이를 통해 경험해보니, 나 역시 멘붕이 오긴 마찬가지였다. 딸꾹질하는 게 의학적으로 별문제가 아니라는 걸 잘 알면서도, 내 아이의 딸꾹질이 잘 멈추지 않으면 괜히 신경이 곤두서곤 했다. 신생아는 원래 그럴 수 있다고 누누이 말해왔던 나도, 막상 내 아이가 용을 쓰거나 자지러지게 울면 혹시 어디 아픈 건 아닌지 걱정부터 하게 되었다.

여느 초보 부모가 겪는 멘붕으로부터 나 역시 자유로울 수 없다는 사실을 깨닫고 나니, 나는 과거의 자신을 돌아보며 깊이 반성하게 되었다.

'좀 더 진득하게 질문을 들어드릴 걸…'

'좀 더 따뜻한 눈빛으로 고충에 공감해드릴 걸…'

'좀 더 성심성의껏 대답해드릴 걸…'

1장 신생아 Q&A는 처음 부모가 된 이들의 마음을 안심시켜줄 수 있는 질문들이다. 그 애달픈 심정을 좀 더 깊이 헤아리지 못했던 지난날의 나를 반성하며 초보 아빠의 마음으로 돌아가 최대한 자세하게 내용을 담았다.

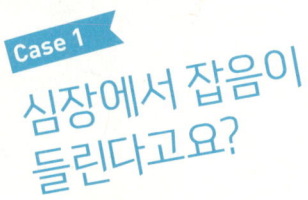

Case 1
심장에서 잡음이 들린다고요?

점점 불러오는 배와 문득문득 감지되는 태동으로만 그 존재감을 느껴왔던 아기를 처음으로 직접 내 품에 안은 순간은 어느 엄마에게나 가슴 벅차고 눈물겨운 감동으로 남아있을 것이다. 하지만 바로 그 순간 이후부터는 마치 다른 차원에 빠져든 것처럼, 그전까지 전혀 알지 못했던 새로운 세계가 펼쳐진다.

세상에서 가장 사랑스러운 생명체와 함께 헤쳐나가는 그 미지의 세계는 온통 눈부신 환희의 햇살로 가득할 것만 같지만, 때로 혼돈의 안개와 근심의 그늘이 갑자기 눈앞을 덮쳐오기도 한다. 이를테면 의사에게 이런 말을 들었을 경우 말이다.

"심장에서 잡음이 좀 들리는 것 같은데요…."

솔직히 말해서, 의사로서 보호자에게 이 말을 전하기까지는 신중한 자기 검증과 고민이 필요하다. 의사의 입에서 이 말이 떨어지는 순간 아기 엄마에게는 심장이 철렁 내려앉는 충격이 전해진다는 걸 잘 알기 때문이다.

사실 크고 선명한 심잡음이 들리는 경우에는 별 고민의 여지가 없다. 그런 경우에는 원인 규명을 위한 정밀 검사의 필요성을 보호자에게 효과적으로 설명하는 데 집중하면 된다. 한데 잡음이 들릴 듯 말 듯 미세할 때는 과연 이걸 보호자에게 말해야 할지 말아야 할지, 순간 고민에 빠지게 된다.

"심장에서 미세한 잡음이 들리니, 다음번 방문 때 다시 한번 들어보도록 하겠습니다."

아무리 '미세한'이라는 수식어를 붙여도 심장에서 잡음이 들린다는 말을 꺼내는 순간 눈물부터 글썽이는 엄마들을 숱하게 접하다 보니, 심잡음에 대한 언급 자체가 조심스러운 게 사실이다. 그래서 나는 이런 당부를 꼭 덧붙인다.

"심잡음이 들려도 막상 심초음파 검사를 해보면 정상인 경우가 더 많고, 일시적으로 들렸다가 저절로 사라지는 무해성 심잡음일 가능성이 더 크니 너무 걱정하진 마세요!"

걱정하지 말라는 말이 보호자에게는 잘 안 들릴 거란 걸 알면서도 그들의 걱정을 조금이나마 덜어주고 싶은 마음인 것이다. 그럴 때 의사로서 드릴 수 있는 가장 큰 도움은 정확한 정보일 것이다. 그렇다면 심잡음과 관련해 보호자들이 자주 하는 질문부터 살펴보기로 하자.

Q. 아기 심장에서 잡음이 들린다는데 어떻게 해야 하나요?

타 병원에서 심잡음 얘기를 들었다고 말하는 보호자 중 상당수가 그 후속 조치에 대한 설명을 제대로 듣지 못했다고 하는 경우가 많다. 그저 "지켜봅시다!"라는 말 한마디는 보호자에게 걱정 보따리만 떠안길 뿐이다. 명확한 플랜을 제시하지 못한 채 자신의 소견만 덜컥 내놓는 의사는 아무리 실력이 출중하더라도 좋은 의사라고 얘기하기 어렵다. 위 질문에 대한 답을 단 한 문장으로 답하라면 내 대답은 다음과 같다.

"심장초음파 검사를 하면 됩니다!"

왜냐하면, 근래에는 심초음파 검사만으로 거의 모든 심장의 이상을 잡아낼 수 있기 때문이다. 심장질환의 진단에 심도자법과 같은 침습적 검사가 꼭 필요했던 과거에 비해, 비침습적인 심초음파만으로도 충분한 요즘은 검사에 대한 부담이 현저히 줄었다. 게다가 심초음파는 방사선 노출에 대한 염려가 없다는 것 또한 큰 장점이다.

그러니 여러 말할 것 없이, 심잡음이 들리면 심초음파 검사를 해보면 된다. 검사 결과가 정상이라면 전혀 걱정할 필요 없고, 만약 이상이 있다고 해도 저절로 치유되는 경우가 더 많다. 그리고 설혹 자연 치유가 안 되는 이상이 있더라도, 대부분 수술적 치료로 해결될 수 있으니 너무 걱정하지 않아도 된다.

Q. 심잡음이 들리면 무조건 심장초음파 검사를 해야 하나요?

사실 심잡음이 들리는 모든 경우에 심초음파를 시행하는 것이 의사 입장에서는 가장 속 시원하고 마음 편한 결정일 것이다. 청진기만으로 심장질환을 완벽하게 진단할 수는 없기 때문이다.

하지만 보호자의 입장에서 생각하면 얘기가 조금 달라진다. 대학병원에 가서 검사를 받는 데 드는 시간과 비용은 차치하더라도, 안정적인 검사를 위해 아기에게 재우는 약(포크랄 시럽 등)을 먹여야 한다는 점이 보호자에게는 상당한 부담으로 작용할 수밖에 없으니 말이다. 바로 그런 이유로 의사들은 심초음파를 하느냐 마느냐를 두고 신중한 고민을 하게 된다.

수축기에 들리면서 소리가 크지 않고 부드럽게 들리는 심잡음은 심장의 구조적 이상이 없어도 들릴 수 있는 '무해성 기능적 심잡음'일 가능성이 높다. 이런 경우라면 1~2개월 뒤에 다시 청진한 후, 심초음파 검사 여부를 결정해도 무방하다. 무해성 기능적 심잡음은 시간이 지나면서 저절로 없어지는 경우가 많기 때문이다. 대개 생후 6개월까지는 1~2개월 간격으로 예방접종 스케줄이 잡혀 있으므로, 다음 예방접종을 위한 방문 때 다시 추적관찰을 하면 된다. 의사들은 대개 청진기만으로도 기능적 심잡음과 병적 심잡음을 어느 정도 구분할 수 있기 때문에, 의사의 판단과 권고대로 따르는 것이 가장 좋은 방법이다.

Q. 동네 소아청소년과가 아니라 대학병원에 가야 하지 않을까요?

심장에서 잡음이 들린다 해도 무해성 기능적 심잡음일 가능성이 유력할 경우에는 앞서 얘기한 대로 1~2개월의 관찰 기간을 가지는 게 보통이다. 하지만 다음 진료 때까지 걱정과 불안을 안은 채 지내야 하는 보호자에게 한두 달은 사뭇 긴 시간일 수 있다. 그러한 보호자의 심정에서 생각해보면, 유예 기간 없이 곧바로 대학병원을 방문하는 것도 나쁘지 않다.

물론 동네 소아청소년과에서 진료의뢰서를 받아서 대학병원에 간다고 해서 모든 경우에 심초음파 검사를 시행하진 않을 것이다. 하지만 가령 검사할 필요 없다는 얘기를 듣게 된다고 하더라도, 대학병원에 있는 소아 심장 전문의의 입을 통해 다시 한번 확인하면 보호자는 한결 안심될 것이다.

보호자가 대학병원에 진료를 받으러 가고 싶다고 진료의뢰서를 요구했을 때 발급을 거부할 동네 소아과 의사는 아마 거의 없을 테니 진료의뢰서 발급에 대한 부담은 덜어도 좋다.

Q. 심잡음이 들렸다 안 들렸다 할 수도 있나요?

그럴 수 있다. 무해성 기능적 심잡음은 신생아기에 일시적으로 들렸다가 사라질 수도 있고, 생후 초기에는 안 들렸다가 3~7세경에 새롭게 들리는 경우도 있다. 이른둥이의 경우에는 '동맥관 개존증'과 '심실중격 결손' 등이 정상 신생아보다 많은 데다 자연 치유율이 더 높다. 따라서 이른둥이는 심잡음이 일시적으로 들렸다가 사라지는 일이 정상 신생아보다 더 흔하다.

그리고 진찰 당시의 아기 상태도 변수가 될 수 있다. 아기가 보채거나 흥분한 상태에서는 심음을 정확하게 청진하기 어렵고, 심장 박동이 빨라져 심잡음이 묻힐 수도 있기 때문이다.

Q. 심잡음이 안 들릴 때에도 심장병이 있을 수 있나요?

심잡음이 심장질환의 발견에 분명히 중요한 실마리를 제공하지만, 심잡음이 없다고 해서 심장병이 없다고 단정할 수는 없다. 신생아기에 문제 되는 몇몇 심질환(심실중격 결손이 없는 완전 대혈관 전위, 총폐정맥 환류 이상, 심실중격 결손을 동반한 폐동맥 폐쇄, 좌심 형성 부전 증후군 등)에서는 심잡음이 들리지 않는다. 그리고 구멍이 큰 심실중격 결손이나 심방중격 결손에서도 높은 폐혈관 저항으로 인해 출생 직후에는 심잡음이 들리지 않는 경우가 있으므로, 심잡음이 없다고 심질환을 배제해서는 안 된다.

심잡음이 들리지 않는 경우라고 해도 다음과 같은 증상이 나타난다면 심장질환을 의심해 볼 수 있으니 의사의 진단이 필요하다.

☐ 숨이 가쁘고 빠르다.

☐ 모유나 우유를 먹을 때 빠는 힘이 약하거나 자주 멈춘다.

☐ 심장이 빨리 뛴다.

☐ 식은땀을 자주 흘린다.

☐ 체중이 늘지 않는다.

☐ 다른 아기에 비해 활동이 적고 항상 처져 보인다.

☐ 청색증이 있다.

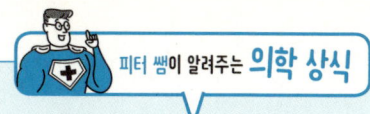

병적 심잡음을 유발하는 대표적 선천 심질환 5가지

심장은 4개의 방으로 이루어져 있는데, 윗방 2개를 심방, 아랫방 2개를 심실이라고 한다. 우심실은 폐동맥과 연결되어 있고, 좌심실은 대동맥과 연결되어 있다. 그리고 대혈관과 심실 사이에는 문과 같은 역할을 하는 판막이 있다.

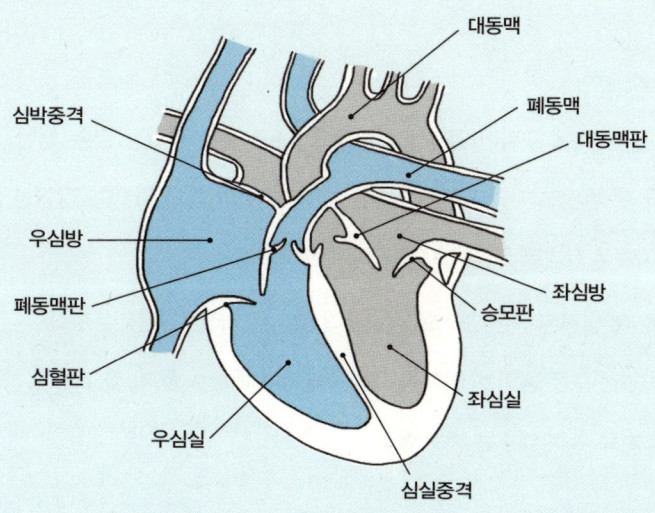

선천 심질환은 각 방을 구분하는 벽에 구멍이 있거나 판막의 결함(협착 또는 역류) 등으로 인해 발생하는데, 발생 빈도는 출생아의 0.8% 정도이다. 선천 심질환의 종류별 빈도는 성별과 인종에 따라 차이가 있는데, 임상적으로 가장 흔한 빈도를 보이는 5개 질환에 대해 간략히 살펴보겠다.

1. 심실중격 결손

심실과 심실 사이의 벽에 구멍이 있는 질환으로 '막양부 결손, 근성부 결손, 대혈관 판하 결손'으로 나뉜다. 감염성 심내막염에 대한 예방적 항생제 요법이 필요하다.

- 작은 결손의 상당수(30~50%)는 생후 2년 이내에 자연 폐쇄된다.
- 중등도 이상의 큰 결손은 자연 폐쇄가 흔하지 않아, 대개 수술적 치료가 필요하다.
- 대혈관 판하 결손은 결손의 크기에 상관없이 수술해야 한다.

2. 심방중격 결손

심방과 심방 사이에 구멍이 있는 질환으로 '이차공 결손, 일차공 결손, 정맥동 결손'으로 나뉜다. 구멍이 크지 않아 증상이 없는 경우 치료가 필요 없으며, 감염성 심내막염에 대한 예방적 항생제 요법 역시 필요하지 않다.

- 신생아기에 발견된 작은 크기의 심방중격 결손은 저절로 막힐 수 있다.
- 증상이 있는 모든 환아는 외과적 치료(수술이나 폐쇄 시술)가 필요하다.
- 외과적 치료 후의 예후는 매우 좋다.

3. 동맥관 개존

출생 직후 막혀야 하는 동맥관이 계속 열려 있는 경우로, 폐혈관 저항이 감소하면서 대동맥 혈류가 폐동맥으로 유입되는 부분이 보인다.

- 이른둥이에게 높은 빈도를 보이나, 이 경우 대개 자연 폐쇄된다.
- 보통 생후 6개월에서 1년 이내에 수술해야 하고 그 이후에 발견된 경우에는 진단 즉시 수술해야 한다. 또한 생후 6개월 이전이라도 심부전증이 있으면 바로 수술해야 한다.

4. 팔로 4징

우심실 유출로 '협착, 심실중격 결손, 대동맥 기승(좌심실에서 나와야 할 대동맥이 좌우의 심실에 걸쳐 있는 기형), 우심실 비대'의 네 가지 해부학적 이상을 가지고 있는 청색증형 선천 심질환이다. 모든 환자가 수술의 대상이 된다.

- 환자의 상태에 따라 처음부터 완전 교정 수술을 시행하기도 하고, 먼저 단락 수술을 한 후 나중에 교정 수술을 시행하기도 한다.
- 수술 후 대개 증상이 사라지고 양호한 경과를 보이지만, 상당수의 환자에서 혈역학적 이상이 남는다. 따라서 장기적 추적 관찰 및 관리가 필요하다.

5. 폐동맥 협착

우심실의 유출로가 막히는 질환이다. 단독으로, 또는 다른 심기형과 함께 발생한다.

- 심하지 않은 폐동맥 협착은 별다른 증상이 없다.
- 협착이 심한 경우 간혹 소아기에도 심부전이 발생할 수 있다.
- 영아기 이후에 중등도 이상의 폐동맥 협착을 보이는 경우 수술적 치료가 필요하다.

Case 2
딤플이 있다고 해서 걱정돼요!

신생아 진찰에서 가장 중점적으로 보는 사항의 첫 번째는 앞에서 살펴본 심잡음, 두 번째는 바로 '딤플(sacral dimple)'이다. 요즘에는 아기 엄마들 사이에서도 이 용어가 꽤 많이 알려져서 의사가 얘기하기도 전에 보호자 측에서 먼저 딤플의 존재 여부를 확인해달라고 부탁하는 경우도 더러 있다.

하지만 딤플이라는 용어에 대해 들어본 보호자라고 해도, 그것의 원인 및 대처 방안에 대해서는 잘 모르는 분이 많을 것이다. 그리고 막상 우리 아기에게 딤플이 있다는 얘기를 들으면 걱정부터 하기 마련이다.

우선 딤플에 관해 보호자들이 자주 하는 질문부터 살펴보면서 걱정에서 벗어나 보자.

Q. 딤플이 뭔가요?

'딤플(sacral dimple)'이란 엉덩이 위쪽 꼬리뼈 부근에 옴폭한 함몰이 생긴 것으로, 통계에 따라서 조금씩 차이를 보이지만 출생아의 3~8%에서 관찰될 정도로 비교적 흔한 증세이다.

Q. 딤플은 왜 생기는 건가요?

딤플은 척추 뒤쪽 끝이 덜 닫혔을 때 생기는데, 대부분 척수에는 이상이 없어서 의학적으로 문제가 되지는 않는다. 하지만 드물게 중요한 신경이 모여 있는 척수의 기형을 동반하는 경우도 있다.

Q. 최악의 경우 어떤 이상이 생길 수 있나요?

딤플이 있는 아이 중 척수의 기형까지 있는 경우에는 신경관 결손을 동반하기 때문에 신경학적 장애가 나타날 수 있다. 하지의 변형 또는 마비, 배뇨 및 배변 기능 이상 등이 그것이다. 그런데 어린 영아의 경우에는 신경학적 이상을 감지하기 어려운 데다 자칫 발달 지연으로 오인될 수 있어, 이미 영구적 손상이 진행된 후에야 발견될 수도 있다. 딤플이 있는 아이 중에서 실제로 척수 기형을 동반하는 경우가 드문데도 불구하고, 우리가 딤플에 대한 검사를 소홀히 할 수 없는 이유가 바로 이 때문이다.

Q. 정밀 검사가 필요한 경우에는 어떤 검사를 받게 되나요?

척추궁(vertebral arch)의 완전한 골화가 이루어지기 전인 생후 3개월까지는 초음파 검사를 통해 진단할 수 있고, 그 이후에는 MRI 검사를 시행하게 된다. 하지만 생후 3개월 이전이라도 때에 따라서는 MRI 검사가 필요할 수도 있다.

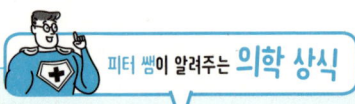
피터 쌤이 알려주는 의학 상식

딤플이 있는 아기에게 초음파나 MRI를 시행해야 하는 경우

☐ 다모증이나 혈관종 등의 다른 피부 병변을 동반한 경우

☐ 신경 이상에 의한 증상이 나타나는 경우

☐ 여러 개의 딤플이 있는 경우

☐ 딤플 지름이 5mm 이상인 경우

☐ 딤플이 항문으로부터 2.5cm 이상 떨어진 경우

☐ 딤플이 천미부(sacrococcygeal region)에서 벗어나 있는 경우

Case 3
신생아 황달이 심하면 모유를 끊어야 하나요?

신생아에게 가장 흔한 질환을 꼽으라면, 그건 바로 황달이다. 신생아에게는 생리적으로도 황달이 발생하는데 만삭아의 60%, 이른둥이의 80%에게 황달이 나타난다. 따라서 황달은 병이라기보다는 대다수의 아기가 한 번쯤은 거쳐 가는 통과의례에 가깝다고 볼 수 있다. 단지 심하고 덜하고의 차이가 있을 뿐이다. 일반적으로는 생후 2~3일에 나타나 1~2주 후에 사라지고, 심한 경우에도 며칠간의 간단한 광선치료만으로 수치가 좋아지므로 크게 걱정하지 않아도 좋다.

하지만 황달이 생리적인 수준을 넘어서 일정 수치 이상으로 심해지면, 신경계에까지 영향을 미치는 핵황달에 빠질 수 있다. 따라서 흔한 신생아 황달이라고 해도 경계의 끈을 완전히 놓아서는 안 된다.

Q. 신생아 황달은 왜 일어나는 거죠?

황달은 혈중 빌리루빈의 증가에 의한 병증이다. 빌리루빈은 수명을 다한 혈색소로부터 생성되어 간에서 대사를 거쳐 장으로 배설되는데, 신생아는 적혈구의 수명이 성인에 비해 짧고 간의 대사 능력이 떨어져 혈중 빌리루빈 수치가 높아질 수 있다. 이러한 생리적 원인 외에도 용혈성 질환이나 감염, 약물, 유전적 결함 등에 의해서도 황달이 일어날 수 있으며, 이른둥이는 만삭아보다 황달이 더 심할 수 있다.

Q. 피부색만 보고도 황달이 어느 정도 심한지 알 수 있나요?

황달은 빌리루빈 수치가 증가함에 따라 얼굴에서 시작하여 복부, 하지 순서로 진행되기 때문에, 피부색만으로도 황달 수치를 어느 정도 짐작할 수 있다. 이를테면 손가락으로 아기의 피부를 압박하다가 떼면 피부색이 창백해지는데, 황달이 있다면 눌린 피부 밑으로 노란색이 남아 있게 된다. 만약 얼굴만 노랗다면 5mg/dL, 복부까지 노랗다면 12mg/dL, 팔이나 다리까지 노랗다면 빌리루빈 수치 20mg/dL 이상으로 추정할 수 있다.

하지만 피부색을 통한 추정치는 혈액검사를 통한 빌리루빈 수치와는 차이를 보일 수 있으므로 이 추정법은 진단용이라기보다는 검사의 필요 유무를 판단하는 데 유용한 방법이다. 아기의 피부색이 배까지 노랗게 변했을 경우에는 반드시 병원에 가서 황달 검사를 받아보는 것이 좋다.

Q. 황달이 심하면 모유를 끊어야 하나요?

모유 수유를 하는 아기는 생후 4~7일째부터 간접 빌리루빈이 상승하여 2~3주째 최고치(10~30mg/dL)에 달하며, 이후 계속 모유 수유를 해도 빌리루빈 수치가 서서히 감소한다. 이를 '모유 황달'이라고 하는데 원인이 정확히 알려지지는 않았지만 모유에 함유된 글루코니다제 등의 성분 때문인 거로 추정하고 있다.

모유 황달에 의해 빌리루빈 수치가 광선치료를 고려해야 할 정도로 상승한 경우에는 모유 수유 중단을 고려해야 한다. 보통 모유를 1~2일간 중단하고 분유를 먹이면 빌리루빈 수치가 급격히 감소하며, 그 후 다시 모유 수유를 시작해도 고빌리루빈혈증은 거의 재발하지 않는다. 따라서 모유 수유의 중단은 짧게는 1일에서 길게는 3일 정도면 충분하며, 그 이상 오래 중지할 필요는 없다.

이런 경우, 이틀 간격으로 병원에서 황달 검사를 해서 빌리루빈 수치가 떨어진 걸 확인하고 모유 수유를 재개하는 것이 가장 좋은 방법이다. 그러나 사실 산후조리원의 신생아실이나 가정에 있는 신생아를 병원에 데려가 황달 검사를 시행하는 것 자체가 엄마와 아기에게는 적잖은 부담일 수밖에 없다.

따라서 생후 1주일 이후의 건강한 아기에게 황달이 복부까지 나타난다면 병원을 방문하기 전 1~2일간 모유를 중단해보는 것도 좋다. 하지만 육안적 추정법은 실제 검사치와 차이를 보일 수 있기 때문에, 아기가 처지거나 빠는 힘이 약해지면 꼭 병원에 데려가서 소아청소년과 전문의와 상담해야 한다.

Q. 조기 모유 황달은 뭔가요?

모유 황달이 생후 첫 주에 나타나는 경우를 '조기 모유 황달'이라고 한다. 생후 1주일 동안의 빌리루빈 수치는 모유 수유아가 분유 수유아보다 높은데, 이는 대개 모유 수유가 충분하지 않아 생긴 탈수나 칼로리 섭취 감소에 기인한다. 즉 조기 모유 황달은 모유 때문이 아니라 모유가 부족해서 생기는 황달이다. 따라서 생후 1주일 동안 모유가 충분히 잘 안 나오는 경우, 반드시 분유로 보충해주어야 탈수 및 조기 모유 황달을 예방할 수 있다.

모유 수유를 성공시키기 위해서는 젖병을 물리지 말아야 한다고 주장하는 전문가들이 꽤 많지만, 그 지침을 따르려다 엄마와 아기 모두 혹독한 고생을 치르는 경우를 숱하게 봐왔다. 따라서 모유가 충분히 잘 안 나오는 경우에는 분유로 보충해주어야 탈수 및 조기 모유 황달을 예방할 수 있다. 모든 엄마와 아기가 완모에 성공할 수 없으며, 생후 초기에 분유를 함께 먹인다고 해서 꼭 완모에 성공하지 못하는 건 아니라는 점도 더불어 알려드린다.

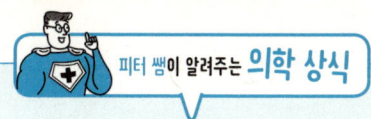

신생아 황달에서 치료가 필요한 경우는?

신생아 황달은 치료 없이도 저절로 회복될 수 있지만, 심해지면 신경독성을 유발하는 핵황달에 이를 위험성도 있다. 따라서 빌리루빈 수치가 높으면 핵황달이 오지 않도록 치료를 해야 한다. 일차적 치료는 '광선 요법'이다. 눈을 가린 채 형광등 같은 조명 장치를 이용해 충분한 가시광선을 쬐어주는 것으로, 가시광선을 쬐면 혈중 간접 빌리루빈이 감소하는 원리를 이용한 치료이다.

만약 광선 요법을 실행해도 빌리루빈 수치가 핵황달 위험 수치까지 이른다면 '교환 수혈'을 시행하여 피 전체를 교환하게 된다.

신생아 황달의 치료 결정은 생각보다 복잡하다. 빌리루빈 수치뿐만 아니라 황달의 출현 시기에 따라서도 치료 여부가 달라질 수 있기 때문이다. 그러니 비슷한 빌리루빈 수치에서도 아기가 생후 몇 시간이냐에 따라서 광선치료를 시행할 수도 있고 안 할 수도 있다.

1. 생후 24시간 이내에 황달이 시작된 경우

원인 : 적아구증(erythroblastosis), ABO 또는 Rh 부적합(산모와 아기의 다른 혈액형으로 인해 생기는 면역 반응), 패혈증

생후 24시간 이내에 황달이 나타나는 경우는 생리적 황달이 아닌 병적 황달일 가능성이 높다. 따라서 원인 감별을 위한 검사 및 치료를 즉시 시작해야 한다. 이 시기의 신생아는 대부분 병원 신생아실에 있기 때문에, 보호자보다 의료진이 먼저 상황을 감지하고 그에 따른 즉각적인 대처를 해줄 것이다.

2. 생후 2~3일에 황달이 나타난 경우

흔한 원인 : 생리적 황달 / 드문 원인 : 크리글러-나자르(Crigler-Najjar) 증후군

건강한 만삭아의 경우, 이 시기에는 빌리루빈치 12mg/dL 이상에서 광선 치료를 고려한다. 하지만 생후 2~3일째는 시간이 지날수록 황달이 더 심해질 수 있는 시기이므로 하루 뒤에 검사를 다시 해보거나 혹은 더 낮은 수치에서도 치료를 시작할 수 있다. 그리고 위험 인자가 있는 만삭아나 이른둥이에게는 다른 치료 기준이 적용될 수 있다. 이 시기는 대개 자연분만한 아기의 퇴원 시기와 맞물린다. 퇴원 전에 황달이 감지되었다면 필요한 경우 광선치료를 일정 기간 받은 후에 퇴원할 수 있다. 그리고 이미 퇴원한 아기라면 피부색을 관찰해서 만약 배꼽 근처까지 노랗게 보이면 병원에 데려가야 한다.

3. 생후 3일 이후부터 7일 이내에 나타나는 황달

흔한 원인 : 출산 때 생긴 두혈종 또는 광범위한 멍 / 드문 원인 : 패혈증 또는 감염

생후 3일 이후의 건강한 만삭아의 경우에는 빌리루빈치 17mg/dL 이상에서 광선 치료를 고려하지만, 상황에 따라서 좀 더 낮은 수치에서도 치료를 시작할 수 있다. 이 시기에도 역시 위험 인자가 있는 만삭아나 이른둥이의 치료 기준은 다르다.

4. 생후 1주 이후에 나타나는 황달

흔한 원인 : 모유 황달(breast milk jaundice) / 비교적 드문 원인 : 패혈증, 담도 폐쇄, 간염, 갈락토스혈증(galactosemia), 약물에 의한 용혈, 빈혈

생후 1주일을 넘긴 아기에게 모유 황달이 유력하다면, 광선치료를 시행하지 않고 1~3일간 모유 수유를 중단하고 분유만 먹이면서 관찰할 수 있다. 그러면 대개 빌리루빈치

가 급격하게 잘 떨어지는 편이다. 하지만 모유 황달일 가능성이 높더라도 빌리루빈치가 20mg/dL 이상이거나 수치가 그보다 낮더라도 아기가 늘어지거나 빠는 힘이 약해지는 소견을 보이면 광선 치료를 고려해야 한다.

그리고 시기에 상관없이 발열이 있거나 못 먹고 늘어지는 소견을 보이면, 황달 검사 외에도 다른 원인 감별을 위한 검사가 이루어져야 한다.

5. 생후 1개월 이상 지속되는 황달

원인 : 간담도계 이상, 감염(선천 매독, 톡소플라스마증, 거대세포바이러스병), 내분비계 이상(갈락토스혈증, 선천 갑상샘 저하증), 총정맥영양 등

황달의 흔한 원인 중에 비교적 오래 지속되는 모유 황달의 경우에도 생후 30일 이전에는 대부분 좋아지며, 간혹 그 이후까지 남아 있더라도 미미한 정도이다. 따라서 생후 1개월 이상 지속되는 황달은 병적인 황달일 가능성이 높기 때문에 반드시 검사를 해서 원인을 밝혀야 한다. 특히 아기 피부색이 거무튀튀하게 보이거나 흰색, 혹은 잿빛의 변을 보는 경우에는 담도계 이상일 수 있으므로, 꼭 병원에서 정밀 검사를 받아야 한다.

Case 4
신생아에게 열이 나면 어떡해요?

열이 나는 신생아를 만나는 일은 소아과 의사를 가장 당혹스럽게 만드는 경우 중 하나이다. 가뜩이나 사색이 되어 있는 보호자에게 극단적이면서도 심각하기 짝이 없는 경고성 멘트를 잔뜩 늘어놓을 생각을 하면, 갑자기 숨이 턱 막히면서 내 표정도 굳어진다.

신생아에게 열이 나는 상황은 절대 가벼이 넘길 성질의 것이 아니다. 아마도 그 보호자는 자신이 염려하던 것보다 훨씬 더 높은 수준의 걱정을 떠안은 채 진료의뢰서를 받아 대학병원으로 향하게 될 공산이 크다.

요컨대 신생아에게 열이 나면, 놀랍고 걱정스러운 건 비단 보호자뿐만이 아니다. 의사도 그에 못지않게 당황하고, 어쩌면 보호자보다 더 깊고 구체적인 걱정에 빠지고 만다. 의사는 별문제 아닌 상황부터 가장 극단적인 상황까지, 폭넓고 다양한 케이스를 경험하기 때문이다.

단순히 주위 온도가 높아서 체온이 상승한 경우부터 심각한 세균성 패혈증까지 모든 가능성을 고려하여 그 대처 방안을 세워야만 하는 신생아 발열에 대해 알아보자.

Q. 신생아에게 열이 나면 무조건 병원에 가야 하나요?

신생아의 발열이 항상 감염을 의미하지는 않는다. 신생아는 체온 조절 기능이 미숙하여 아기를 너무 두껍게 싸놓거나 주변 온도가 높으면 덩달아 체온이 상승할 수 있기 때문에, 우선 속싸개를 풀어놓거나 방 온도를 조금 낮춘 후에 체온이 떨어지는지 확인해 보는 것이 좋다.

체온을 상승시킬만한 물리적 요인을 제거한 후에도 1시간 이상 37.8℃ 이상 되는 발열을 지속해서 보이면 감염을 의심할 수 있기 때문에, 반드시 병원에 데려가야 한다. 그러나 만약 체온이 38.5℃ 이상의 고열이라면, 1시간까지 기다리지 말고 바로 병원으로 직행해야 한다.

Q. 엄마에게 받은 항체가 있는 신생아에게 왜 감염이 발생하는 거죠?

신생아는 모체로부터 받은 항체 덕분에 출생 시에는 높은 수준의 면역력을 갖고 있다. 그래서 세균이나 바이러스 감염에도 비교적 강한 면모를 보인다. 그렇기 때문에 더더욱 이 시기에 열이 나면 더 심각한 감염 가능성을 우선 고려해야 한다.

생후 7일 이전에 발생하는 감염은 출산 과정에서 엄마의 생식기를 통해 전염되었을 가능성이 크고, 그 이후의 감염은 출생 후 외부 환경을 통한 전염이 주원인이다. 아기가 특별한 문제를 갖고 있거나 이른둥이인 경우에는 감염에 대해 더 취약한 경향을 보인다.

Q. 3개월 미만의 아기에게 열이 나면 무조건 입원해야 하나요?

신생아에게 치명적인 결과를 초래할 수 있는 폐렴, 수막염, 패혈증 등도 초기에는 열 이외에는 다른 특별한 증상이 감지되지 않는 경우가 많으므로, 발열이 있는 신생아는 그런 중대한 질환일 가능성까지 고려해야 한다. 따라서 3개월 미만의 아기에게 열이 있는 경우에는 입원해서 X-ray, 혈액검사, 소변검사, 뇌척수액검사 등의 종합적인 검사를 시행한 후 항생제 치료를 바로 시작해야 한다. 왜냐하면 배양 검사를 통해 원인균을 밝혀내려면 며칠의 시간이 걸리는데, 배양 결과를 확인할 때까지 치료를 늦춘다면 자칫 아기가 심각하고 치명적인 상태에 빠질 우려가 있기 때문이다.

따라서 열이 나는 3개월 미만의 아기에게는 각종 검사를 시행한 직후에 곧바로 항생제 치료를 시작하여, 적어도 균 배양 검사에서 자라는 균이 없음을 확인할 때까지는 치료를 유지하는 것이 일반적이다.

이런 경우 대다수의 아기는 배양 검사 결과 음성이라는 긍정적 결과를 들은 후에 치료를 중단하고 퇴원하게 된다. 하지만 흔하진 않더라도 그중 원인균이 밝혀진 일부 아기들은 그에 맞는 적절한 치료를 이어가야 하며, 또 간혹 'B군 사슬알균(group B streptococcus)'과 같은 치명적 감염으로 진단되는 경우도 있다.

신생아를 입원시켜서 각종 검사를 시행한다는 건 더없이 번거롭고 애처로운 일이지만, 혹시라도 있을지 모르는 최악의 가능성을 대비해 더 안전한 길을 택해야 한다. 증상 발현 초기에 치명적인 감염인지 아닌지를 미리 알 수 있다면 좋겠지만, 그렇지 않은 경우가 더 많기 때문이다. 또한 신생아의 발열 원인이 심각한 감염일 가능성이 아무리 낮다고 하더라도, 그 희박한 확률에 누군가는 해당하니 결코 방심할 일이 아니다.

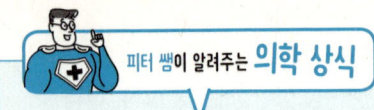

피터 쌤이 알려주는 **의학 상식**

신생아에게 열이 날 때, 꼭 병원에 데려가야 하는 경우

+ 37.5~38℃ 초반의 발열 : 3개월 미만의 아기에게 37.5~38℃ 초반의 열이 있으면, 체온을 상승시킬 만한 원인이 없었는지 먼저 확인해본다. 만약 아기를 두껍게 싸놓았거나 더운 환경에 두었다면, 환경을 선선하게 한 뒤 15~30분 뒤에 다시 열을 측정하여 체온이 정상이면 발열이 없는 것으로 간주할 수 있다. 최대 1시간 정도까지 기다려봐도 체온이 37.5℃ 이하로 떨어지지 않는다면, 병원에 데려가야 한다.

+ 38.5℃ 이상의 발열 : 3개월 미만의 아기에게 38.5℃ 이상의 발열이 있으면, 즉시 병원에 데려가야 한다. 하지만 38.5℃ 이하라고 해도 아기가 잘 안 먹고 늘어지는 경우에는 반드시 병원에 가보는 것이 좋다.

누구나 집에 귀 체온계 하나쯤은 장만해두었겠지만 아무래도 귀 체온계는 열을 잴 때 편차가 심해요. 그래서 적어도 서너 번 측정하는 게 좋답니다. 보다 정확한 체온을 확인할 때에는 수은체온계를 사용하는 게 좋다고 하니 두 가지 체온계를 같이 준비해두는 게 좋아요. 손으로 이마를 짚어 보는 건 부정확하니 꼭 체온계를 사용하세요.

선배맘 Tip

Case 5
태열인가요, 아토피인가요?

신생아에게 흔하게 나타나는 피부 트러블을 지칭하는 '태열'이라는 말은 사실 한방 용어이다. 한의학에서는 태열을 '엄마 뱃속에서 모체로부터 받은 열을 출생 후에 피부 밖으로 배출하면서 생기는 병증'이라고 설명하고 있다.

솔직히 말해서 나는 태열이라는 말을 입에 담길 썩 좋아하지 않는다. 의학 교과서에는 이 용어가 나오지도 않는 데다, 아우르는 범위가 너무 포괄적이라는 생각 때문이다. 하지만 진료실에서 보호자들과 소통하려다 보면, 나도 어쩔 수 없이 태열이라는 단어를 택하곤 한다. 일반적으로는 태열이란 용어가 워낙 널리 통용되고 있기 때문에, 내가 선호하지 않는다는 이유만으로 그 말로부터 자유로워질 수는 없기 때문이다.

태열에 상응하는 의학적 진단명을 하나로 특정하기는 어렵다. 신생아에게는 여러 가지 종류의 피부 병변이 일시적으로 나타날 수 있는데, 그런 일과성 병변들을 태열이라는 용어로 통칭해서 부른다. 실제로 태열이라 부르는 신생아 피부 병변을 자세히 살펴보면 '좁쌀종(milia), 신생아 중독 홍반(erythema toxicum of the newborn), 한진(miliaria), 신생아 여드름(neonatal acne)' 등이 혼재된 양상을 보이는 경우가 많다.

Q. 태열인가요, 아토피인가요?

피부 트러블이 생긴 신생아를 안고 온 보호자 중 십중팔구는 내게 그렇게 물어온다. 그런데 이 질문에 답변하기란 절대 쉽지 않다. 왜냐하면 한방 용어인 태열과 의학적 진단명인 아토피 피부염을 명확하게 구분 지어 설명한다는 것 자체가 매우 어려운 일이기 때문이다.

하지만 두 용어 사이에서 일어나는 개념의 충돌을 핑계로 그렇게 자주 받는 질문에 대한 답변을 마냥 회피할 수는 없는 노릇이기에 나는 이 질문에 대한 내 나름의 답변을 준비할 필요가 있었다. 그러기 위해서는 우선 태열의 개념에 대한 정확한 이해가 선행되어야 했다. 의사로서 아토피 피부염에 대해서는 어느 정도 알고 있는 내게도 태열은 생소한 개념이었으니 말이다.

아무래도 태열이 한방 용어이다 보니 그 개념을 알기 위해선 자료에 의존할 수밖에 없었는데, 내가 찾아본 자료마다 태열의 정의는 조금씩 달랐다.

어떤 자료에는 태열이 피부 병변뿐만 아니라 전신적인 증상까지 포괄하는 병증으로 정의되어 있는가 하면, 태열을 열과 관련되어 생기는 피부 트러블로 규정하고 있는 경우도 있었다. 또 다른 자료에서는 영아기 아토피 피부염을 태열이라 칭하고 있기도 했다.

그런데 태열의 정의를 조금씩 다르게 규정하고 있는 자료들 사이에서도 한 가지 공통점을 발견할 수 있다. 태열이라는 용어에는 '신생아기에 일시적으로 나타났다가 사라지는 일과성 병변'이라는 의미가 담겨있다는 점이다. 바로 그것이 만성 경과를 취하는 아토피 피부염과 구별되는 특징이라 할 수 있다. 따라서 "태열인가요, 아토피인가요?"라는 질문은 '신생아의 피부 병변이 일과성으로 끝날 것인지 만성적인 경과를 취할 것인지'에 대한 물음이라고도 할 수 있겠다.

하지만 문제는 신생아에게 나타난 피부 소견만을 보고 앞으로의 경과까지 예측하긴 어렵다는 것이다. 어느 한 시점의 피부 병변만으로 태열과 아토피 피부염을 명확하게 구분할 수 있는 건 아니기 때문이다. 그래서 나는 이 질문에 대해 이렇게 답할 수밖에 없다.

"지금 당장은 이 피부 소견만으로 태열인지 아토피인지 구분하기 어렵습니다. 태열은 신생아에게서 관찰되는 일과성 피부 병변을 통칭하는 말인데, 그중 일부는 아토피 피부염을 시사하는 소견일 수도 있거든요. 만약 이 병변들이 생후 2~3개월 이내에 사라진다면 태열로 볼 수 있고, 그 이후로도 반복적으로 재발한다면 아토피 피부염일 가능성이 높습니다."

피부 병변이 신생아기에만 있다가 사라지면 태열이고, 계속 반복적으로 재발하면 아토피 피부염 가능성을 생각할 수 있다는 얘기이다.

Q. 태열이 심해져서 아토피가 되면 어떡하죠?

이 질문 역시 신생아의 피부 문제로 내원하는 보호자들이 자주 토로하는 고민 중 하나이다. 하지만 이것은 개념의 오해에서 비롯된 불필요한 걱정일 뿐이다. 아토피 소인은 선천적으로 타고나는 경향이 더 강하다. 따라서 태열이 심해진다고 아토피가 되는 건 아니다. 아토피 피부염이란 원래 갖고 있던 체질적 소인이 발현되는 것이지, 다른 피부 질환이 심해져서 생기는 질환이 아니라는 말이다.

물론 아토피 소인을 가진 아기에게는 신생아기부터 태열로 통칭하는 피부 병변이 더 심한 경향이 있긴 하다. 하지만 태열이 심하다고 다 아토피 피부염인 건 아니다. 신생아기에 태열이 심했다가도 생후 2~3개월 이내에 좋아지는 경우도 많기 때문이다. 다시 말해 아토피 피부염인 신생아는 태열이 심하게 나타날 수 있지만, 태열이 심한 아기라고 해서 다 아토피 피부염일 가능성이 높은 건 아니다. 따라서 아토피 피부염 외에도 태열을 심하게 만들 수 있는 다른 요인들에 대해서도 고려해봐야 한다.

Q. 덥게 키워서 태열이 심해진 건가요?

태열로 통칭하는 신생아 피부 병변 중에는 땀띠, 즉 '한진'이 가장 흔하다. 고온다습한 환경에서 땀샘이 각질에 의해 폐쇄되어 생기는 한진은 덥고 습한 여름철에 주로 나타나는데, 겨울철이라도 아기를 너무 두껍게 싸놓거나 산모의 산후조리를 위해 난방을 과하게 한 경우에도 발생할 수 있다. 신생아는 체온 조절 기능이 미숙하고 땀 분비가 적어서, 더위와 습기에 취약할 수밖에 없다. 그러므로 신생아가 있는 공간은 적절한 온도와 습도를 유지할 필요가 있으며, 주변 온도에 적합한 옷과 이불을 선택해야 한다.

Q. 신생아에게 가장 적합한 온도와 습도는?

옛날 통념대로 아이를 따뜻하게 해 주려다가 온몸에 땀띠(한진)가 나서 소아청소년과에 내원하는 경우가 종종 있는데, 신생아는 생각보다 훨씬 선선한 환경에서 더 편안해한다. 여름이건 겨울이건, 춥지도 덥지도 않은 25도 전후의 온도와 50% 전후의 습도가 가장 적당하다. 개인마다 추위와 더위를 느끼는 정도가 다른 데다 에어컨이나 난방 시스템에 표시되는 온도는 실제와 차이가 날 수도 있으니, 어른들이 느끼기에 춥거나 덥지 않은 쾌적한 상태를 유지하는 것이 아기에게도 가장 좋다고 할 수 있다.

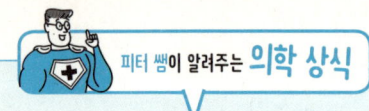

신생아에게서 흔히 발견되는 일과성 피부 병변들

+ 좁쌀종(milia) : 이마, 코, 뺨 등에 주로 나타나는 백색 또는 황색의 작은(1~2mm) 표피 낭종으로, 신생아의 약 40%에서 관찰될 정도로 흔하다. 피지샘에 각질과 피지가 정체되면서 발생한다. 짜내면 내용물이 배출되기도 하지만, 대개는 별다른 치료 없이도 생후 수주 이내에 자연 소실된다.

+ 신생아 중독 홍반(erythema toxic of the newborn) : 신생아의 피부에 홍반성 구진이나 농포가 나타나는 흔한 질환으로, 원인은 밝혀져 있지 않다. 생후 며칠 안 된 신생아의 피부에 울긋불긋한 발진을 돋게 하여 수많은 초보 엄마 아빠를 긴장시키지만, 특별한 치료 없이도 며칠 안에 깨끗이 사라지기 때문에 걱정할 필요는 없다.

+ 한진(miliaria) : 고온다습한 환경에서 에크린 환관이 각질에 의해 폐쇄됨에 따라 땀이 분비되지 못한 채 축적되어 발생하는데, 막힌 위치에 따라 다른 양상으로 나타난다. 각질층에서 한관이 막히면 아주 작은 투명한 수포를 동반한 수정양 한진이 생기며, 표피 내 한관이 막히면 소양감과 작열감을 유발하는 홍색 한진이 발생한다. 덥고 습한 환경이 원인이기 때문에, 선선하게 해 주면 대개 금방 좋아진다. 하지만 심한 경우에는 아기가 가렵고 고통스러울 수 있기 때문에, 스테로이드 연고의 도움을 받는 것이 좋다.

✚ **신생아 여드름(neonatal acne)** : 신생아에게도 간혹 여드름이 발생하는데, 병인은 잘 알려지지 않았다. 병변 모양은 사춘기 여드름과 비슷해 보이지만, 농포나 심한 낭포성 병변은 드물다. 특별한 치료 없이도 대개 수주 이내에 소실되며, 항생제 연고 등의 국소 치료에도 잘 반응하는 편이다.

✚ **연어반(salmon patch)** : 피부에 생기는 경계가 불분명한 연한 핑크색 반점을 말하며, 신생아의 약 30~50%에서 발견되는 흔한 병변이다. 목 뒤나 눈꺼풀 등의 부위에 흔히 발생한다.

연어반은 시간이 지남에 따라 색이 옅어지면서 차츰 소실되는데, 눈꺼풀의 연어반은 늦어도 1~2년 이내에 대부분 소실된다. 그러나 목 뒤의 연어반은 비교적 오래 지속되는 편이고, 약 50%는 사라지지 않는다. 연어반은 화염상 모반의 일종이어서 붉은색을 치료하는 레이저로 제거할 수도 있지만, 실제로 레이저 치료를 하는 경우는 드물다. 눈에 잘 띄는 눈꺼풀 부위의 연어반은 대부분 자연 소실되는 데다, 목 뒤의 연어반은 사라지지 않더라도 굳이 치료할 필요가 없기 때문이다.

✚ **대리석양 피부(cutis marmorata)** : 피부가 추위에 노출되었을 때, 적청색의 그물 같은 무늬가 나타나는 경우를 말하는데, 모세혈관과 정맥의 확장에 기인하는 생리적 현상이다. 따뜻하게 해 주면 바로 소실된다.

Case 6
신생아에게 눈곱이 끼면 어떻게 해야 하나요?

내가 운영하는 소아청소년과와 같은 건물 꼭대기 층에는 산후조리원이 있다. 그래서 가끔 신생아를 데리고 진료를 받으러 내려오곤 한다.

산후조리원 신생아실에 있는 아기가 소아청소년과를 방문하는 가장 흔한 이유 중 하나가 바로 눈곱 문제이다. 내 눈에 넣어도 안 아플 아기의 눈에 눈곱이 잔뜩 끼어 있으면, 설령 그렇게 위험한 질병이 아니란 걸 알아도 초보 엄마 아빠의 마음에는 근심이 서리기 마련이다.

신생아에서 눈곱이 끼는 원인 중에는 '선천 코눈물관 막힘'이 가장 많다. 그러나 눈곱뿐만 아니라 결막의 충혈과 부종을 동반한 경우에는 '신생아 결막염' 가능성도 고려해야 한다.

Q. 코눈물관이 막혀 있으면 어떻게 치료해야 하나요?

코눈물관 하부의 비강 방향 개구부인 '하스너판(Hasner's valve)'은 임신 6개월 후반부에 개통된다. 그러나 정상 신생아의 4~6%는 하스너판이 막힌 채로 태어나는데, 이런 경우 눈물이 잘 배출되지 않아 눈곱이 끼게 된다. 대부분은 특별한 치료 없이도 수개월 내 저절로 치유된다. 하지만 눈곱이 심하게 끼는 경우에는 눈물주머니 마사지와 안약(국소 항생제) 점안을 병행하고, 생후 7개월 이후에도 문제가 지속되는 경우에는 시술을 고려해야 한다.

Q. 안약은 어떻게 넣어야 하나요?

안약을 넣을 때 가장 중요한 사항은 안약 넣는 사람이 손을 깨끗하게 씻는 것이다. 눈곱을 제거할 때는 소독된 거즈나 솜에 생리식염수를 묻혀서 닦아주는 게 가장 좋다. 안약은 아기를 눕힌 후 고개를 비스듬히 돌려놓은 상태에서, 눈꺼풀을 열어 눈 바깥쪽에서 안쪽으로 아랫눈꺼풀을 따라 흘려 넣어준다. 이때 약병 팁과 눈 사이의 거리는 2~3cm 정도가 적당하고, 아기 머리를 잡아주는 보조자가 있으면 더욱 좋다. 만약 아기가 눈을 뜨지 않으려고 한다면 아기의 고개를 정방향으로 한 상태에서 눈 안쪽에 안약을 떨어뜨리도록 한다. 약병의 팁은 가능하면 눈에 닿지 않도록 하고, 만약 닿았다면 물을 묻힌 거즈나 알코올 솜으로 닦아준다.

Q. 눈물샘 마사지는 어떻게 하나요?

양손 엄지, 또는 검지 손가락을 이용해 양쪽 눈구석부터 코 가장자리를 따라 아래로 쓸어내리듯 마사지한다. 이때 아래 방향으로 쓸어내리는 동작보다는 누르는 압력이 더 중요한데, 눈물점(lacrimal punctum)을 통하여 점액과 농의 혼합물이 역류할 정도의 압력이 필요하다. 생각보다 더 강한 압력으로 눌러야 효과가 있다.

Q. 안약을 넣다가 좋아져서 끊었는데, 얼마 후에 눈곱이 다시 껴요

선천 코눈물관 막힘에서 국소 항생제 안약을 넣는 이유는 막힌 눈물길을 뚫어주려는 목적이 아니라, 더 심한 염증으로 진행되는 걸 예방하고 치료하기 위한 목적이다. 다시 말해, 안약을 넣는다고 해서 막힌 코눈물관이 빨리 뚫리는 건 아니다. 그러니 막힌 코눈물관이 완전히 뚫릴 때까지는 시간을 두고 기다려야만 한다.

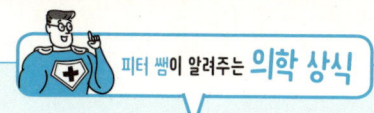

선천 코눈물관 막힘의 치료

선천 코눈물관 폐쇄로 인해 눈곱이 반복적으로 끼는 아기의 경우, 수주 또는 수개월까지는 국소 항생제 점안과 눈물샘 마사지를 병행하면서 경과를 관찰하는데, 대부분 생후 6개월 이내에 자연 치유된다.

생후 7개월 이후에도 문제가 지속되는 경우 '코눈물관 부지법'을 시행한다. 사실 과거에는 12개월까지는 기다려 보는 추세였다. 하지만 아이가 12개월 정도 되면 붙잡고 시술하기 힘들어지는 관계로, 좀 더 컨트롤이 쉬운 7개월 무렵부터 시술을 고려하게 된 것이다. 코눈물관 부지법은 대체로 높은 성공률을 보이지만, 이 방법으로도 문제가 해결되지 않으면 코눈물관의 실리콘관 삽입술과 누낭비강 연결술을 단계적으로 시행한다.

+ 코눈물관 부지법 : 의료용 철사로 막힌 코눈물관을 뚫어주는 시술이다. 2회까지 시행할 수 있다.

+ 실리콘관 삽입술 : 코눈물관 부지법으로도 문제가 해결되지 않는 경우, 코눈물관에 실리콘관을 삽입해 눈물길을 열어주는 시술을 한다.

+ 누낭비강 연결술 : 실리콘관 삽입술에도 불구하고 코눈물관 막힘이 해결되지 않으면 전신 마취 하에 뼈를 뚫어 눈물길을 만들어주는 수술을 시행한다. 4세 이후에 시행할 수 있다.

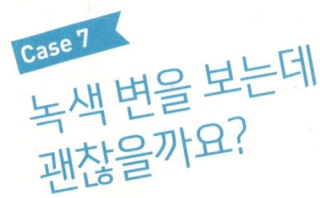

Case 7
녹색 변을 보는데 괜찮을까요?

꽤 오래 전의 일이긴 하지만, 할머니 역할의 모델이 인자한 목소리로 "아기 변이 황금색인 걸 보니 장이 아주 튼튼하구나!" 하고 말하는 정장제 광고는 파급력이 상당했다. 아직도 상당수의 엄마가 황금색이 아닌 변은 건강하지 않은 변이라고 생각하는 경향이 있는 것은 바로 그 광고의 영향 때문이 아닌가 생각될 정도이다.

변 색깔만 보고 아기의 장 건강을 판단한 할머니의 대사가 영 틀린 말은 아니다. 하지만 황금색 변과 장 건강은 서로 필요충분조건이 아니다. 즉 황금색 변이 튼튼한 장 상태를 의미할 수는 있지만, 변이 황금색이 아니라고 해서 장이 건강하지 않은 건 아니기 때문이다. 사실 신생아의 변 색깔은 워낙 다양해서, 색깔만으로 정상인지 아닌지를 판단하기란 절대 쉽지 않다.

Q. 아기 변이 녹색인데 괜찮을까요?

대부분은 괜찮다. 정상적인 컨디션에서도 아기는 녹색 변을 볼 수 있다. 별다른 이상이 없는 경우에도 변이 장에 머무는 시간이 짧으면 담즙이 소화 안 된 채 묻어 나와서 변이 녹색을 띨 수 있기 때문이다.

특히 아기가 태어나서 처음으로 보는 '태변(meconium)'은 검정에 가까운 녹색을 띠고 있다. 타르처럼 끈적끈적한 질감의 흑록색 변이 기저귀에 묻어 있는 걸 처음 본 엄마들은 다소 놀랄 수도 있는데, 이는 지극히 정상적인 변이기 때문에 걱정할 필요 없다.

아기가 처음으로 보는 태변에는 모유나 분유 성분이 전혀 들어 있지 않고, 엄마의 자궁 속에서 삼킨 양수와 점액, 상피 세포 등이 섞여 색이 진하다. 냄새가 전혀 나지 않고, 아기 엉덩이 피부에 잘 들러붙는 것이 특징이다.

생후 2~4일 정도 지나면 태변은 군청색으로 바뀌는데, 이는 아기가 모유나 분유를 소화하기 시작했음을 의미한다. 그러다 변은 차츰 노르스름한 색깔을 띠기 시작한다.

그런데 이때 만약 아기가 밝은 초록색 변을 본다면 '전유 후유 불균형'은 아닌지 의심해봐야 한다. 전유 후유 불균형이란 아기가 엄마 젖을 빨다가 일찍 중단해버림으로써 전유(수유 초기에 분비되는 모유)만 섭취하게 되는 현상을 말한다. 전유에는 수분과 유당의 함량이 높고 후유에는 지방이 풍부하게 들어있는데, 아기가 전유만 섭취하게 되면 영양적 불균형을 초래할 뿐만 아니라 밝은 녹색의 묽은 변을 자주 보게 된다. 이런 경우 아기가 한쪽 젖을 적어도 15~20분 이상 충분히 빨도록 하거나, 젖을 물리기 시작할 때 이전 수유 때 빨던 쪽부터 물려서 후유까지 충분히 섭취하도록 해야 한다.

Q. 어떤 색깔이 건강한 아기 변이라고 할 수 있나요?

간단하게 말하자면 변에 피가 섞여 있거나 짙은 검은색, 또는 흰색이나 회색인 경우를 제외하고는 크게 걱정할 일은 없다고 봐도 무방하다.

일반적으로 모유를 먹는 아기의 경우, 건강한 정상 변은 죽이나 크림 같은 질감의 연두색 변이다. 그러나 물기 없이 몽글몽글한 변을 보는 아기도 있다. 횟수도 하루에 여러 차례 보는 경우부터 5~7일에 한 번 보는 경우까지 다양하다. 어떤 아기들은 먹을 때마다 변을 조금씩 보는 경우도 있는데, 이런 경우도 변이 지나치게 묽고 양이 많은 경우가 아니라면 정상 범주로 볼 수 있다.

분유를 먹는 아기는 대개 모유를 먹는 아기의 변보다는 좀 더 되직한 땅콩버터 색 변을 본다. 요즘에는 모유를 먹는 아기의 변에 가까운 변을 보게 하는 분유(씨밀락, 압타밀 등)도 있다.

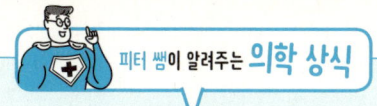

변 색깔에 따른 대처 방법

+ **짙은 흑록색** : 생후 초기에 보는 태변이니 그냥 지켜보면 된다.

+ **군청색** : 모유나 분유를 먹이기 시작한 직후에 보는 정상 변이다.

+ **연두색** : 모유 먹는 아기의 정상 변이므로 안심해도 된다.

+ **밝은 초록색** : 전유 후유 불균형이 의심되므로 한쪽 젖을 15~20분 이상 충분히 물리도록 한다. 전유를 좀 짜낸 후 젖을 물리거나 수유를 시작할 때 이전 수유 때 빨던 쪽부터 물리는 게 좋다.

+ **땅콩버터 색** : 분유 먹는 아기의 정상 변이므로 걱정할 필요 없다.

+ **짙은 갈색** : 아기가 며칠씩 변을 안 본 경우에는 변이 장에 오래 머물면서 물기가 없고 냄새가 심한 짙은 갈색 변을 볼 수 있다. 아기가 1주일 이상 변을 보지 않는 경우에는 병원에 데려가 보는 게 좋다.

+ **붉은색** : 변에 피가 섞여 있거나 전체적으로 붉은색이라면, 반드시 병원에 데려가야 한다.

+ **검은색** : 엄마 유두에서 흘러나온 피를 삼키면 혈액이 소화되면서 검은 변을 볼 수 있다. 하지만 상부 위장관 출혈을 의미할 수도 있기 때문에, 병원에 가보는 게 좋다.

+ **흰색 또는 회색** : 간담도계 이상을 시사하는 소견일 수 있으므로, 즉시 병원에 데려가야 한다.

Case 8
기저귀에 붉은 얼룩이 묻어 있어요!

먹고 자는 것만큼이나 싸는 게 중요한 신생아를 키우는 엄마라면, 기저귀에 묻은 변 상태뿐만 아니라 소변 자국에도 예민해질 수밖에 없다. 그런데 만약 여느 소변 자국과는 다른 얼룩을 발견하게 되면, 특히 그 얼룩이 붉은색 계통이면 핏자국이 아닐까 하는 생각이 들기 때문에 초보 부모들의 걱정은 더 커질 수밖에 없다.

Q. 기저귀에 주황색 얼룩이 묻어 있는데, 혹시 피는 아닐까요?

이 질문은 소아청소년과 전문의 시험에 자주 출제되는 문제이기도 하지만, 실제로 신생아를 둔 보호자로부터 흔히 받는 질문이기도 하다.

신생아 기저귀에 주황색 얼룩이 묻어 있는 경우는 꽤 흔한 편이다. 그 원인은 대개 소변에 섞여 나온 요산 때문이다. 요산은 DNA 퓨린체(purine body)의 대사물로 콩팥을 통해 소변으로 배설되는데, 아기들은 출생 후 급성장이 이루어짐과 동시에 세포 파괴도 많아지면서 요산 배설이 증가하게 된다. 따라서 소변과 함께 배출된 요산에 의해 기저귀에 주황색 얼룩이 묻는 것은 정상적인 현상으로 볼 수 있다.

요산에 의한 착색은 혈흔과는 좀 다르다. 요산 얼룩은 핏자국보다는 더 밝고 투명한 주황색, 또는 분홍색을 띠고 있는데, 경험 있는 소아과 전문의라면 대부분 그 차이를 구별해낼 줄 안다. 물론 소변 검사를 통해서 확인하는 것이 요산뇨와 혈뇨를 구분하는 가장 확실한 방법이긴 하다. 하지만 신생아에게는 소변을 바로 받을 수 있는 게 아니라 회음부에 채뇨백(urine collecting bag)을 붙여둔 채 한참을 기다려야 하므로 소변 검사 한 번 하기도 절대 만만치 않다. 따라서 육안으로 검진 시 요산뇨가 유력하다면, 굳이 소변 검사까지 시행하지 않는 게 일반적이다.

Q. 태어난 지 며칠 안 된 우리 딸 기저귀에 피가 묻어 있어요!

생후 며칠 안 된 신생아 기저귀에 요산뇨로 인한 주황색 얼룩이 아닌 진짜 피가 묻어 있어서 당황하는 경우도 있는데, 여아라면 일단 가성 생리를 의심해볼 수 있다.

출생 전 태반을 통해 받은 모체 호르몬의 영향으로 인해 남아와 여아 모두에게서 유방이 커지거나 분비물이 나올 수 있는데, 특히 여아의 생식기에서는 생리혈 같은 피가 나오기도 한다. 이런 경우를 '가성 생리', 또는 '신생아 생리'라고 한다. 이는 모체 호르몬 영향으로 생긴 일시적인 현상이므로, 그냥 지켜보면서 기다리면 된다. 혈액 외에 다량의 비화농성 분비물이 나올 수도 있다.

Q. 소아청소년과에 기저귀를 가져가는 게 좋나요?

어떤 육아 책에 보면 기저귀에 묻은 대소변에서 이상 소견이 발견될 경우에는 꼭 그 기저귀를 가지고 소아청소년과에 방문하라고 쓰여 있다. 그런 지침의 영향 때문인지, 실제로 많은 엄마가 기저귀를 들고 와서 내게 보여주신다. 소아청소년과 의사에게는 그런 상황이 별로 대수롭지 않은 일이지만, 똥이나 오줌이 묻은 기저귀를 펼쳐 보이면서 민망하고 미안한 표정을 지으시는 보호자를 보면 외려 내가 미안해진다.

사실은 그렇게까지 할 필요가 없다. 스마트폰 카메라로 찍은 사진 한 장이면 충분하기 때문이다. 시간이 지나면 내용물의 일부가 기저귀에 흡수되어 처음과는 성상과 색감이 달라질 수도 있기 때문에, 실물 기저귀보다는 오히려 처음 상태 그대로를 찍은 사진으로 확인하는 편이 더 낫다.

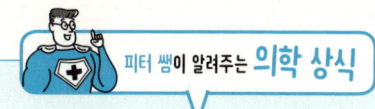

신생아 기저귀에서 보이는 얼룩에 대한 대처 방법

✚ **밝고 투명한 느낌의 주황색 또는 분홍색 얼룩** : 소변에 섞여 나온 요산에 의한 착색일 가능성이 크므로, 특별한 검사 없이 지켜봐도 무방하다.

✚ **어둡고 칙칙한 색감의 빨간색 또는 짙은 선홍색 얼룩** : 이런 경우에는 정말 혈흔일지도 모르기 때문에, 병원에 가서 소변 검사를 해봐야 한다.

✚ **생후 1~2주 이내의 여아 기저귀에 묻은 혈흔** : 출생 전 모체에게서 받은 호르몬의 영향으로 발생한 가성 생리일 가능성이 유력하므로, 크게 걱정하지 않아도 된다. 하지만 출혈량이 많아 보이거나 1주일 이상 지속되는 경우에는 병원 방문이 필요하다.

✚ **생후 1~2주 이내의 여아 기저귀에 묻은 냉 같은 얼룩** : 생후 초기의 여아는 모체로부터 받은 호르몬의 영향으로 다량의 비화농성 분비물이 기저귀에 묻어 나올 수 있다. 하지만 그 얼룩이 짙고 탁한 색의 고름 같은 양상일 경우에는 병원에 방문하도록 한다.

Case 9
아기에게 기저귀 발진이 생겼어요!

"아기 엉덩이 닦을 때 물티슈 쓰지 마세요."

기저귀 발진이 심해져서 소아과에 가면 의사에게 한 번쯤은 듣게 되는 말이다. 실제로 나도 꽤 자주 했던 말이기도 하다.

확인할 방법은 없지만, 나에게 이런 잔소리를 들었던 엄마들은 아마도 자못 야속한 기분이 들지 않았을까 싶다. '물티슈를 쓰지 말라'는 말에는 엄마가 '물티슈를 쓰는 바람에' 아기의 기저귀 발진이 심해졌다는 책망이 은연중에 담겨 있으니 말이다.

막상 내가 아빠가 되어 보니, 기저귀를 갈 때마다 매번 물로 씻어주기란 정말 쉽지 않다는 걸 알게 되었다. 그래서 요즘엔 말을 좀 바꾸었다.

"물티슈로 너무 세게 닦진 마세요!"

뭐든 지나친 건 좋지 않듯이, 너무 깨끗하게 하려고 힘주어 닦다 보면 엉덩이에 미세한 생채기를 내면서 기저귀 발진으로 발전할 수 있으니 주의하라는 뜻이다. 사실 엄마가 아무리 관리를 잘해줘도 장염으로 인한 설사 등으로 변을 너무 자주 보는 경우, 또는 무덥고 습한 계절에는 기저귀 발진이 잘 생길 수 있다. 꼭 물티슈 사용 때문이 아니라도 말이다.

기저귀 발진이 심하지 않은 경우라면 깨끗하게 물로 씻고 잘 말려준 후에 보습을 잘해주는 것만으로도 좋아질 수 있다. 그리고 일단 기저귀 발진이 생겼을 때는 물티슈의 사용이 병변을 더 악화시킬 수 있으므로, 가능하면 물로 씻어주도록 하자. 종이 기저귀 대신 천 기저귀를 사용하면 기저귀 발진이 현저히 좋아지는 효과를 기대할 수 있다. 기저귀를 벗겨두는 것도 기저귀 발진 치료에는 확실히 도움이 되지만, 이는 상당한 용기와 결단을 요하는 일이다. 건조와 보습만으로 기저귀 발진이 해결되지 않는다면 연고의 도움을 받도록 하자.

> 물티슈는 함유된 성분으로 인해 논란이 일 때가 많잖아요. 그래서 요즘은 건조형 물티슈를 쓰기도 하고요. 제 경험에 물티슈보다는 확실히 거즈 수건이나 물로 닦아주는 게 좋긴 했어요. 거즈 수건이나 천 기저귀를 몇십 장 마련해두고 이틀에 한 번씩 삶아 쓰는 건 생각보다 그리 어려운 일이 아니더라고요. 아기의 피부가 예민해서 발진이 자주 생긴다면 병원에 가느니 조금 더 손이 가는 방법을 선택하는 것도 좋을 것 같아요.

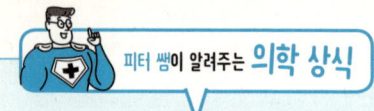

기저귀 발진에 사용하는 연고들

+ 비판텐 연고 : 피부재생기능이 있는 덱스판테놀(비타민 B5) 성분의 피부염 치료제이다. 일반의약품이어서 의사의 처방 없이 약국에서 살 수 있다. 스테로이드가 첨가되지 않은 관계로 장기 사용에 대한 부담이 적어 기저귀 발진에 널리 쓰인다. 그런데 스테로이드가 함유되지 않았다는 것은 이 연고의 장점인 동시에 단점이다. 심한 기저귀 발진에는 별로 효과가 없기 때문이다.

+ 스테로이드 연고 : 일정 수준 이상의 심한 기저귀 발진에는 스테로이드가 함유된 연고의 도움을 받아야 한다. 스테로이드 연고 중에서도 처방 없이 바로 약국에서 살 수 있는 일반의약품이 있긴 하지만, 임의로 사용하는 것보다는 병원 진료를 본 후에 심한 정도에 따라 적절한 강도와 농도의 연고를 처방받는 것이 좋다. 스테로이드 연고는 강도에 따라 1등급부터 7등급까지 나뉘는데, 일반적으로 기저귀 발진에는 5등급에 해당하는 연고(리도맥스, 보소미, 더마톱, 데타손 등)가 가장 많이 쓰인다.

(스테로이드 연고의 강도별 분류는 170쪽 참고)

+ 항진균제가 함유된 연고 : 단순히 빨개진 것만이 아니라 올록볼록한 위성 병변(satellite lesion)이 있거나 인설(각질)이 발생한 경우에는 진균 감염이 동반되었음을 의심해야 한다. 따라서 이런 경우에는 항진균제가 포함된 연고를 사용해야 한다.

Case 10

설소대가 짧다는데 어떡하죠?

신생아를 데리고 진료, 또는 예방접종을 위해 내원한 엄마가 자주 물어보는 질문 중에는 "우리 아기 설소대가 짧다는 얘기를 들었는데, 꼭 잘라줘야 하나요?"와 같이 설소대와 관련된 내용도 포함된다.

대개는 산후조리원에서 설소대와 관련된 얘기를 듣고 오는 경우가 많다. 2000년대 초반부터 약 10여 년간 설소대 자르는 시술이 영어 발음 좋게 만드는 수술로 알려지면서 유행처럼 번졌던 적이 있었는데, 그 당시에는 산후조리원이 시술받을 아기들을 선별해 연계된 병원으로 보내는 일도 흔했다. 아마 그 당시의 관행이 그대로 남아 있는 탓에, 요즘도 산후조리원에서 보호자에게 설소대에 대한 언급을 자주 하는 게 아닌가 싶다.

설소대가 짧다는 것은 혀 아랫면 가운데에 붙어있는 설소대, 즉 혀주름

띠(frenulum)가 혀끝 아래 부위에 바짝 부착되어, 혀의 움직임이 제한받는 경우를 말한다. 통상적으로 설 유착이 모유 수유 시 유두 통증 및 수유 곤란과 연관 있다고 여겨져 왔다. 하지만 실제로는 설 유착이 아주 심한 경우를 제외하고는 수유와 발음에 지장을 주지 않는다.

설소대 시술에 대해서는 의견이 분분하여, 진단 기준과 수술 적응증이 명확하게 특정되어 있지 않다. 그래서 아기에게 설소대 시술을 할지 말지 망설이는 보호자에게 의사도 명확한 해답을 주기 어려운 게 사실이다.

따라서 선택은 온전히 보호자에게 맡겨진다. 설소대 시술을 해야 할지, 말아야 할지를 두고 망설이는 부모의 어려운 선택에 조금이나마 도움이 되기 위해 설 유착(tongue-tie, ankyloglossia)의 진단 및 치료에 대한 최신 의학 정보를 바탕으로 몇 가지 설명해 드리고자 한다.

Q. 아기가 모유 수유를 잘 못하는 게 설소대 때문일까요?

설 유착을 가진 아기의 약 50%는 수유 곤란을 겪지 않고, 수유 문제가 있는 아기 중 상당수는 설 유착을 갖고 있지 않다. 그리고 생후 초기에 수유에 어려움을 겪는 경우에도 바로 설소대 시술을 하지 않고 2~3주 정도 기다리면 저절로 수유 문제가 해결되기도 한다. 이 말을 뒤집어보면, 설소대 시술을 시행하더라도 해결되지 않는 수유 곤란이 있을 수 있다는 얘기이다.

따라서 신생아가 모유 수유에 어려움을 겪는다고 해서 무조건 설소대 시술을 곧바로 시행하기보다는, 수유 지도를 하면서 어느 정도의 관찰 기간을 갖는 쪽이 불필요한 시술을 줄일 수 있다.

Q. 설소대가 짧으면 어떤 문제가 생기나요?

설소대가 짧으면 대개 발음이 안 좋아진다고 알려져 왔지만, 그런 통념과는 달리 설 유착과 발음 간에 별 연관성이 없다고 주장하는 전문가도 꽤 많다. 그리고 설소대 절개술이 비교적 간단하고 안전하다고는 하지만, 어쨌든 몸의 일부를 자르는 침습적인 시술인 만큼 출혈이나 감염 등의 문제를 100% 배제할 순 없다. 더군다나 신생아의 입 안에다 가위를 들이대는 행위 자체가 보호자의 입장에서는 마음 아픈 일이 아니겠는가? 그래서 우리는 설소대 절개술 시행 여부를 결정함에 있어 신중한 태도를 취할 필요가 있다. 다시 말해, 설소대 절개술은 꼭 필요한 경우에만 시행해야 한다는 얘기이다. 설 유착이 아주 심한 경우를 제외하고는 설소대 절개술의 시행 여부는 의사가 결정할 문제가 아니라 보호자의 선택에 달린 문제이다.

이왕 설소대 절개술을 할 거라면 가급적 일찍, 즉 생후 3개월 이전에 할수록 더 간편하게 시술을 끝낼 수 있다. 아이의 연령이 높아질수록 시술 후 출혈량도 많아지고, 마취 없이 아이를 붙잡은 채 시술하는 데 따르는 위험성도 증가하기 때문이다.

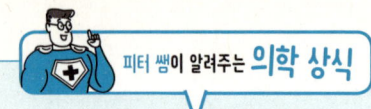

설 유착의 수술적 치료

설소대 절개술(frenotomy) : 소독된 가위로 설소대를 싹둑 자르는 비교적 간단한 시술로 외래에서도 마취 없이, 혹은 국소 마취로도 시행할 수 있다. 설소대에는 신경이나 혈관이 별로 없어서, 대개는 출혈이 심하지 않고 시술 직후부터 수유도 가능하다. 비교적 간단하고 안전한 시술이기는 하지만, 드물게는 출혈이나 감염, 또는 혀와 침샘 손상 등의 부작용이 생길 수 있다. 그리고 흉터가 지거나 잘린 설소대가 혀에 다시 유착되는 경우도 있다.

설소대 성형술(frenuloplasty) : 수술실에서 전신 마취 하에 시행해야 하는 수술로, 주로 설소대 절개술 시행이 어려운 영아기 이후의 아이(12개월 이상)에게 시행한다. 그리고 이차적인 교정이 필요하거나 설소대 절개술을 하기에는 설소대가 너무 두꺼운 경우에도 설소대 성형술이 필요하다. 설소대를 잘라낸 후에 흡수사(녹는 실)로 잘린 상처를 봉합한다.

수술 부작용은 드물지만 설소대 절개술과 비슷하게 출혈과 감염, 혀와 침샘의 손상 등이 생길 수 있다. 그 외에 마취에 의한 부작용도 고려해야 한다. 설소대 성형술 후에는 혀의 움직임을 원활하게 하고 흉터 형성을 줄이기 위한 혀 운동이 권장된다.

Case 11
아구창, 엄마 잘못인가요?

'아구창(oral thrush)'이라고 불리는 '구강 칸디다증(oral candidiasis)'은 구강 점막 표피에 생기는 진균 감염증으로, '칸디다 알비칸스(C. albicans)'가 가장 흔한 균이다. 그런데 아기에게 아구창이 생겼다는 말을 전하면, 십중팔구 보호자들은 내게 이렇게 묻곤 한다.

"제가 관리를 잘못해서 그런 건가요?"

아기에게 생긴 아구창은 결코 엄마 잘못이 아니다. 아구창은 정상 신생아의 2~5% 정도에서 관찰될 정도로 비교적 흔한 질환이며, 특별한 원인이 없이도 생길 수 있다.

다만 아기 입안을 깨끗하게 해 주려고 거즈 등으로 너무 자주, 또는 세게 닦는 것이 오히려 더 아구창을 유발할 수 있다는 점은 언급하고 넘어가야겠다. 곰팡이 부스럼이라고, 아기 입안을 너무 깔끔하게 관리하려는 노력이 도리어 아구창의 원인이 되기 때문이다.

입 안에 우유 찌꺼기가 많이 남아있을 경우에는 부드러운 거즈로 가볍게 닦아주는 것은 괜찮지만, 사실 모유나 분유만 먹는 아기들의 경우, 이가 나기 전까지는 굳이 입 안을 닦아주거나 물로 입 안을 헹궈줄 필요가 없다. 아기 스스로 분비하는 침만으로도 충분한 자정 작용을 하기 때문이다. 다만 이가 나기 전에 이유식을 먼저 시작한 아기들은 이유식 후에 물을 먹여서 입 안을 헹궈주는 게 좋다.

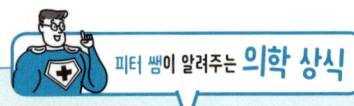

아구창의 치료

아구창이 있는 아기에게 가장 흔히 처방되는 약은 플로코나졸 성분의 디푸루칸건조시럽®(fluconazole 10mg)이다. 약을 먹일 때 병변이 있는 구강 점막에 흘리듯이 넣어주고 그대로 삼키게 하면 된다. 신생아에게 처방되는 용량은 통상 1cc 정도이기 때문에, 조금씩 수 회에 나눠서 넣어주면 흡인의 위험은 없다. 대개 한 번의 투여로도 눈에 띄는 호전을 보이며, 아구창 병변이 사라지면 바로 끊으면 된다. 모유를 먹는 아기의 경우, 엄마의 유두에 진균성 병변이 있으면 아기에게도 아구창이 생길 수 있다. 이런 경우에는 엄마와 아기를 동시에 치료해야 한다.

Case 12
그 외의 신생아 건강 관련 질문들

Q. 아기가 자지러지게 우는데 영아 산통인가요?

배가 고픈 것도 아닌 것 같고, 기저귀가 젖어있는 것도 아닌데, 갑자기 터진 발작적인 울음을 어떤 방법으로도 달랠 수 없는 경우가 있다. 그런 경우에는 영아 산통의 가능성을 생각해볼 수 있다. 영아 산통은 주로 생후 3개월 이하의 아기에게 발생하며, 하루 중 비슷한 시간대에 크고 지속적인 울음이 나타나는 특징이 있다. 안면은 홍조를 띠고 입 주위는 창백하며, 다리를 구부린 채 주먹을 꽉 쥐고 있는 경우가 많다. 이러한 상태는 아기가 울다 지치거나 가스를 배출하고 나면 잠잠해진다.

영아 산통이 지속해서 나타나는 아기에게는 배앓이 전용 분유로 바꾸길 권장할 때도 있지만, 대개는 별다른 조치 없이도 자연적으로 사라지니 크게 걱정할 필요는 없다. 하지만 영아 산통은 다른 병적 원인이 없는 경우에만 붙일 수 있는 진단이다. 따라서 보호자가 도저히 우는 아기를 달랠 수 없거나 보호자가 보기에 아기의 상태가 걱정될 때는 반드시 소아청소년과 의사에게 진료와 상담을 받는 것이 좋다.

Q. 아기가 딸꾹질을 너무 자주 하는데 괜찮을까요?

딸꾹질의 정확한 원인은 사실 의학적으로도 명확하게 규명되지 않았다. 하지만 딸꾹질이 건강상의 큰 문제를 유발하지 않는다는 사실만은 명백하다. 경험적으로는 아기가 급하게, 또는 지나치게 많이 먹었을 때, 혹은 갑자기 추운 환경이 노출되었을 때 딸꾹질을 하는 경향을 보인다. 따라서 그런 요인들을 피하면 딸꾹질을 줄일 수 있지 않을까 추측할 뿐이다. 아기가 딸꾹질한다고 해서 걱정할 필요는 전혀 없으며, 아무런 조치 없이 저절로 사라지길 기다리는 것도 무방하다. 아기의 몸을 따뜻하게 해 주거나, 수유를 소량씩 반복적으로 해주는 것이 딸꾹질을 멈추는 데 약간의 도움을 줄 수 있다.

Q. 두피에 각질과 누런 딱지가 생겼는데, 지루성 피부염인가요?

신생아 지루성 피부염은 두피와 얼굴, 귀, 목, 접히는 부위에 흔히 발생하며, 기름진 각질과 누런 딱지가 생기는 특징이 있다. 수주에서 수개월 간 악화와 호전을 반복하다가 특별히 치료하지 않아도 저절로 회복되지만 심하면 치료가 필요하다.

두피에 생긴 누런 딱지는 올리브 오일이나 호호바 오일 등을 발라서 각질을 불린 후에 아기용 샴푸로 거품을 충분히 내어 제거하는 방법을 써볼 수 있다. 그래도 제거가 안 될 때는 약한 스테로이드 연고(또는 액)를 시도해볼 수 있다. 샴푸를 매일 쓰면 두피를 건조하게 만들어 병변을 악화시킬 수 있으므로, 매일 물로 머리를 감기되 샴푸는 2~3일에 한 번 정도만 사용하는 것이 좋다.

Q. 배꼽 관리는 어떻게 해줘야 하나요?

탯줄은 대개 생후 1~3주 사이에 말라서 떨어지는데, 만약 4주 이상 떨어지지 않는다면 병원에 가서 특별한 원인은 없는지 점검해야 한다.

탯줄이 떨어져서 완전히 아물기 전까지 알코올로 하루 1~2회 소독해주면 되며, 탯줄이 떨어진 후부터는 곧바로 통 목욕이 가능하다. 탯줄이 떨어지기 전후로 약간의 진물과 혈액이 묻어 나올 수 있는데, 고름 같은 진물이 나거나 출혈량이 많을 때는 의사의 진료가 필요하다. 그리고 탯줄 주변이 붓고 빨개지거나, 탯줄에서 냄새가 날 때도 반드시 병원에 데리고 가야 한다.

탯줄이 떨어지고 남은 탯줄 뿌리 부분에서 분홍색의 꼬리 같은 조직이

자라 나오는 경우가 있는데, 이를 '배꼽 육아종'이라고 한다. 이런 경우 소아청소년과에서 질산은 용액으로 지지는 시술을 받으면 대개 사라진다. 여러 번의 소작 시술 후에도 해결되지 않으면 실로 묶어서 제거하는 치료를 시도할 수 있다. 그 방법으로도 해결되지 않으면 외과적 시술이 필요할 수 있으므로, 소아외과로 가봐야 한다.

Q. 아기 눈이 몰려 보이는데, 사시는 아닐까요?

신생아는 아직 눈을 움직이는 근육의 기능이 완성되지 못해서 사시가 아니더라도 사시처럼 보일 수 있다. 특히 동양인 아기는 코가 낮아서 안쪽 흰자위가 눈꺼풀에 가려져 있는 관계로 내사시처럼 보이기 쉽다.

출생 후 3~4개월이 되면 대개 두 눈의 위치가 정상화되며, 어떤 대상을 볼 때 같이 움직이며 따라 볼 수 있게 된다. 그러나 그 이후에도 눈의 위치가 정상이 아니거나 양쪽 눈이 따로 움직일 때는 사시일 가능성이 있으므로, 소아청소년과 의사와 상의 후에 필요하면 안과 전문의의 진료를 받도록 한다.

Q. 아기가 한쪽으로만 고개를 돌리고 있는데, 사경은 아닐까요?

아기가 한쪽으로만 고개를 돌리고 있다고 해서 다 사경은 아니다. 누워있을 때 아기가 선호하는 방향이 있을 수 있고, 해당 방향에 흥미로운 대상이 있어 그곳을 쳐다보고 있는 것일지도 모르기 때문이다. 하지만 아기의 머리가 항상 한쪽으로 기울어져 있고 턱은 그 반대 방향으로 돌아가 있다면, 사경을 의심해볼 수 있다. 그리고 아기의 목에서 단단한 덩어리 같은 게 만져질 때도 사경 가능성을 고려해야 한다. 그런 경우에는 반드시 병원에 가서 진료와 검사를 받은 후에 일찍부터 재활 치료를 시작해야 한다. 사경을 제때 치료하지 않으면 목 근육 마비와 안면 비대칭 등의 합병증이 올 수 있으므로, 조기 진단 및 치료가 중요하다.

> 돌이켜보면 이때만큼 힘들었던 적이 없었던 것 같아요. 하나부터 열까지 모르는 것투성이라 혹여 실수라도 할까 봐 발을 동동 구르고 사소한 증상 하나에도 촉각을 곤두세웠거든요. 아기가 자란 지금, 제일 아쉬운 것은 그때의 아기 모습이 제 기억에 제대로 남아있지 않다는 거예요. 사진 한 장 찍을 여유가 없었거든요. 만약 제가 다시 아기를 낳는다면, 힘든 신생아 시기를 절절매며 보내기보다 기억에 담아두려고 노력할 것 같아요. 처음이자 마지막이니까요.

처음 부모를 위한 성장 발달 체크리스트

우리 아이 잘 크고 있을까요?

아이의 성장 정도를 가장 잘 반영해주는 요소는 키, 체중, 머리둘레이다. 즉 이 세 가지 수치로 아이의 성장 상태를 객관적으로 파악할 수 있다. 질병관리본부는 대한소아과학회와 함께 1967년부터 약 10년 주기로 성장도표를 발표하고 있다. 가장 최근에 발표된 2017년 성장도표를 이 책 86쪽부터 수록하였다. 우리 아이가 성장도표 상 5~95 백분위 수 사이에 있다면, 정상으로 판정할 수 있다.

Q. 영유아 검진, 꼭 받아야 하나요?

생후 4개월부터 71개월까지의 영유아를 대상으로 하는 영유아 검진은 혈액 검사나 X-ray 등의 검사가 아니라 설문지 작성 및 소아청소년과 전문의와의 상담이 주를 이루는 검진이다. 그래서인지 받아봤자 별거 없다고 생각하는 보호자를 종종 만나게 된다.

하지만 일생 중 가장 빠른 성장과 발달을 보이는 영유아기에 발생하는 질환이나 사고는 평생 건강에 영향을 미칠 수 있으므로, 질병이나 장애에 대한 조기 진단이 매우 중요하다. 그리고 이 시기에 형성된 습관은 성인이 된 후까지 이어지기 쉬우니 만성 성인 질환 예방을 위해 어릴 때부터 건강한 생활 습관을 갖도록 교육해야 하며, 각종 안전사고 예방을 위한 교육도 반드시 이루어져야 한다. 이러한 시기적 특성을 고려해, 우리나라에서는 영유아에게 검사 위주의 검진이 아닌 상담과 교육이 주가 되는 건강검진을 시행하고 있다.

사실 상당수의 보호자가 어린이집이나 유치원에 결과지를 제출하기 위한 목적으로 영유아 검진을 받는 경우가 많지만, 이왕 받는 거라면 좀 더 능동적이고 적극적인 태도로 임하실 필요가 있다고 생각한다. 영유아 검진은 보호자에게 자녀의 성장과 발달을 점검할 기회를 제공할 뿐만 아니라, 각 단계에 따라 그 시기에 필요한 지식과 정보를 습득할 기회이니 말이다.

	검진 시기		검진 항목
1차	건강 검진	생후 4~6개월	문진 및 진찰, 신체 계측, 건강교육
2차	건강 검진	생후 9~12개월	문진 및 진찰, 신체 계측, 발달선별검사 및 상담, 건강교육
3차	건강 검진	생후 18~24개월	문진 및 진찰, 신체 계측, 발달선별검사 및 상담, 건강교육
	구강 검진	생후 18~29개월	구강 문진 및 진찰, 구강보건 교육
4차	건강 검진	생후 30~36개월	문진 및 진찰, 신체 계측, 발달선별검사 및 상담, 건강교육
5차	건강 검진	생후 42~48개월	문진 및 진찰, 신체 계측, 발달선별검사 및 상담, 건강교육
	구강 검진	생후 42~53개월	구강 문진 및 진찰, 구강보건 교육
6차	건강 검진	생후 54~60개월	문진 및 진찰, 신체 계측, 발달선별검사 및 상담, 건강교육
	구강 검진	생후 54~65개월	구강 문진 및 진찰, 구강보건 교육
7차	건강 검진	생후 66~71개월	문진 및 진찰, 신체 계측, 발달선별검사 및 상담, 건강교육

건강인 홈페이지(http://hi.nhic.or.kr/)에 공인인증서로 접속하면 문진표 및 발달선별검사지 작성을 할 수 있으며, 인터넷을 통한 작성이 어려운 경우에는 소아청소년과에 가서 작성할 수도 있다. 대부분의 소아청소년과에서 영유아 검진은 사전에 예약해야 받을 수 있으므로, 미리 확인 후 방문하는 게 좋다. 영유아 검진 시기를 놓쳤다면 다니던 병원에서 자체적으로 시행하는 유료 건강검진을 받은 후, 해당 결과지를 보육 기관에 제출하면 된다.

Q. 우리 아기는 언제쯤 걸을까요?

아이의 발달 과정을 지켜보다 보면 때론 급작스러운 변화에 놀라기도 하다가, 혹여 또래보다 조금이라도 뒤처지는 것처럼 보이면 애가 탈 때도 있을 것이다. 이런 경우, 언제까지 기다려 봐도 괜찮은지, 정확히 언제까지 특정 발달 소견이 나타나지 않으면 검사와 치료가 필요한지 정확히 알지 못하면 답답할 수밖에 없다.

운동 발달 속도는 개인에 따라 매우 큰 차이를 보이며, 소아의 운동 발달 수준은 정상 범위가 매우 넓다. 그리고 운동 발달이 순서를 거스르거나 건너뛰어 나타나는 예도 있다. 이를테면, 뒤집기보다 앉기를 먼저 하는 아기도 있고, 기지 않고 바로 서는 아기도 있다. 따라서 어느 특정 한 종목만으로 발달 지연 여부를 판단하기보다는 종합적인 판단이 필요하다.

앞에서도 언급했듯이 운동 발달 속도는 개인차가 큰데, 그중에서도 특히 혼자 서고 걷는 것은 편차가 더 크다. 활동적이고 겁이 없는 아이는 10개월 무렵부터 걷는 경우도 있지만, 조심성 있고 겁 많은 아이는 돌이 한창 지났을 때까지도 보호자의 도움 없이 혼자 서고 걷지 않으려는 경향을 보인다. 하지만 이는 발달의 차이라기보다는 성격과 성향의 차이인 경우가 더 많아서, 일찍 걷는다고 해서 다른 발달 영역에서도 앞설 것이라고 볼 수는 없다.

Q. 운동 발달의 순서와 시기가 궁금해요

원시 반사 : 갓 태어난 신생아는 주로 팔다리를 구부리고 있으며 원시 반사(모로 반사, 잡기 반사, 보행 반사)가 살아 있다. 바로 누워 있을 때는 머리를 한쪽으로 돌리고 그쪽 팔다리를 펴는 비대칭 긴장 목 반사 자세일 때가 많다. 생후 1개월 무렵에는 바닥에 엎어놓으면 턱을 들고 머리를 좌우로 돌릴 수 있게 된다.

자발적 운동 : 생후 3~4개월에는 원시 반사가 약해지면서 자발적 운동이 출현한다. 생후 3개월경이면 엎드린 자세에서 팔을 뻗어 머리와 가슴을 들고, 4개월경에는 손이나 손목으로 지탱하며 머리와 상체를 수직으로 들 수 있게 된다. 비대칭 긴장 목 반사가 소실되어 양손을 모아 물체를 다루며, 팔과 다리도 대칭인 자세를 취한다. 물체를 보고 팔을 움찔거리거나 손을 뻗쳐 잡으려고 한다.

목 가누기 : 3개월경에는 앉힌 자세에서 머리를 약간 가누며, 4개월경에는 바로 누운 자세에서 일으켜 앉히면 머리를 가눌 줄 알게 된다.

뒤집기 : 4~5개월이 되면 엎드린 자세에서 바로 누운 자세로 뒤집고, 바로 누운 자세에서 엎드린 자세로 뒤집을 수 있게 된다. 뒤집기를 하지 않고 바로 앉거나 기는 아이도 있으며, 바로 누운 자세로 키운 아이는 엎드려 키운 아이보다 뒤집기가 늦게 나타나는 경향이 있다.

앉기 : 7개월경에 혼자 앉을 수 있고 9개월경에는 앉은 자세에서 허리를 돌릴 수 있게 된다. 그리고 10개월경에는 혼자 일어나 앉을 수 있다.

기기 : 7개월경에는 배밀이를 하고, 8개월경에는 기어 다닐 수 있다.

서기 : 10개월경이면 붙잡고 일어서고, 12개월경에는 혼자 일어설 수 있다.

걷기 : 10개월경이면 양손을 잡고 한두 발짝 떼고, 가구를 잡고 걸을 수 있다. 12개월경이 되면 혼자 걸을 수 있는 아이가 많아지고, 15개월경에는 혼자서 잘 걸을 수 있게 된다.

뛰기 : 18개월경에는 서투르지만 뛸 수 있고, 24개월경이 되면 능숙하게 잘 뛴다.

층계 오르기 : 15개월경에는 층계를 기어 올라가고, 18개월경에는 한 손을 잡아주면 층계를 올라갈 수 있다. 24개월경에는 혼자서 한 번에 한 계단씩 층계를 오르내릴 수 있으며, 30개월경에는 한 발씩 번갈아 딛으며 계단을 오른다.

한 발로 서기와 뛰기 : 36개월경에는 한 발로 잠깐 서 있을 수 있고, 48개월경에는 한 발로 뛸 수 있으며, 60개월경에는 한 발씩 번갈아들고 뛰거나 줄넘기를 할 수 있다.

Q. 정상적인 언어 발달 과정이 궁금해요

혼자 서고 걷는 운동 발달만큼이나 개인 편차가 심한 게 언어 발달이다. 빠르면 돌 전에 이미 몇 단어를 말하는 경우가 있는가 하면, 두 돌이 지나도록 제대로 된 문장을 구사하지 못하는 아이도 있다. 늦게 말이 트여도 별문제 없이 정상적으로 언어 발달이 이루어지는 경우도 있지만, 개중에는 특수한 치료를 필요로 하는 경우도 있다.

생후 6개월 : 자신의 감정을 다양하게 표현할 수 있고, 상대방의 표정이나 억양에 반응하는 등의 의사소통이 가능해진다.

생후 7개월 : '마-마-', '다-다-' 같은 자음 소리를 반복해서 낸다.

생후 8개월 : '바-다-마'와 같은 여러 음절 소리를 낸다.

생후 12개월 : '엄마'나 '아빠' 외에 한두 단어를 더 사용할 수 있게 된다. 그리고 '안 돼', '주세요', '바이바이' 등 몇 가지 간단한 지시를 이해하고 적절한 반응을 보일 수 있다.

생후 15개월 : 신체 부위를 몇 개 정도 가리킬 수 있으며, 의미 없이 종일 재잘거릴 때가 많다.

생후 18~24개월 : 사물과 단어 사이의 연관성을 알게 되면서 어휘력이 급속도로 늘어난다. 보통 18개월 무렵에는 사용하는 어휘가 10~15

개 정도이지만, 24개월에는 100개 이상이 된다. 그리고 단어를 조합하여 간단한 문장을 만들기 시작한다.

만 2세~5세 : 언어 발달이 가장 폭발적으로 진행되는 시기로 사용하는 어휘가 50~100개에서 무려 2,000개까지 늘어난다. 문장에 사용하는 단어 수는 대략 자신의 나이와 같다. 즉 만 2세는 두 단어로 된 문장을 말하며, 만 3세는 세 단어로 된 문장을 말할 수 있다.

말이 늦는 아이, 언제까지 기다려도 될까요?

일반적으로 아이가 만 2세가 되어서도 말을 하지 못하는 경우를 '언어 지연'이라고 한다. 언어 지연의 원인에는 '청력장애, 정서 장애, 지적 장애, 환경적 요인, 자폐증, 뇌성마비' 등이 있는데, 말이 늦는 것이 병적인 상태인지 판단하기란 간단한 일이 아니다. 언어 발달 지연을 의심할 수 있는 다음 항목에 해당하는 경우에는 더 지체하지 않고 소아과, 또는 소아정신과 의사와 상담하기를 권유해 드린다.

❶ 12개월에 단 한마디도 말을 하지 않는 아이
❷ 18개월에도 말보다는 몸짓으로 의사 표현을 하는 아이
❸ 만 2세에도 간단한 두 단어 문장을 만들지 못하는 아이
❹ 만 3세가 되어도 문장으로 자신의 의사를 표현하지 못하는 아이

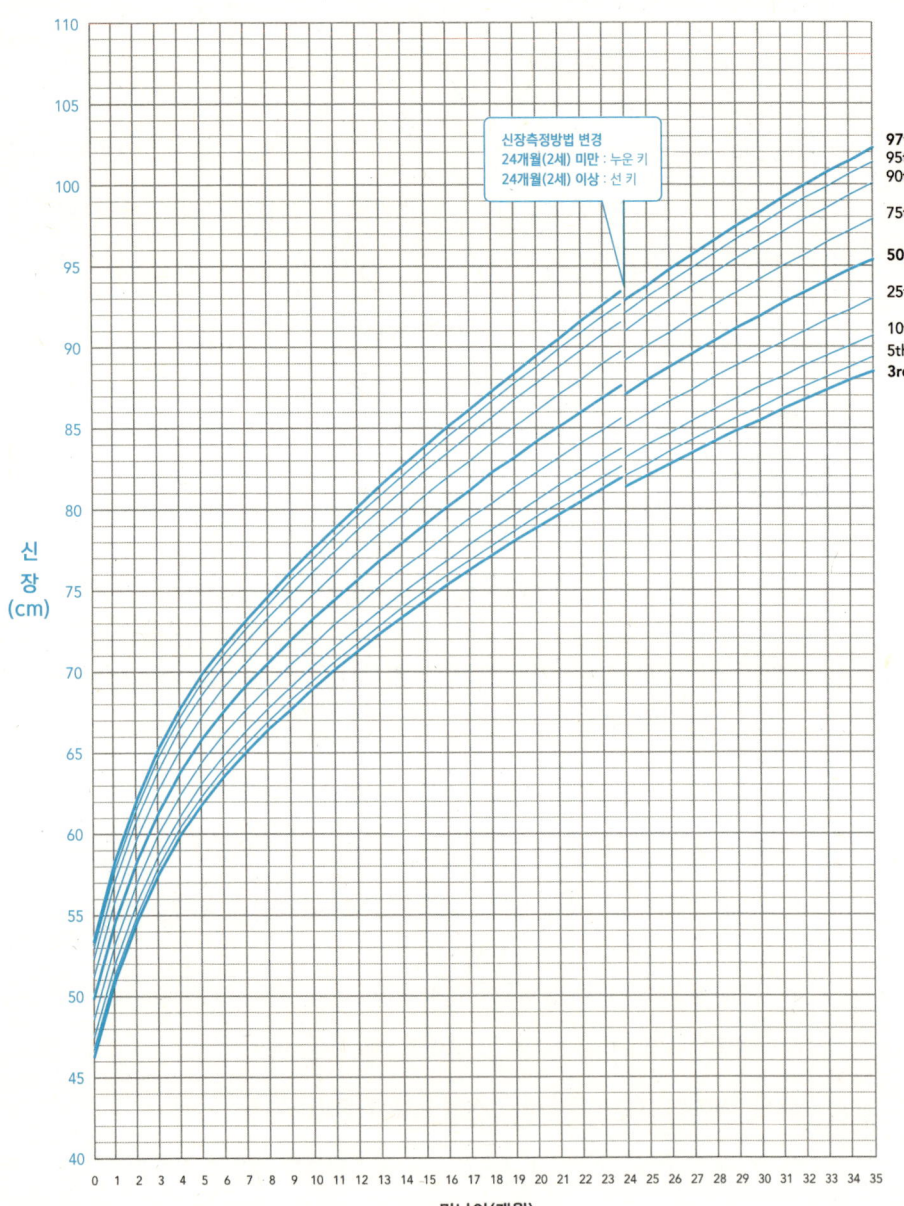

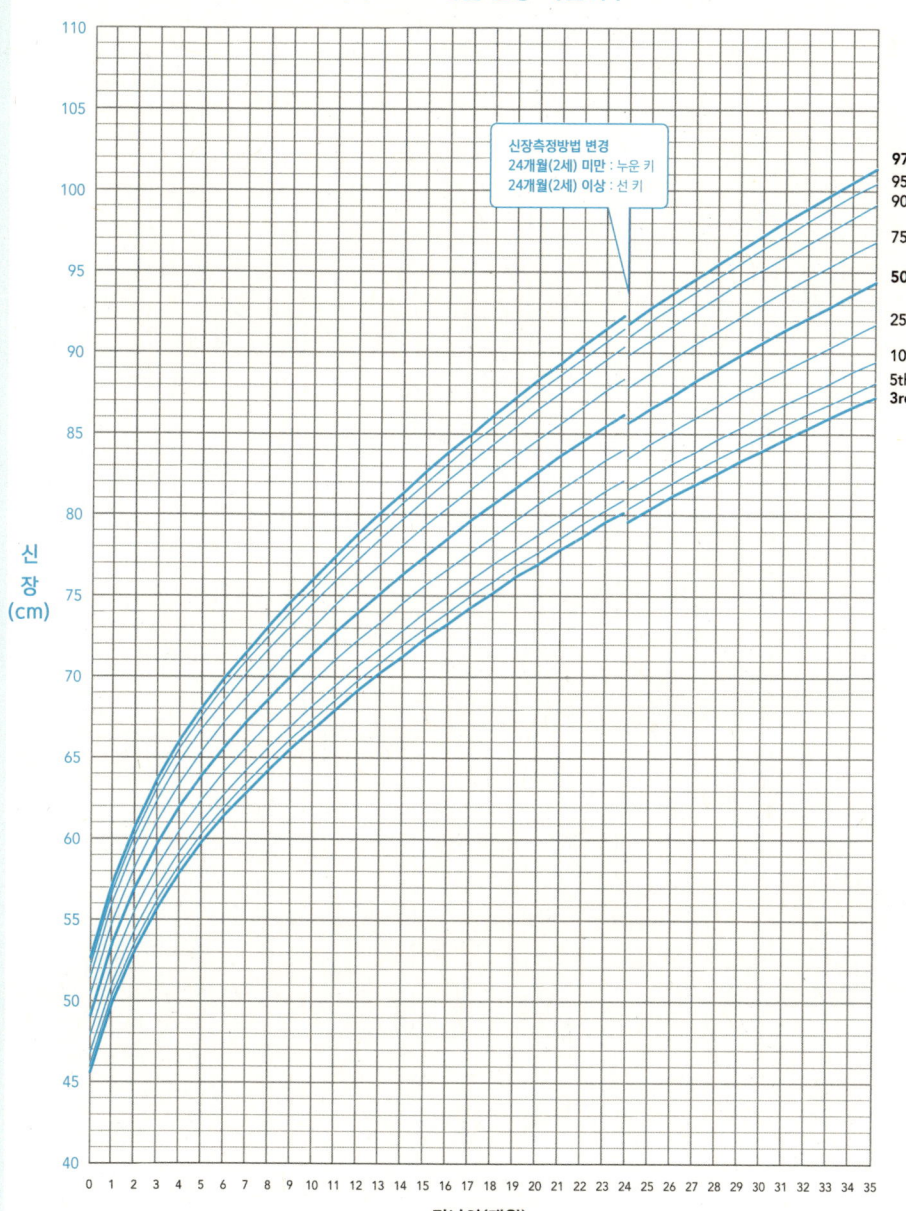

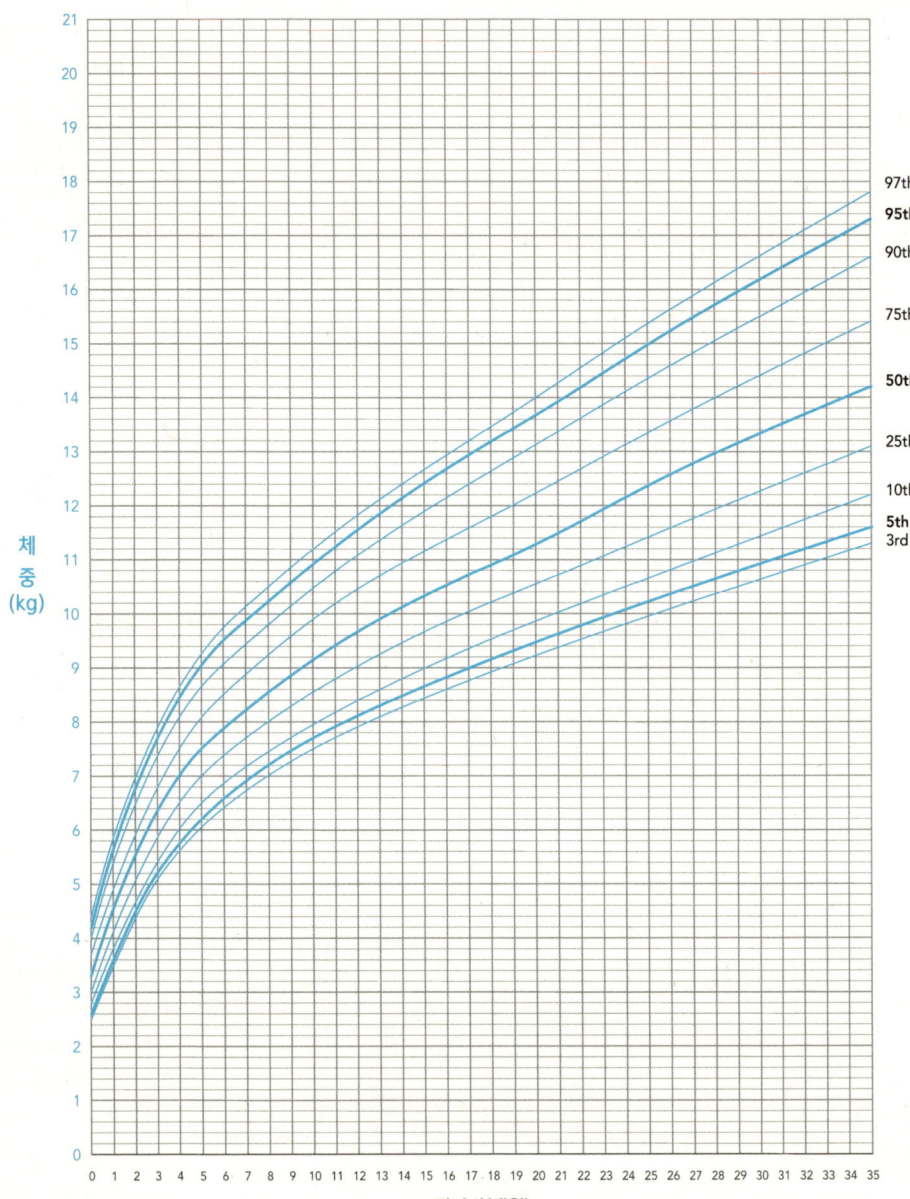

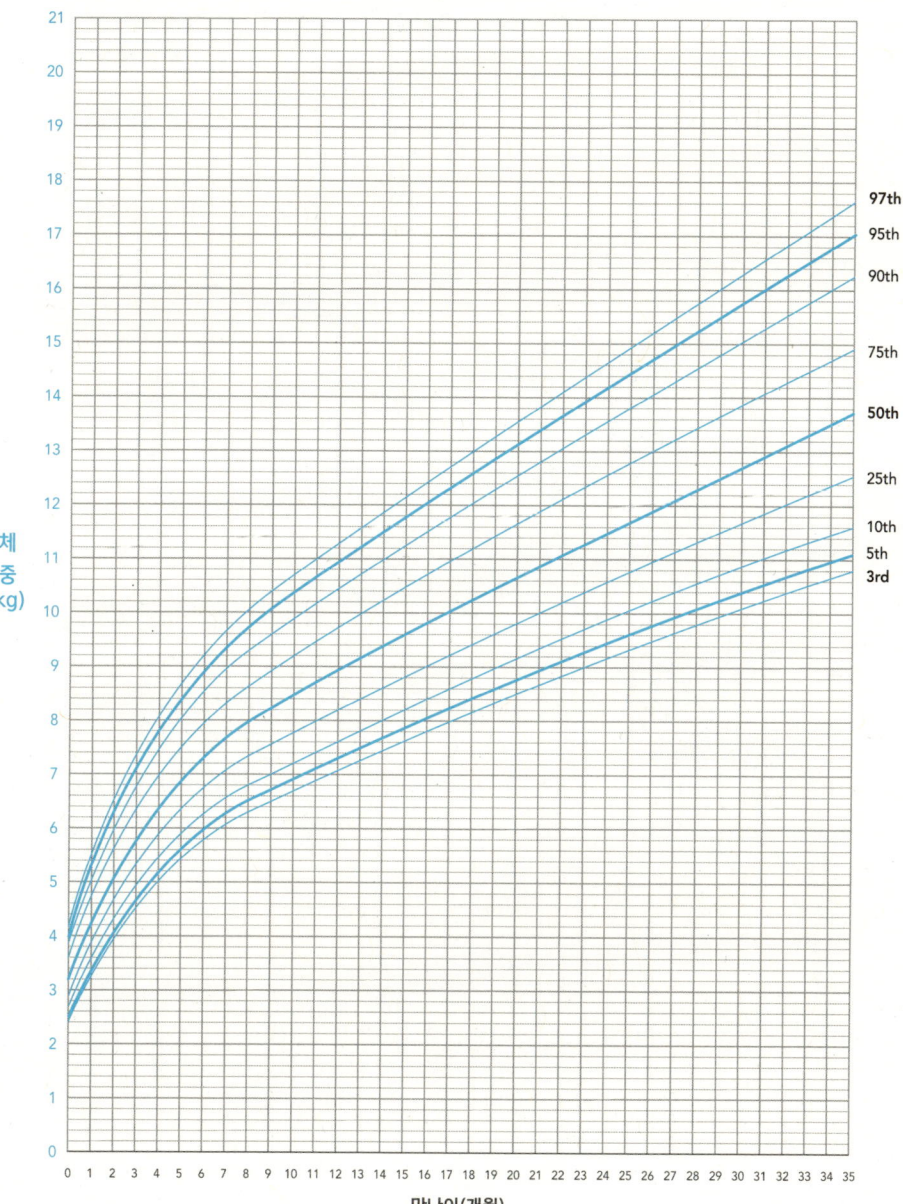

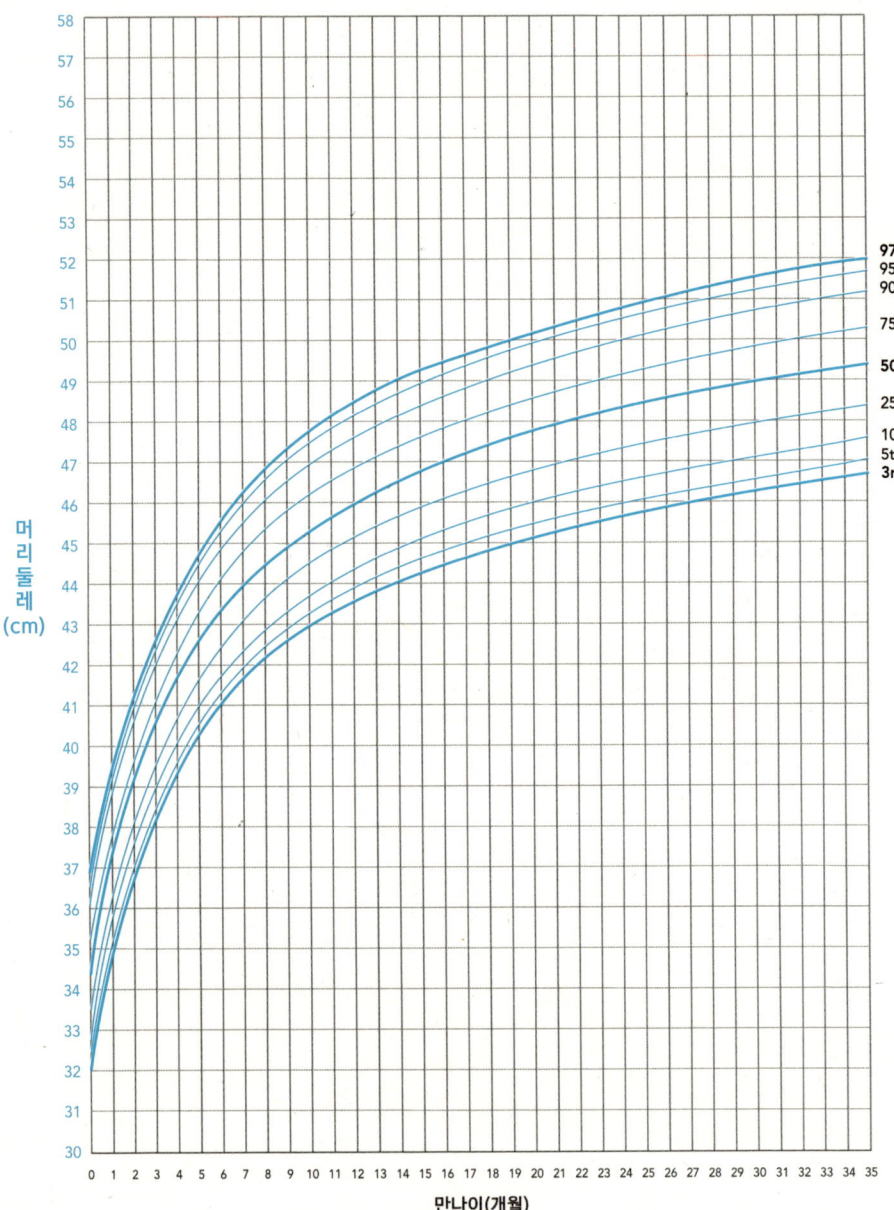

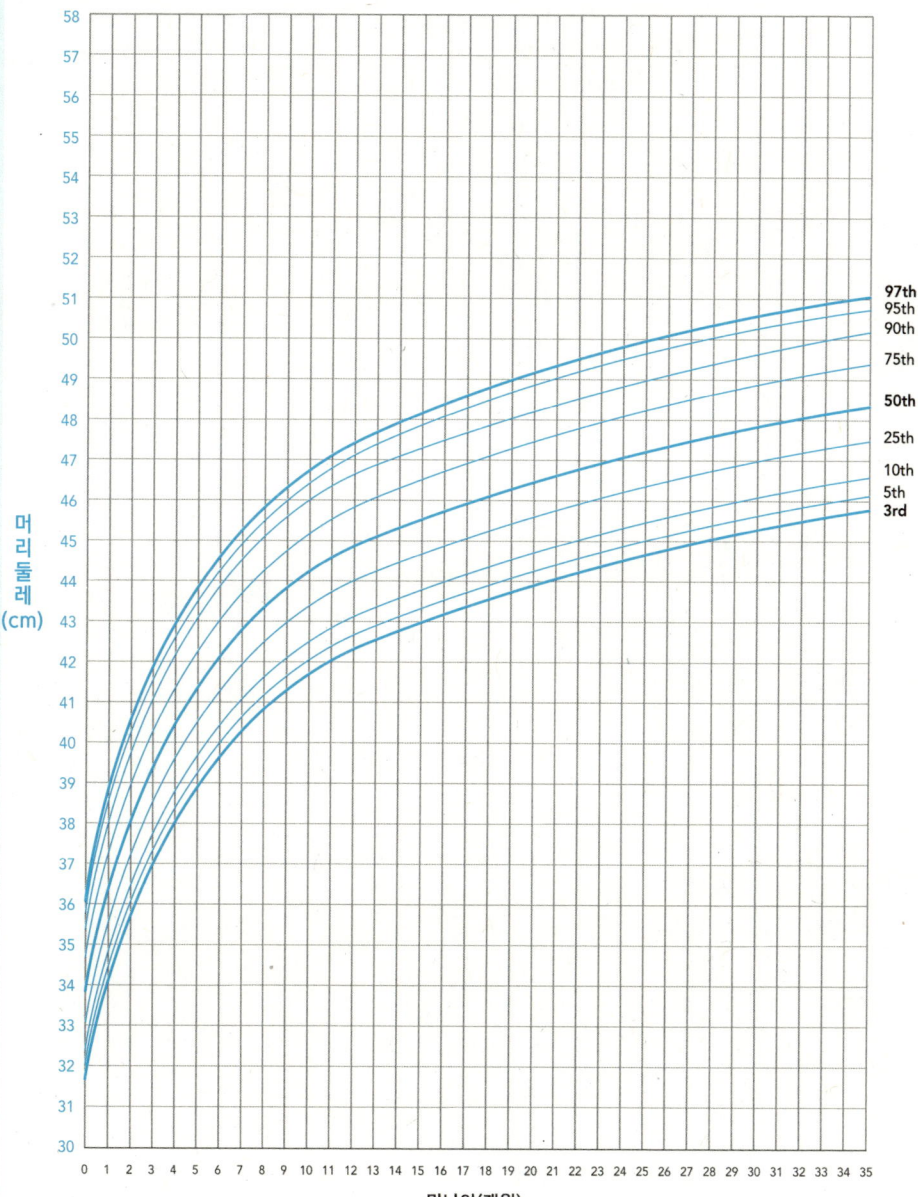

Chapter 2

12대 증상별 소아 질환과 원인

오늘날 우리는 검색창에 단 몇 글자를 쳐넣고 버튼을 클릭하는 것만으로도 손쉽게 정보를 얻을 수 있게 되었지만, 대신 그 엄청난 양의 검색 결과 중에서 올바른 정보를 선별해내야 하는 부담을 떠안게 되었다. 궁금한 답을 얻으려고 검색을 했다가 외려 더 깊은 혼란의 소용돌이에 빠져 허우적댄 경험은 모두가 한 번쯤 겪었을 일이다.

지식 범람의 시대를 살아가는 우리에게 정보를 찾는 일보다 더 중요한 것은 그 차고 넘치는 정보 중에서 진짜와 가짜를 가려내는 능력이다. 하지만 모든 사람이 정보의 진위를 검증해내는 능력을 갖출 수는 없는 법이다. 특히 오랜 학업과 수련 과정을 거친 의사들에게도 지속적인 공부와 지식 업데이트가 요구되는 의료 분야는 더더욱 그렇다. 그래서 상당수의 사람이 무분별한 의료 정보의 홍수 속에서 쉽게 혼란과 갈등에 빠지고 만다.

근거도 출처도 불분명한 불량 의료 정보로부터 사람들을 보호하는 일은 나를 포함한 의사들이 짊어져야 할 과제이자 사명이다. 그래서 여기에서는 소아 질환에 대한 올바른 지식을 전달하고자 한다.

소아 질환을 다룸에 있어 과연 어떤 식으로 정리하고 설명할지에 대해 많은 고민이 있었다. 장고를 거듭한 끝에 결정한 방식은 바로 증상에 따른 접근법이다. 따라서 2장에서는 소아청소년과에서 자주 접하는 아이들의 증상을 크게 열, 경련, 기침, 호흡 곤란, 콧물 또는 코 막힘, 복통, 구토, 설사, 변비, 두통, 귀통증, 발진의 12가지로 나누어 각 증상의 대표적 원인과 그 대처 방안을 다루었다.

'이게 무슨 병일까?' 하는 궁금증은 항상 특정 증상으로부터 시작된다. 물론 제대로 된 전문적 소견을 얻기 위해서는 소아청소년과에 가야겠지만, 당장 병원에 갈 수 없는 상황일 경우, 또는 짧은 진료만으로는 충분한 정보를 얻지 못하여 병원에 다녀온 후에도 인터넷으로 아이의 증상을 검색해보는 보호자들에게는 꽤 유용한 지식 창고가 될 것이다.

Case 1
열나는 아이

열은 병원을 찾게 되는 가장 흔한 증상으로 직장 체온이 섭씨 38℃ 이상일 때로 정의한다. 가장 정확하다는 수은체온계로 직장 체온을 측정하기란 꽤 번거로운 일이기 때문에 대개 측정이 간편한 귀 체온계를 쓰고 있다. 고막의 온도를 적외선을 이용하여 측정하는 귀 체온계는 작지 않은 변동 폭을 보이긴 하지만, 측정 시간이 짧고 직장 체온과 가장 비슷하다는 장점이 있다.

발열은 감염에 대한 우리 몸의 적극적 방어 반응이다. 체온의 상승은 여러 가지 면역학적 활성화를 야기해서 감염에 대한 저항력을 상승시키는 효과가 있다. 그렇지만, 발열은 산소 소비량과 심박출량을 증가시켜 신체에 부담을 줄 수 있고 일부 아이들에게는 열성 경련을 유발하기도 한다. 따라서 열이 나면 힘든 증상을 완화하기 위해서, 혹은 열성 경련 예방을 위해 해열제 투여를 고려해야 한다. 하지만 해열보다 더 중요한 것은 바로 열의 원인을 밝히는 일이다. 열을 떨어뜨리는 원인 질환을 찾아 치료하는 것이 단순히 열을 떨어뜨리는 것보다 중요하다는 말이다.

Reason. 생후 3개월 미만에서의 발열 원인

단순한 바이러스성 감기로 인해 열이 나는 경우도 있지만, 요로감염, 패혈증, 수막염, 연조직염, 관절염, 위장관염, 폐렴 등 중대한 세균 감염으로 인해 열이 날 가능성도 있다. 단순한 진찰만으로는 심각한 감염 여부를 판단할 수 없으므로, 이 시기에 열이 나는 아기는 무조건 입원해서 각종 검사를 받은 후 경험적 항생제 치료를 시작하는 것이 안전하다. 따라서 생후 3개월 미만의 아기가 열이 나면 무조건 병원에 데려가야 한다. 아기의 체온이 38℃가 넘는다면 1차 진료를 위해 찾아간 소아청소년과에서 진료의뢰서와 함께 대학병원 방문을 권유받을 가능성이 크다.

Reason. 생후 3개월~36개월에서의 발열 원인

발열이 가장 빈번하게 발생하는 연령이 바로 생후 3개월부터 36개월까지이다. 이 시기의 발열 원인으로는 바이러스 감염(50%)이 가장 많다. 하지만 중이염(30%), 폐렴(12%), 패혈증(4%), 요로감염(1%), 세균성 수막염(0.3%)

등의 세균성 감염 가능성도 있다. 따라서 이 시기에 열이 난다면 해열제만 먹일 게 아니라, 소아청소년과를 방문해서 열이 나는 원인을 밝혀야 한다.

Reason. 만 3세 이후에서의 발열 원인

감염성 질환에 걸리는 일이 줄어드는 만큼 열이 나는 경우도 점차 줄어든다. 그러나 발열 빈도가 상대적으로 줄어든 연령에서 열이 나면, 혹시 심각한 원인은 아닌지 잘 살펴야 한다. 따라서 3세 이상의 소아 역시 발열이 있으면 반드시 소아청소년과를 방문하여 열이 나는 원인을 찾아야 한다.

Q. 병원에 가기 전에 집에서 어떻게 하는 게 좋을까요?

38℃ 이상의 열이 나도 특별히 힘들어하지 않으면 특별한 조치 없이 조금 기다려볼 수 있다. 하지만 39℃ 이상의 고열이 있거나 그 이하라도 아기가 힘들어하면 일단 해열제를 먹이는 것이 좋다. 열이 난다고 아이를 발가벗겨 놓는 경우가 있는데, 맨살이 노출되면 피부가 수축하면서 열 발산을 막아 심부 체온은 되려 올라갈 위험이 있다. 그러므로 옷을 다 벗겨선 안 되고, 두껍게 입히거나 싸놓는 것만 피하면 된다. 온수로 몸을 닦는 마사지법은 열 내리는 효과가 미미하므로 추천하지 않는다. 특히 얼음찜질이나 알코올로 몸을 닦는 건 금기이다. (해열제 사용에 대한 자세한 내용은 172쪽 참고)

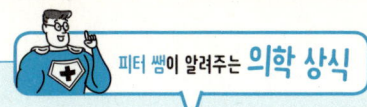

밤에 갑자기 열이 나면 응급실에 가야 하나요?

야심한 밤에 갑자기 고열이 나는 아이를 응급실에 데려가야 할까, 말아야 할까? 실제로 심야나 새벽에 열나는 아이를 데리고 응급실을 방문해본 경험이 있는 보호자도 꽤 많을 것이다. 하지만 응급실에 가더라도 해열제 투여 외에는 별다른 조치 없이 귀가하는 경우가 더 많은 게 사실이다. 만약 다음에 열거하는 사항에 해당하지 않는다면, 일단 집에서 해열제를 먹이고 재운 후 다음 날 아침에 소아청소년과에 데려가도 무방하다.

➕ 밤에 갑자기 열날 때, 응급실에 꼭 데려가야 하는 경우

- ☐ 생후 3개월 미만에서 38℃ 이상의 발열이 있고, 고 체온을 유발할만한 환경적 요인을 제거한 후에도 열이 지속되는 경우
- ☐ 생후 3개월 이상에서 해열제 투여 후에도 39℃ 미만으로 떨어지지 않고 아이가 힘들어하는 경우
- ☐ 꼭 39℃ 이상이 아니더라도 아이가 현저하게 처지고 힘들어 보이는 경우
- ☐ 열성 경련을 한 경우
- ☐ 열성 경련의 병력이 있는 아이에게 해열제 투여 후에도 38℃ 이하로 떨어지지 않는 경우
- ☐ 요로 감염의 병력이 있는 경우(소변 검사를 위해 방문)
- ☐ 보호자가 보기에 아이의 상태가 걱정되는 경우

경련하는 아이

'발작(seizure)'은 보호자와 의사를 가장 놀라게 하는 증상이다. 그러나 의외로 발작은 소아에게 꽤 흔한 증상으로 모든 소아의 10% 정도에서 한 번 이상 발생하는 것으로 보고되고 있다. 발작 중에 운동 증상이 동반되는 경우를 '경련(convulsion)'이라고 부른다.

발작을 신경계의 문제라고 생각하기 쉽지만, 소아에게서 발작은 '발열, 감염증, 두부 외상, 저산소증, 중독증, 부정맥' 등 신경계 외적인 요인에 의해 유발되는 경우가 훨씬 더 많다. 간혹 '호흡 중지 발작(breath-holding spell)', '실신(syncope)' 등이 발작과 혼동되는 경우도 있고, 일부에서는 정신적 원인에 의한 거짓 발작이 나타나기도 한다.

소아에서 발생하는 발작 중 1/3 정도만이 '간질(뇌전증)'에 해당한다. 일생 동안 간질의 누적 빈도는 3% 정도로 알려져 있고, 반 정도가 소아 연령에서 발생한다. 그러나 상당수의 소아 간질이 아이의 성장 과정 중에 회복되기 때문에, 간질의 실제 연간 유병률은 0.5~0.8% 정도에 그친다.

이 책에서 간질에 대한 내용까지 다루는 건 무리이므로, 소아에게 가장 흔한 발작 질환인 열성 경련에 대해서만 다루도록 하겠다.

Reason. 열성 경련

열성 경련은 중추 신경 계통의 감염이나 대사 질환 없이 열과 동반되어 발생하는 경련 질환을 말한다. 주로 생후 3개월에서 5세 사이에서 발생한다. 열성 경련의 빈도는 전체 소아의 3~5%에 달할 정도로 드물지 않으며, 가족력이 있는 경우가 많다. 대개 예후가 양호하지만, 뇌수막염이나 패혈증 같은 급성 감염 질환과 감별해야 할 필요가 있다.

열성 경련은 체온이 갑자기 섭씨 39℃ 이상으로 오를 때 잘 발생한다. 보통 온몸이 뻣뻣해지면서 근육이 수축(강직)하다가 떨리거나 뒤틀리는 이완(간대)이 반복되는 강직간대발작이 수 초에서 수 분간 지속된다.

경련이 15분 이상 지속되거나, 하루에 2번 이상 발생하거나, 부분 발작이나 경련 후 국소 신경학적 징후가 있는 경우를 '복합 열성 경련'이라고 한다. 복합 열성 경련은 간질로 이행할 가능성도 있기 때문에, 반드시 뇌파 검사를 비롯한 정밀 검사가 필요하다.

Q. 아이가 처음으로 경련했을 때, 어떻게 대처해야 하나요?

아이가 처음으로 경련하는 걸 목격한 시점에는 경련이 언제 멈출지 예측하기 어렵기 때문에, 즉시 병원 응급실로 향하거나 119 구급대에 연락하는 것이 좋다. 만약 수분 이내에 경련이 멈춘다면 서둘러 병원에 갈 필요는 없지만, 경련이 5분 이상 지속된다면 항경련제 투여를 위해 늦지 않게 병원에 도착해야 하기 때문이다. 그리고 드물지만 열성 경련이 '간질 지속중(status epilepticus)'으로 이어지는 경우도 간혹 있기 때문에, 아이가 경련 중이라는 사실을 인지한 시점부터 응급실로 향할 태세를 갖추는 것이 좋다.

아이가 경련하는 모습을 보면 부모는 패닉 상태에 빠지기 마련이지만, 최대한 침착함을 유지해야만 한다. 아이가 누워있는 상태라면 토할 경우를 대비해 고개를 옆으로 돌려주어야 하며, 아이의 몸이 어딘가에 부딪히거나 침대나 소파 등에서 떨어지지 않도록 잘 보호해주어야 한다.

그리고 경련 지속 시간, 경련 양상, 동반된 증상, 의식의 유무, 경련 후에 아이가 취한 행동 등을 가급적 자세히 기억해두었다가 의료진에게 상세하게 설명하는 것이 진단에 큰 도움이 된다.

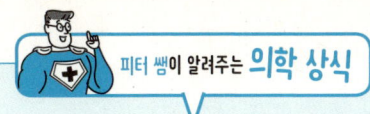

열성 경련 치료 방법

열성 경련은 대부분 수분 이내에 저절로 멈추기 때문에 항경련제 투여가 필요하지는 않다. 하지만 5분 이상 경련이 지속되거나 연이어 발생한 경우에는 항경련제 다이아제팜, 또는 로라제팜을 투여해야 한다.

➕ 첫 경련을 했을 때 정밀 검사가 필요한 경우

경련을 했다고 모든 경우에 정밀 검사를 받아야 하는 것은 아니다. 다만 다음의 경우에는 뇌파 검사, 뇌척수액 검사, 영상의학검사, 혈액검사 등의 정밀 검사로 정확한 원인을 파악할 필요가 있다.

- ☐ 열을 동반하지 않고 경련을 한 모든 경우
- ☐ 생후 12개월 미만, 또는 만 5세 이후에 첫 열성 경련을 한 경우
- ☐ 열성 경련이 15분 이상 지속된 경우
- ☐ 열성 경련이 하루에 2번 이상 발생한 경우
- ☐ 열성 경련이 부분 발작 형태로 나타나거나, 경련 후 국소 신경학적 징후(마비, 감각 이상 등)가 나타난 경우

기침하는 아이

기침은 기도에서 일어나는 반사 작용으로, 기도 내의 이물이나 분비물을 제거하기 위한 강력한 생리 작용이다. 보통 점막의 염증, 분비물, 이물질 등이 귀, 코, 인두, 후두에 분포하는 감각신경을 자극하면, 기침 중추가 있는 대뇌 연수 부위를 거쳐 후두 근육, 기관지, 늑간근육, 횡격막, 복근, 복막근 등에 신호를 전달하여 기침이 발생한다.

간혹 기침과 재채기를 헷갈리는 보호자를 만나곤 하는데, 이 둘은 엄연히 다르다. 두 가지 모두 점막에 붙은 이물을 제거하기 위한 생리 기전이란 점은 같지만, '콜록콜록' 하는 기침은 기도에서, '에취' 하는 재채기는 콧속에서 일어나는 작용이다.

Reason. 급성 기침의 원인 – 감기, 이물질 흡인

급성 기침은 바이러스에 의한 감기(상기도 감염)가 그 원인인 경우가 대부분으로, 지속 기간은 대개 2주 미만이다. 3주 이상 지속되는 기침은 미코플라스마 감염이나 세균성 합병증(기관지염, 폐렴, 부비동염 등) 가능성을 생각해야 한다.

호흡기 감염을 일으키는 바이러스가 워낙 다양하므로 연달아 다른 바이러스에 감염되면서 기침이 오래갈 수도 있다. 어린이집, 유치원 등의 보육 시설에 다니는 아이, 혹은 집에만 있더라도 보육 시설에 다니는 손위 형제가 있는 아이는 감기에 자주 걸릴 수밖에 없다.

사래가 걸리거나 이물질 흡인에 의해서도 기침이 유발될 수 있는데, 이런 경우 감기의 징후 없이 갑자기 발작적 기침이 시작된다.

Reason. 만성 기침의 원인 – 감기, 천식, 부비동염 등

3주 이상 지속되는 기침을 만성 기침으로 정의하는데, 가장 흔한 원인은 반복되는 감기이다. 즉 감기에 연달아서 걸리는 경우, 기침이 오래 지속되는 것처럼 보일 수 있다. 만약 기침과 함께 쌕쌕거리는 천명음과 호흡곤란을 동반하면 '천식(asthma)'으로 진단할 수 있다. 하지만 천명음이 들리지 않고 심한 기침만 있는 '기침 이형 천식(cough-variant asthma)'도 있다.

호흡기에 특별한 문제가 없는데도 마른기침을 반복하는 경우는 심인성 또는 습관성 기침으로, 주로 초등학생 이상의 큰아이에서 나타난다. 다른 만성 기침은 주로 밤에 더 심해지는 것과는 달리, 깨어있을 때만 기침을 하고 잘 때는 안 한다는 특징이 있다. 보호자는 몹시 신경을 쓰는 데 반해 아이 자신은 기침에 그다지 관심이 없고, 동반되는 다른 증상도 전혀 없다.

다른 컨디션이 나쁘지 않은데 유독 기침이 오래가는 경우에는 미코플라스마에 의한 기관지염을 의심할 수 있다. 미코플라스마가 폐렴까지 일으키는 경우도 적지 않다. 기침과 함께 콧물, 코 막힘, 후비루(코가 목 뒤로 넘어가는 것) 등을 동반하면 부비동염 가능성을 생각할 수 있으며, 이 외에도 미세먼지, 공기 건조, 간접흡연 등에 의해 기침을 하기도 한다.

Q. 아이가 기침이 심할 때 집에서 해줄 수 있는 게 없을까요?

기침에는 특효약이 없다. 다만 물을 충분히, 자주 섭취하게 하는 것이나 가습을 충분히 해주는 것은 가래 배출을 돕고 기도를 촉촉하게 만들어서 기침을 진정시키는 효과가 있다. 생후 12개월 이상이라면 5~10mL 정도의 꿀을 물에 타서 먹이는 것이 밤 기침 조절에 도움이 될 수 있다. 단 돌 전의 아이에게는 보툴리누스균에 의한 식중독의 위험이 있으니 꿀은 절대 금물이다. 그밖에 배즙 또는 배달인 물을 먹이는 민간요법은 돌 전의 아이에게도 시도해 볼 수 있다.

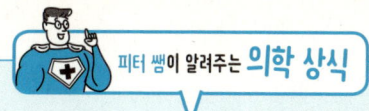

기침약을 꼭 먹여야 하나요?

기침은 이물질 또는 질병으로 인한 다양한 자극에 대해 폐를 보호하는 일종의 신체 방어 현상인 만큼, 원인 질환이 아닌 기침 자체에 대한 치료는 필요 없다고 보는 시각이 많다. 하지만 심한 기침은 아이를 불편하고 힘들게 할 뿐만 아니라 수면을 방해하기 때문에, 기침이 심하면 완화해줄 필요가 있다.

문제는 기침에는 아주 효과가 뛰어난 약이 없다는 것이다. 그나마 레보드로프로피진, 레보클로페라스틴펜디조산염 제제 등의 기침약(진해제)이 기침을 조금이나마 완화해줄 수 있고, 암브록솔염산염, 염산브롬헥신, 아세틸시스테인, 펠라고니움시도이데스, 아이비엽 제제 등의 가래약(거담제)과 병용하여 복용할 수 있다. 기도가 과민해져 있는 경우에는 기관지 확장제(패치 또는 먹는 약)를 사용하는 것이 효과적이다.

➕ 기관지확장제 패치가 잘 떨어지는데, 떨어지면 다시 붙여야 하나요?

호쿠날린®, 호쿠테롤® 등의 기관지확장제 패치는 대개 서방형(서서히 퍼져서 오래 작용)이기 때문에 떨어진 후에도 몸속에 어느 정도의 효과가 남아있을 수 있다. 따라서 패치가 떨어졌다고 해서 꼭 다시 붙일 필요는 없다. 되도록 하루 1장을 초과하지 않는 것이 좋다. 대체로 야간에 기도가 더 과민해지니, 패치는 자기 전에 붙이고 재우는 것이 좋다.

Case 4
숨쉬기 힘들어하는 아이

기침과 더불어 가장 중요한 호흡기 증상은 호흡곤란이다. 숨쉬기 힘들어하는 상황은 응급 상황에 해당하므로, 만약 아이가 갑자기 숨쉬기를 힘들어한다면 당장 병원이나 응급실에 데려가야 한다. 호흡곤란을 유발하는 가장 대표적 질환으로는 천식, 모세기관지염, 급성 후두염, 아나필락시스 등을 들 수 있다.

Reason. 천식

들이마신 공기를 폐로 보내는 통로인 기관지가 좁아져서 호흡곤란을 유발하는 질환으로, 소아에서 발생하는 천식은 대부분 알레르기성이다. 깊고 심한 기침, 쌕쌕거리는 천명음, 호흡곤란 등이 주요 증상이다. 호흡기 감염에 의해 악화될 수 있으며, 야간이나 새벽에 더 심하고 운동 후에 심해지는 특징을 보인다.

천식에서 특징적으로 들리는 천명음(wheezing)은 심하지 않을 때는 청진기로만 들을 수 있으나, 심한 경우에는 청진기 없이도 들린다. 그리고 아주 극심한 천식 발작 때에는 아예 호흡음이 들리지 않는 경우도 있다.

천식은 빈도(간헐성 ~ 지속성)와 심한 정도(경증 ~ 중증)에 맞는 치료 플랜을 선택해서 지속적인 관리와 치료를 시행해야 한다. 따라서 천식 가능성이 있다는 얘기를 들었거나 천식으로 진단받은 아이는 주치의의 정기적 진료 및 장기 치료가 필요하다.

Reason. 모세기관지염

모세기관지염은 기관지에서 더 가늘게 갈라져 나온 모세기관지에 바이러스 감염으로 인한 염증이 생긴 상태를 의미한다. 모세기관지염은 호흡기세포융합바이러스(RSV)가 가장 흔한 원인으로 기관지나 모세기관지가 매우 가는 생후 3~6개월의 영아에게 잘 생긴다.

처음에는 감기 증상처럼 시작해서 기침이 심해지고 호흡곤란으로 진행한다. 증상을 완화해주는 약을 쓰면서 호흡기 치료를 병행하면 대개 일주일 전후로 회복되지만, 잠을 못 잘 정도로 기침이나 호흡곤란이 심하거나 먹는 양이 현저히 줄어들면 입원 치료를 고려해야 한다.

때로는 인공호흡기 치료를 필요로 할 정도로 심해지는 경우도 있으므로, 6개월 이전의 아기가 기침을 동반한 감기 증상을 보일 때는 혹시 모세기관지염으로 진행하지 않는지 예의 주시해야 한다.

Reason. 급성 후두염

아이가 새벽에 갑자기 개 짖는 소리처럼 컹컹거리는 기침을 하면서 쉰 목소리를 내서 병원이나 응급실을 찾게 되는 경우가 있는데, 이것이 바로 전형적인 급성 후두염 증상이다. 후두부에 성대가 존재하기 때문에, 후두에 염증이 생겨서 부으면 쉰 목소리가 나고 컹컹거리는 기침을 하는 것이다. 흔히 '크룹(croup)'이라고도 부른다.

후두염이 진행하면서 기도가 심하게 좁아지면 호흡곤란과 같은 위급상황이 올 수도 있으며, 특히 초응급인 '급성 후두개염(acute epiglottitis)'과의 감별이 필요하다. 따라서 아이가 컹컹거리는 기침을 하면서 숨쉬기 불편해하는 모습을 보인다면 곧바로 병원이나 응급실로 데려가는 것이 좋다.

간혹 찬 공기나 수증기를 마시면 증상이 호전되는 경우도 있으므로, 병원에 데려가기 전에 뜨거운 물을 틀어 수증기를 가득 채운 욕실에 아이를 잠시 머물게 하거나 차고 신선한 바깥공기를 쐬어주는 방법을 일차적으로 시도해볼 수도 있다. 이 방법은 아이가 많이 힘들어하지 않을 때만 시도 가능하며, 호흡곤란의 징후가 보인다면 즉시 응급실로 가도록 한다.

Reason. 아나필락시스

두드러기와 같은 알레르기 반응이 호흡기에까지 영향을 미치면, 호흡곤란과 같은 위험한 상황이 올 수도 있다. 대개 알레르기를 유발하는 원인 물질과 접촉한 지 30분 이내에 혈압이 급격히 떨어지는 쇼크 상태에 빠지게 된다. 단순한 피부 두드러기가 발생했을 때도 반드시 병원을 방문하여 청진을 받아야 하는 이유가 바로 이 아나필락시스 때문이다. 아나필락시스 반응을 일으키는 가장 대표적인 원인 물질은 땅콩, 메밀, 갑각류 등이다.

아나필락시스에 의한 쇼크 증상은 매우 위급하게 나타나지만, 에피네프린과 스테로이드제 등을 투여하면 쉽게 회복된다. 특정 물질에 대해 아나필락시스 반응까지 보이는 사람은 아주 소수에 불과하지만, 당사자에게는 치명적인 결과를 초래할 수도 있다. 따라서 한 번이라도 아이가 아나필락시스를 경험했다면 보호자는 반드시 해당 사실을 보육 시설이나 교육 기관에 알려야 하며, 가공식품에 들어가 있는 원료 및 제조과정을 꼼꼼히 살피는 것은 물론 식당에 방문했을 때에도 주문받는 직원에게 알레르기에 대한 정보를 반드시 알려야 한다. 그리고 휴대용 에피네프린 주사기(에피펜®)를 항상 휴대하고, 선생님이나 주변인에게도 사용법을 알려주는 것이 좋다.

Case 5
콧물이 나거나 코 막히는 아이

콧물과 코 막힘을 유발하는 가장 흔한 원인은 바로 '감기(common cold)'이다. 감기는 다른 말로 '감염성 비염(infectious rhinitis)'이라고도 한다.

"감기인가요? 비염인가요?"

진료실에서 이렇게 물어오는 보호자들이 꽤 많은데, 엄밀히 말하면 질문 자체에 오류가 있다. 왜냐하면 '감염성 비염'이라고도 불리는 감기는 비염에 포함되는 하위 개념이기 때문이다. 감염성 비염의 대표적 질환에는 감기 외에 부비동염이 있다. 반면 비감염성 비염에는 알레르기성 비염이나 콧속 구조 이상에 의한 비염 등이 있다. 그런데 비감염성 비염은 단기간에 완벽한 해결이 어렵다.

따라서 "감기인가요? 비염인가요?"라는 질문은 "감염성인가요? 비감염

성인가요?" 또는 "단기간에 완치 가능할까요? 아닐까요?"라는 물음으로 대체하는 것이 좋겠다.

Reason. 감기

감기는 콧물과 코 막힘이 주로 나타나는 바이러스 질환으로 두통, 근육통, 고열 같은 증상은 나타나지 않거나 나타나더라도 미약하다. 간혹 부비동 점막까지 침범하기도 하지만, 대개 며칠 내에 저절로 좋아지는 경우가 많다. 감기는 연중 내내 발생하지만, 초가을부터 늦은 봄까지 가장 흔하게 발생한다. 하지만 냉방이 일반화된 요즘에는 여름철에도 감기에 걸리는 경우를 자주 본다.

만 3세 미만의 어린 소아는 1년에 평균 6~8회 감기에 걸리고, 12회 이상 걸리는 경우도 10~15%에 이른다. 어린이집에 다니는 첫해에는 집에만 있는 경우보다 50% 이상 감기에 더 잘 걸리고, 3세 이전에 어린이집에 다니는 아이는 감기를 더 자주 앓는다. 연령이 증가하면서 점차 감기에 걸리는 횟수가 줄어들어, 성인은 평균 연 2~3회 정도 걸린다.

감기를 일으키는 바이러스들은 워낙 다양한 혈청형을 갖고 있고 수많은 변종이 있기 때문에, 한 번 걸린다고 해서 면역이 형성되지 않고 반복적인 재감염이 일어난다. 비점막 상피 세포가 감염되면 급성 염증 작용에 의해 여러 증상이 나타나며, 염증이 지속되면 부비동의 입구(sinus ostium)와 이관(eustachian tube)이 막히면서 '세균성 부비동염'이나 '중이염' 등의 합병증이 발생할 수 있다.

순수한 감기에도 발열이 나타날 수는 있지만 합병증이 없는 경우, 열은 감기에 있어 흔하지 않은 증상이다. 따라서 열이 있는 감기는 흔히 '목감기'라고 불리는 급성 인두염이나 중이염, 부비동염, 기관지염 등의 합병증 가능성을 생각해야 한다.

Reason. 부비동염

두개골의 얼굴 부분에는 '부비동'이라고 불리는 빈 공간이 여러 개 존재한다. 여러 개의 부비동이 유년기 동안 단계적으로 발달해감에 따라, 아기 때에는 둥글둥글하고 밋밋하던 얼굴이 성장하면서 점차 굴곡진 형태를 띠게 되는 것이다. 이 부비동에 염증이 있는 상태를 '부비동염', 흔히 '축농증'이라고 부른다.

바이러스가 직접 부비동 점막을 침범할 수도 있고, 코 점막의 부종으로 부비동 입구가 폐쇄됨에 따라 부비동 내 분비물이 축적되면서 2차 세균 감염이 일어날 수도 있다.

감기와 동반되는 바이러스성 부비동염은 대부분 수일 내에 저절로 호전된다. 하지만 세균성 부비동염은 아주 불편하고 힘든 증상을 유발할 뿐 아니라 사뭇 오래 지속되는 경향을 보인다. 게다가 항생제에 대한 반응도 썩 좋지 않아 치료가 쉽지 않다.

워낙 치료가 어렵고 오래 걸리다 보니 부비동염을 늘 갖고 지내야 하는 만성 질환으로 의식하는 경향도 없지 않다. '우리 애는 원래 축농증이 있어서…'라는 식으로 말하는 보호자들이 꽤 많은 걸 보면 말이다. 하지만 부비동염은 아이를 상당히 불편하고 힘들게 할 뿐만 아니라 심한 경우 안와와 두개강 내까지 염증이 파급되어 심각한 상태에 빠질 수도 있으므로, 어렵고 오래 걸리더라도 반드시 치료해야 하는 질환이다.

Reason. 알레르기 비염

알레르기 비염은 콧물, 코 막힘, 가려움 및 재채기 등의 증상이 나타나는 만성 염증 질환이다. 알레르기 비염은 대개 알레르기 결막염을 동반하는 경우가 많아 결막의 충혈과 가려움, 작열감 등도 함께 나타난다. 알레르기 비염은 생활의 불편을 가져올 뿐만 아니라 학습 및 업무의 능률을 저하하고 수면을 방해하는 등 삶의 질을 악화시킬 수 있는 질환이다.

알레르기 비염은 유전적 요인과 환경적 요인이 모두 관여하는 다인자성 질환으로, 아토피 피부염이나 천식 등의 다른 알레르기 질환이 함께 나타나는 경우가 흔하다. 즉 어린 연령에서 아토피 피부염, 또는 천식을 앓으면 알레르기 비염이 더 잘 발병한다. 가족력이 매우 중요하며, 가족적 성향으로 알레르기 비염이 발병하는 경우에는 증상 발현이 좀 더 어린 나이에 시작하는 경향을 보인다.

알레르기 비염의 진단은 환자의 특징적 증상과 환경 및 알레르기 질환에 대한 과거력, 가족력, 진단 검사(혈청 특이 IgE 검사, 피부 반응 검사, 비 유발 검사, 비 분비물 도말 검사 등)를 근거로 하는데, 검사 소견 없이 임상 증상만으로도 진단이 가능하다.

알레르기 비염의 치료에는 환경 관리가 가장 중요하다. 하지만 원인 항원을 완벽하게 제거하거나 회피하는 건 현실적으로 불가능한 일이며, 원인 항원에 대한 노출을 줄이는 방법이 차선책이라고 할 수 있다.

약물 치료는 증상 발현 양상 및 심한 정도를 고려해서 최적의 치료를 선택해야 한다. 특정한 계절에 국한된 증상에 대해서는 해당 계절 시작 전에 예방적 투여가 필요하며, 지속적인 증상에는 장기 치료가 불가피하다. 알레르기 비염의 치료에 사용되는 약물로는 경구 항히스타민제, 비강 항히스타민 분무제, 비강 스테로이드 분무제, 항류코트리엔제, 비충혈 제거제 등이 있으며, 증상의 지속성이나 중증도, 천식의 동반 여부 등을 잘 따져서 최적의 조합을 선택해서 가장 적절한 방식으로 사용해야 한다.

약물 요법에 반응을 보이지 않거나 약물 부작용이 심하면 면역 요법을 고려할 수 있다. 면역 요법은 원인이 되는 알레르겐의 양을 점차적으로 증가시켜 체내에 투여함으로써, 면역 관용(tolerance)을 유도하여 알레르기 반응을 감소시키는 목적으로 시행한다. 주로 피하 주사로 시행하지만, 최근에는 설하(혀 밑), 또는 경구 투여 방법도 사용된다.

알레르기 비염과 함께 코의 구조적 문제(비갑개 비대, 비중격 만곡증, 아데노이드 비대 등)를 동반한 경우, 또는 약물 요법에 반응하지 않는 부비동염 등의 경우에는 수술적 치료를 고려할 수 있다.

Q. 아이에게 콧물과 코 막힘이 있을 때 집에서 해줄 수 있는 게 없을까요?

보호자가 입으로 빨아들이거나 전기로 작동하는 흡인 기구를 통해 코 점액을 자주 빨아주는 것이 콧물과 코 막힘 완화에 도움을 줄 수 있다. 코를 자주 뽑아줘도 괜찮은지 물어오시는 보호자가 많은데, 입으로 빨아주는 것은 문제가 될 정도로 강한 음압이 가해지는 게 아니기 때문에 자주 뽑아줘도 괜찮다. 피지오머나 생리식염수로 코를 세척해주는 것 역시 콧물과 코 막힘 완화에 도움이 된다. 코 세척 후에 코를 뽑아주면, 점액이 묽어져서 더 쉽게 흡인할 수 있고 점막 손상도 예방할 수 있다.

> 코가 막히면 숨쉬기가 힘들어서 그런지 아이 컨디션이 자꾸 안 좋아지더라고요. 그때마다 병원에 갈 수도 없어서 방 안의 습도를 올리려고 노력했는데, 아파트에서는 50%까지 올리는 게 정말 어렵더라고요. 여러 시행착오 끝에 만난 피지오머 흡입기는 제게 신세계를 열어주었어요. 미스트나 식염수를 뿌린 다음 코를 뽑으면 쉽게 코를 뺄 수 있어서 정말 좋았어요.

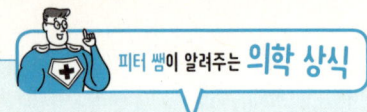

코 말리는 약과 코 뚫는 약

+ 코 말리는 약 : 일반적으로 '코 말리는 약'이라고 불리는 약물은 바로 항히스타민제이다. 항히스타민제 중에서도 항콜린성 효과가 있는 1세대 항히스타민제만이 콧물에 유효하다. 1세대 항히스타민제보다 부작용이 덜한 2, 3세대 항히스타민제는 항콜린성 효과가 없어 일반적인 콧물에는 효과가 없으며, 오직 알레르기 비염으로 인한 콧물에만 효과를 보인다.

1세대 항히스타민제의 주된 부작용인 졸림, 즉 진정 작용은 성인에서는 문제가 되지만, 소아에서는 큰 문제가 되지 않는다. 오히려 콧물로 힘들어하는 아이의 수면을 돕는 효과도 있기 때문에, 콧물이 심해 불편해하는 아이들에게 1세대 항히스타민제를 사용하는 것을 주저할 필요는 없다. 모든 약은 득과 실을 따져, 더 득이 되는 방향으로 사용 여부를 결정하면 된다.

+ 코 뚫는 약 : 줄줄 흐르는 콧물도 물론 괴롭지만, 코 막힘은 아이들을 더 힘들고 불편하게 만드는 증상이다. 특히 분유나 모유를 입으로 빨아먹어야 하는 아기들에게 코 막힘이 있으면 먹는 데 큰 어려움을 겪게 된다. 잘 먹고 잘 자는 것이 아이들의 건강 유지에 있어 가장 중요한 요소라고 할 수 있는데, 코 막힘으로 인해 그 두 가지가 방해받을 정도라면 약을 써주는 게 맞다.

코 막힘 증상에 임상적으로 가장 흔히 사용되는 약물은 슈도에페드린(pseudoephedrine)이다. 슈도에페드린은 코 점막의 교감신경 수용체를 직접 자극하여 코 점막 혈관을 수축시키는 작용을 통해 비충혈을 완화한다. 하지만 교감신경 흥분 작용(가슴 두근거림, 고혈압, 중추신경계 자극 증상 등)이 나타날 수 있기 때문에, 가급적 최소량으로 가급적 짧은 기간 동안만 사용해야 한다.

3세 이상에서는 비액 또는 분무제(자일로메타졸린, 옥시메타졸린, 페닐에프린 등)를 사용할 수 있다. 하지만 실제로 사용해보면, 약을 뿌린 직후에는 코가 뻥 뚫렸다가 시간이 지나면 금세 다시 막혀버리는 현상을 자주 경험하게 된다. 그리고 오래 사용했을 경우에는 약물성 비염(rhinitis medicamentosa)을 유발할 수 있기 때문에, 아주 답답하고 불편할 때 1~2일 정도만 사용하도록 한다.

알레르기 비염에 주로 사용하는 비강 국소 스테로이드제도 비강 내 염증을 줄여서 코막힘을 완화하는 효과가 있으므로, 코 막힘 치료에 사용할 수 있다.

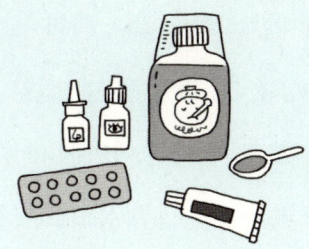

배 아픈 아이

배 아픈 아이를 진료하는 일은 소아과 의사를 가장 고민스럽게 만드는 문제 중 하나이다. 소아 과학의 대가 조셉 브렌만(Joseph Brennemann)도 "40년 동안 숱한 경험을 쌓았지만, 배 아픈 아이들을 진료하는 건 여전히 불안하고 다른 어떤 분야보다 가장 자신 없는 일이다."란 말을 남긴 바 있다.

 소아 복통의 원인 중에는 똥배처럼 대수롭지 않은 경우도 있지만, 응급 수술을 필요로 하는 중대한 상황도 있다. 특히 '장중첩증, 급성 충수염, 급성 복막염, 장염전(장꼬임증)'과 같은 질환은 빨리 수술하지 않으면 생명까지 위협할 수 있다. 그러므로 배 아픈 아이는 세심하게 잘 살펴봐야 한다.

 소아의 복통은 급성 복통과 만성 복통으로 나눌 수 있다. 급성 복통은 수일 이내에 시작된 복부 통증을 말하며, 즉각적인 진단과 치료를 필요로 한다. 그리고 만성 복통은 의사 표현이 가능한 소아에게서 2개월 이상 지속되고 정상적인 활동에 영향을 주는 복통을 의미한다.

Reason. 급성 복통 – 복막염, 장중첩증 등

복통은 주로 복통의 위치나 종류에 따라 질환을 진단한다. 배가 아프다고 말할 수 있는 아이라면 복통에 대한 검사 및 치료를 곧바로 진행할 수 있지만, 정확한 의사 표현이 어려운 아이의 경우에는 진단이 쉽지 않다. 따라서 아이가 갑자기 보채거나 심하게 우는 경우에는, 혹시 복통이 원인은 아닌지 꼭 의심해봐야 한다. 복통은 의사에게도 쉽게 진단 내리기 어려운 증상인 만큼, 아이가 정말 아파 보이거나 보호자 선에서 진위를 판단하기 어렵다면 반드시 병원에 데려가야 한다.

계통에 따른 복통의 원인 분류	
초응급 (응급 수술을 요하는 위급한 복통)	• 천공성 충수염에 의한 복막염 • 수술이 필요한 장중첩증 • 복강 농양, 다발성 장천공
외과적 치료가 필요한 복통 (응급은 아니지만, 반드시 외과적 수술이나 처치가 필요한 복통)	• 급성 충수염 • 장중첩증 • 장 폐쇄
위장관 질환에 의한 복통	• 바이러스성 급성 위장관염 • 세균성 급성 위장관염 • 급성 위염 • 소화성 궤양 • 급성 췌장염 • 급성 A형 간염

위장관 외 다른 질환에 의한 복통	• 바이러스성 열성 질환 • 요로 감염 • 미코플라스마 폐렴 • 무균성 수막염 • 요로 결석 • 알레르기성 자반증
기능성 복통	• 기능성 위장관 질환 • 변비

Reason. 만성 복통

수시로 배가 아픈 증상으로 진료실을 찾는 아이들이 적지 않다. 그중에는 특별한 기질적 원인 없이 발생하는 기능성 복통도 있지만, 반드시 원인 질환을 찾아서 치료해야 하는 경우도 있다. 다음은 만성 복통에서 정밀 검사를 필요로 하는 경고 증상 및 징후들이니, 아이의 증상이 다음 항목 중 하나에 해당한다면 반드시 병원에 데려가야 한다.

❶ 아이가 복통으로 인해 잠에서 깰 때

❷ 지속적인 우상복부 또는 우하복부의 통증 또는 압통

❸ 담즙이 섞이거나 지속적이거나 주기적인 구토

❹ 원인을 설명할 수 없는 발열

❺ 비뇨 생식기 증상

❻ 삼키기 힘들어할 때

❼ 만성적으로 지속되는 심한 설사, 또는 수면 중에도 설사를 하는 경우

❽ 위장관 출혈(토혈 또는 혈변)

❾ 빈혈

❿ 성장 속도의 감소 또는 사춘기 지연

⓫ 염증성 장질환이나 소화성 궤양 등 만성 위장관 질환의 가족력

⓬ 척추 또는 항문 주위의 압통

⓭ 황달

⓮ 의도하지 않은 체중 감소

⓯ 간 또는 비장 비대

⓰ 국소 팽만 또는 종괴

⓱ 비정상적이거나 이유를 설명할 수 없는 신체 검진 소견

Reason. 복통의 위치에 따른 원인

명치끝이 아프다면 소화 불량이거나 급성 충수염 초기인 경우, 우하복부가 아프다면 충수염(맹장염)인 경우, 좌하복부가 아프다면 변비인 경우가 많다. 복부 전체가 아프다면 복막염이나 장염, 장마비 등을 의심해야 한다. 심한 기침이나 구토로도 복부 통증이 올 수 있다.

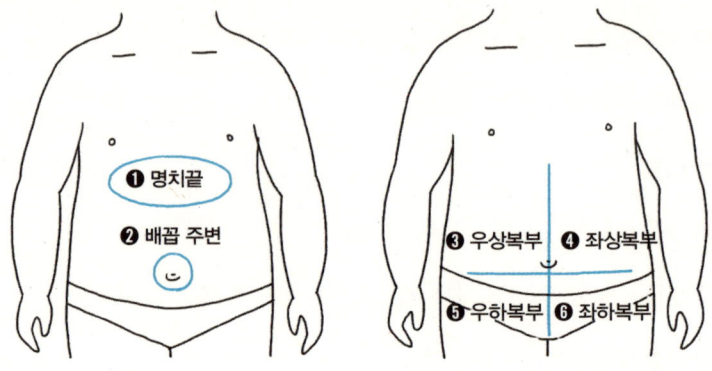

❶ 명치끝 : 소화 불량, 급성 충수염 초기, 위염 또는 십이지장염, 급성 췌장염, 장간막혈관 폐쇄증 등

❷ 배꼽 주변 : 기능성 복통, 위염, 위궤양 등

❸ 우상복부 : 간염, 간 울혈, 담낭염, 담도염, 담도 결석, 간농양, 폐렴 등

❹ 좌상복부 : 신우염, 요로 결석, 급성 췌장염, 결장 질환 등

❺ 우하복부 : 맹장 질환, 장중첩증, 메켈 게실, 장간막 림프절염, 요로 결석 등

❻ 좌하복부 : 대장염, 장간막 림프절염, 요로 결석 등

Q. 아이가 배 아파할 때 집에서 해줄 수 있는 게 없을까요?

복통은 당장 증상을 없애는 것보다는 원인에 대한 규명이 필요하기 때문에 가능하면 병원에 데리고 가야 한다. 하지만 만약 증상이 심하지 않아 보인다면 배 마사지를 해주거나 핫팩을 배에 대주는 시도를 할 수 있다. 하지만 복통이 지속되거나 참기 힘들 정도라면 반드시 병원에 방문해야 한다.

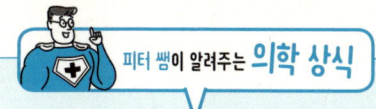
피터 쌤이 알려주는 **의학 상식**

배가 아플 때 즉시 병원에 가야 하는 경우

➕ 의사 표현이 안 되는 영유아가 다음과 같은 증상의 하나를 보이는 경우

- ☐ 자지러지게 울다가 그치기를 반복하는 경우
- ☐ 배가 빵빵하게 부풀어 올라 있거나 뱃가죽이 딱딱해진 경우
- ☐ 몹시 울고 보채며 안 먹으려고 하는 경우
- ☐ 보채던 아이가 갑자기 심하게 처지고 잠만 자려고 하는 경우
- ☐ 구토가 지속되거나 혈변을 보았을 경우
- ☐ 보호자가 보기에 아이의 상태가 염려되는 경우

➕ 의사 표현이 가능한 아이가 복부의 통증을 호소하는데 다음의 증세를 보이는 경우

- ☐ 복통이 점점 심해지거나 통증 부위가 옮겨지는 경우
- ☐ 걸을 때도 복통이 있는 경우
- ☐ 배가 빵빵하게 부풀어 올라 있거나 뱃가죽이 딱딱해진 경우
- ☐ 배를 건드리기만 해도 아파하는 경우
- ☐ 식욕 부진이 있거나 아예 음식 섭취를 거부하는 경우
- ☐ 아이가 무기력하고 자꾸 누워 있으려고만 하는 경우
- ☐ 구토가 지속되거나 혈변을 보았을 경우
- ☐ 보호자가 보기에 아이의 상태가 염려되는 경우

토하는 아이

구토는 아이와 보호자를 가장 당황하게 만드는 증상 중 하나이자 비교적 흔히 볼 수 있는 증상이다. 구토는 '오심(nausea)', 즉 토하고 싶은 불쾌한 느낌이 든 후 하부 식도 괄약근이 이완됨과 동시에 횡격막과 복근이 경련성 수축을 일으키며 복압과 흉곽 내압이 상승하여 위 내용물이 입 밖으로 튀어나오는 현상을 말한다.

구토의 치료에서 가장 중요한 것은 원인을 찾아내어 그 원인에 대해 치료를 하는 것이다. 건강한 소아에게 구토를 유발하는 가장 흔한 원인은 바로 '바이러스성 장염(viral gastroenteritis)'이다. 장염이라고 하면 흔히 설사를 먼저 떠올리지만, 바이러스성 장염은 주로 구토가 먼저 나타난 후에 설사가 뒤따르는 경향을 보인다. 심지어 설사가 동반되지 않는 경우도 꽤 많다.

토하는 기간에는 음식은 물론이고 물만 마셔도 토해버리는 통에 약을 먹이기도 어려워서 보호자와 의사는 난감하지 않을 수 없다. 구토가 지속될 때는 탈수 예방을 위해 수액 치료가 불가피하며, 탈수 및 전해질 불균형이 심하다면 입원 치료를 해야 한다.

Reason. 생후 1개월 미만 신생아의 구토

가장 흔한 원인은 젖 넘김(spitting up)과 과식이다. 다시 말해 삼켰던 젖을 그대로 게워 내거나 너무 젖을 많이 먹어서 토하는 것이다. 이 외에 출생 당시 들이마신 양수와 모체 혈액을 토하는 경우가 흔하고, 위장관 폐쇄나 장염 등으로 인한 구토도 흔히 나타난다. 드문 원인으로는 패혈증, 수막염, 괴사성 장염, 뇌출혈, 유전성 대사질환, 신질환 등이 있다.

Reason. 생후 1개월~12개월 영아의 구토

가장 흔한 원인은 과식이나 위장관염, 즉 위염이나 장염이며 위식도역류, 선천성 비후성 유문 협착증, 위장관 폐쇄(장중첩증 등), 요로 감염, 전신 감염 등으로 구토를 하기도 한다. 드물게 뇌압 상승(수막염, 뇌염, 뇌종양), 식중독, 선천성 부신과형성, 유전성 대사질환, 식품 알레르기, 신 세뇨관 산증, 약물 복용 등으로 구토가 나타나기도 한다.

Reason. 만 1세~10세 소아의 구토

만 1세 이상의 소아에게 구토를 일으키는 흔한 원인은 위장관염, 요로감염, 과식 등이며 심한 기침이나 약물 복용으로 인해 구토하기도 한다. 드물게 뇌압 상승(수막염, 뇌염, 뇌종양), 간염, 라이 증후군, 위장관 폐쇄, 췌장염, 중이염, 항암제, 방사선 치료, 주기성 구토, 유전성 대사질환으로 인해 구토하기도 한다.

Q. 아이가 토할 때 집에서 해줄 수 있는 게 없을까요?

구토는 복통과 마찬가지로 원인을 밝히는 일이 우선이다. 따라서 가능하면 병원에 데려가시길 권유해 드린다. 하지만 당장 병원에 데려갈 수 없는 상황이거나 이미 다녀온 경우라면, 탈수 예방을 위해 물을 조금씩 자주 먹이도록 한다. 초기에는 약도 토해버릴 수 있으므로, 구토 완화제도 조금씩 여러 번에 나눠서 먹이는 것이 좋다. 그리고 구토가 어느 정도 진정이 되면 음식(모유나 분유, 또는 미음) 역시 조금씩 자주 먹여 보도록 하자. 구토가 2~3회 이상 지속되거나 물만 마셔도 토할 때는 탈수로 이어질 수 있으므로 반드시 병원에 데리고 가도록 한다.

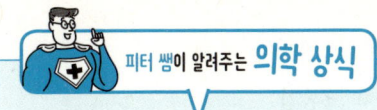

이럴 땐 탈수를 의심해야 해요!

급성 위장관염, 즉 위염이나 장염으로 구토가 계속되면 탈수가 올 수 있다. 이럴 땐 수액 치료, 또는 입원을 고려해야 한다. 대개 구토가 심하거나 구토와 설사가 동시에 나타나는 첫 48시간에 탈수 위험이 가장 높다. 그러니 다음 증세 중 하나가 보이면 바로 병원으로 가야 한다.

- ☐ 아이가 무기력하고 눈에 띌 정도로 잘 놀지 못하는 경우
- ☐ 소변량과 횟수가 줄거나 6~8시간 이상 소변을 보지 않은 경우
- ☐ 아이가 울어도 눈물이 나지 않는 경우
- ☐ 아이의 눈이 쑥 들어가 보이는 경우
- ☐ 피부가 차가운 경우
- ☐ 피부 탄력이 감소했을 경우
- ☐ 아이의 입술과 입안 점막이 말라 있을 경우
- ☐ 맥박이 빠르고 약한 경우

머리 아픈 아이

진료실을 찾아온 아이가 머리가 아프다고 하면, 그 말을 들은 나도 머리가 아파지기 시작한다. 두통은 병원을 방문하는 아이들이 가장 자주 호소하는 증상 중 하나이지만, 별로 대수롭지 않은 일시적 두통부터 아주 심각한 질환에 의한 두통에 이르기까지 고려해야 할 원인이 한둘이 아니기 때문이다. 게다가 의사 표현이 안 되는 아이는 머리가 아픈 경우에도 울고 보채는 증상 외엔 별다른 징후가 없으므로, 두통의 존재 여부도 알기 어렵다.

사실 두통으로 병원을 찾는 아이 중 기질적 원인이 발견된 경우는 5% 미만으로 비교적 드물다. 그러나 흔하지 않다고 해서 걱정하지 않을 수는 없는 노릇이니 다음의 원인을 함께 살펴보도록 하자.

Reason. 두통의 종류와 원인

두통은 크게 급성 두통, 급성 반복성 두통, 만성 두통으로 나눈다.

'급성(acute) 두통'은 갑자기 시작되는 두통으로 상기도 감염, 부비동염, 인두염 등이 두통을 유발하기도 하지만, 수막염이나 두개내출혈 등이 원인이 되는 위험한 경우도 있다. 급성 두통을 잡기 위해서는 원인 질환에 대한 치료가 우선되어야 하며, 두통 자체를 완화하기 위한 목적으로는 일반적인 해열제 성분과 동일한 아세트아미노펜(타이레놀®)이나 이부프로펜(부루펜®)이 주로 처방되고 있다.

'급성 반복성(acute recurrent) 두통'은 급성 두통이 반복되는 경우로 편두통, 군발성 두통, 턱관절 장애로 인한 두통 등이 이에 해당한다.

'만성(chronic) 두통'은 3개월 이상의 기간 동안 한 달에 15일 이상 두통이 반복되어 나타나는 경우를 말한다. 이 중 '만성 진행성(chronic progressive) 두통'은 두통이 3개월 이상 반복되면서 점점 심해지는 경우를 말하며, 두통의 형태 중에서 가장 안 좋은 케이스다. 뇌종양, 뇌수종, 뇌혈관 기형 등의 두개내 병변 가능성을 의심해야 하므로, CT나 MRI 등의 영상의학 검사가 꼭 필요하다. '만성 비진행성(chronic non-progressive) 두통'은 비슷한 양상의 두통이 3개월 이상 반복되어 나타나는 경우를 말하며, 긴장형(심인성) 두통이 여기에 해당한다. 만성 비진행성 두통에 편두통이 혼재되는 예도 있다.

Q. 아이가 머리 아프다고 할 때 집에서 해줄 수 있는 게 없을까요?

두통이 심하지 않다면 일단 집에서 해열제를 먹여볼 수 있다. 해열제가 진통제 역할도 하기 때문이다. 하지만 두통이 지속되거나 못 견딜 정도의 두통이라면, 속히 병원에 데리고 가보는 것이 좋다.

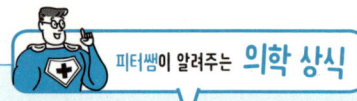

피터쌤이 알려주는 의학 상식

두통으로 영상의학 검사를 받아야 하는 경우

감염으로 인한 급성 두통은 감염 등의 원인을 제거하면 호전되지만, 두통이 지속되거나 다음과 같은 증상에는 CT나 MRI 등의 영상의학 검사를 통해 원인을 진단해야 한다.

- ☐ 신경학적 검사상 비정상 소견을 보이는 경우
- ☐ 두통 발작 시에 비정상적인 신경학적 징후(마비, 감각 이상 등)를 보이는 경우
- ☐ 자다가 두통 때문에 깨거나, 깨어나자마자 두통이 발생하는 경우
- ☐ 기침에 의해 유발되는 두통이 있는 경우
- ☐ 경련(간질 발작)이 동반되는 두통인 경우
- ☐ 편두통 가족력이 없는 소아에게 편두통이 있는 경우
- ☐ 6세 미만 영유아의 두통, 또는 두통을 잘 표현하지 못하는 아동의 경우

Case 9
설사하는 아이

설사는 소아에게 흔하면서도 중요한 증상 중 하나로, 전 세계 소아 사망의 9%가 설사 질환과 관련 있다고 알려져 있다. 영유아 장염의 가장 흔한 원인이었던 로타바이러스 장염을 예방하는 백신을 접종하기 시작하면서 설사로 인한 사망률은 과거와 비교해 현저히 감소하였지만, 그에 비해 설사의 빈도 자체는 감소 폭이 크지 않다.

설사는 대변으로 과도한 수분과 전해질이 소실되는 것으로, 생후 12개월 미만 영아의 경우 하루에 몸무게 1kg당 10g 이상, 만 1세 이상의 소아의 경우 하루 200g 이상의 대변을 보는 것이다. 이는 정상 대변의 양보다 두 배의 수치이다. 하지만 일반적인 상황에서 변의 무게를 측정하는 건 어렵기 때문에 변의 묽기와 양, 횟수 등을 종합적으로 고려해 설사 여부를 판단한다.

Reason. 생후 12개월 미만 영아의 설사

바이러스에 의한 위장관염이 가장 많으며 세균이나 기생충으로 인한 설사를 하는 경우도 있다. 과식을 하거나 항생제를 복용했을 때, 전신 감염에 의해 설사를 하는 경우도 흔하다. 드물게 일차 이당분해효소 결핍, 선천성 거대 결장의 독성 대장염, 부신 성기 증후군 등으로 설사를 하기도 한다.

Reason. 만 1세~10세 소아의 설사

흔한 원인은 앞선 영아의 경우처럼 위장관염이나 전신 감염, 항생제 복용 등이다. 이 외에 식중독으로 인한 설사도 흔하다. 드물게 독성 물질 섭취, 용혈 요독 증후군, 장중첩증 등으로 설사를 하기도 한다.

Q. 아이가 설사할 때 집에서 해줄 수 있는 게 없을까요?

아이가 설사할 때 당장 병원에 갈 수 없는 상황이라면 끓인 물이나 이온 음료를 조금씩 자주 마시게 하면서 유산균 제제를 먹여 볼 수 있다. 그리고 덜 익은 바나나나 단감이 설사를 완화해줄 수 있다. 그 속에 들어있는 탄닌 성분이 변의 수분을 흡수하기 때문이다. 하지만 심한 설사가 지속되면 탈수로 이어질 수 있으므로, 반드시 병원에 데리고 가야 한다.

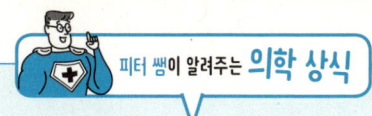

설사 치료는 이렇게 해요

설사가 지속되는 경우 일차적으로 시도하는 대처가 경구 수액 요법이다. 즉 설사하는 환아의 탈수 정도와 하루 수분 필요량을 파악하여 가급적 4~6시간 이내에 전해질 용액을 먹여서 치료하는 것이다. 6개월 미만의 영아에게 설사가 심한 경우, 고열이나 지속적인 구토를 동반한 경우, 소변량 감소, 함몰된 눈, 무기력 등 탈수의 징후가 보이거나 의식이 저하된 경우, 혈성 설사를 하거나 만성 질환을 가진 아이의 경우에는 정맥에 주사침을 꽂아 수액 치료를 시작해야 한다.

초기 경구(또는 정맥) 수액 요법 후에는 구토나 설사에 대한 보충 치료를 하면서 지방이 많은 음식이나 당분이 많은 음식을 제외하고는 나이에 맞는 정상 식이를 유지하는 것이 좋다. 금식보다는 적절한 식이를 선택해서 지속해서 먹이는 것이 회복에 도움을 주기 때문이다.

설사 보충 치료로 주로 사용하는 것은 정장제와 지사제이다. 정장제는 정상 세균총을 회복시킬 뿐만 아니라, 염증 사이토카인의 생성을 줄이고 항염 사이토카인을 강화하는 효과가 있어서, 설사의 예방과 치료에 도움이 된다. 설사의 양과 횟수가 많은 경우에는 지사제 사용을 고려하는데 라세카도트릴(하이드라섹산®)이 설사의 양을 줄여줄 수 있고, 만 2세 이상에서는 디옥타헤드랄스멕타이트(스멕타현탁액®)를 쓸 수 있다. 하지만 로페라마이드(loperamide)와 같은 장운동 억제제는 세균성 장염에서 금기이며, 꼭 세균성이 아니라도 대부분의 설사에서 쓰지 않는다.

Case 10
변비가 심한 아이

변비는 병원을 찾는 전체 소아 환자의 5%가량을 차지할 정도로 소아에게는 흔한 증상이다. 변비는 음식을 섭취한 만큼 대변으로 배출하지 못하는 상태를 나타내며, 증상을 의미할 뿐 그 자체가 원인 질환을 나타내지는 않는다. 따라서 변비의 기저 질환을 찾는 것이 중요하다. 하지만 원인 질환이 있는 경우는 10% 정도에 불과하고, 대다수에 해당하는 90%는 특별한 원인이 발견되지 않는 기능성 변비이다.

변비를 진단하는 기준

4세 이상의 소아에게 다음 증상 가운데 두 가지 이상이 나타나면서 각 증상이 일주일에 한 번 이상의 빈도로 두 달 이상(4세 이하에서는 한 달 이상) 지속되어 나타날 경우에 변비로 진단한다.

- ☐ 일주일에 2회 이하로 배변하는 경우
- ☐ 일주일에 1회 이상 변을 지리는 경우
- ☐ 변을 참는 행동을 보이는 경우
- ☐ 대변이 딱딱하거나 배변 시에 항문 통증을 느끼는 경우
- ☐ 손가락을 항문에 집어넣는 검사에서 큰 변 덩어리가 촉지되는 경우
- ☐ 변을 보고 나면 변기가 막히는 경우

성장 시기별 변비 대처법

Reason. 모유나 분유만 먹는 아기의 변비

어떤 아기는 하루에 여러 번 변을 보는가 하면 며칠에 한 번 변을 보는 아기도 있기 때문에, 단순히 변 보는 빈도와 횟수만으로 변비인지 아닌지를 판단하기는 어렵다. 매일 변을 보더라도 충분한 배변을 하지 못한다면 변비로 볼 수도 있고, 1주일에 한 번이라도 충분히 변을 보고 아기가 힘들어하지 않는다면 변비가 아닌 것으로 판단할 수 있기 때문이다.

만약 아기가 힘을 주는데도 변을 못 보는 것처럼 보인다면, 깨끗한 손가

락이나 부드러운 면봉에 올리브유나 베이비오일 등을 묻혀서 항문 주변을 살짝 터치해주면, 배변이 이루어질 수도 있다. 하지만 집에서 임의로 관장을 시행하는 것은 삼가야 한다. 위의 시도에도 불구하고 아기가 적절한 배변을 하지 못하면서 보채고 힘들어하거나 1주일 이상 배변을 하지 않는 경우에는 소아청소년과를 방문하도록 한다.

Reason. 이유식을 시작한 아기의 변비

모유나 분유만 먹을 때는 변을 무리 없이 잘 보던 아기가 이유식을 시작한 후에 변비가 오는 경우가 많다. 모유나 분유만 먹을 때는 수분 섭취가 따로 필요 없지만, 이유식을 먹기 시작하면 반드시 충분한 물을 먹여야 한다. 그리고 과일을 갈거나 으깨서 먹이고, 이유식에도 섬유질이 있는 채소를 넣어 먹이도록 한다. 위의 시도에도 불구하고 아기가 적절한 배변을 하지 못하면서 보채거나 힘들어하면 소아청소년과를 방문하도록 한다. 집에서 임의로 관장을 하는 것은 권장하지 않는다.

1주일 이상 변을 안 보는 경우도 있다는데, 제 아기가 그랬어요. 배 마사지를 열심히 해줬는데도 효과가 없어서 열흘째에 병원을 찾아갔더니 면봉으로 관장을 하라고 권해주시더라고요. 신생아용 면봉에 오일을 듬뿍 묻혀 항문에 솜 있는 부분을 반복적으로 넣었다 뺐다 하는 건데 바로 효과가 있었어요. 다만 신생아 면봉 관장은 자주 하면 안 되고, 1주일 이상 변을 보지 못할 때만 해야 해요.

Reason. 밥을 먹기 시작한 아이의 변비

돌이 지나서 밥을 먹기 시작한 아이가 수분 섭취가 불충분하거나 섬유질이 풍부한 채소나 과일을 잘 먹지 않으면 변비가 오기 쉽다. 우유만 너무 많이(하루 600mL 이상) 먹고 밥을 잘 안 먹는 경우에도 변비가 생길 수 있다.

일단 물을 자주 충분히 먹이고 식이 개선을 시도해본 후에도 아이가 적절한 배변을 하지 못해 힘들어하면 소아청소년과를 방문하도록 한다. 집에서 임의로 시행하는 관장은 역시 추천하지 않는다.

Reason. 대소변 가리기를 시도 중인 아이의 변비

올바른 배변 습관을 형성해야 할 시기에 변기 거부 등의 원인으로 변을 참는 습관이 생기면서 변비가 오는 경우가 적지 않다. 어떤 아이들은 소변은 변기에 누면서도 대변은 꼭 기저귀를 채워줘야 누는가 하면, 어딘가에 숨어서 변을 보기도 한다. 너무 일찍, 또는 지나치게 강압적으로 배변 훈련을 시키는 경우나 너무 늦게까지 대소변 가리기를 시도하지 않고 방치해두는 경우에도 잘못된 배변 습관이 형성될 수 있다.

아이들의 변비 중 대다수를 차지하는 기능성 변비는 잘못된 배변 습관 형성으로 인해 발생하는 경우가 대부분이다. 변을 참다 보면 대변이 딱딱해지고, 딱딱한 대변 때문에 배변 시에 통증을 느끼게 되면 변을 더 참게 되어서 악순환이 반복되는 것이다. 이런 경우에는 소아청소년과 의사의 진료 및 상담 후에 변을 무르게 해서 배변을 원활하게 해주는 시럽(듀파락이지시럽® 등)을 복용하면서 변을 참지 않고 변기에 앉아 배변하는 연습을 하도록 해야 한다.

Reason. 집 밖에서 배변을 거부하는 아이의 변비

대변 가리기를 무사히 마친 아이 중에서도 집 이외의 장소에서는 배변하기 힘들어하는 아이에게는 변비가 오기 쉽다. 이것은 설득이나 교육을 통해서 바로잡기 쉽지 않은 개인적 성향 문제이다. 하지만 대변을 참는 행동은 몸에 해롭다는 사실을 주지시켜서, 어떤 장소에서든 변의가 느껴지면 곧바로 배변을 할 수 있도록 도와주는 것이 좋다. 무엇보다 배변은 더럽거나 굴욕적인 행위가 아니라, 상쾌한 기쁨을 주는 건강 행위라는 긍정적 생각을 어릴 때부터 심어주어야 한다.

'ILU 마사지'는 말 그대로 아기의 배에 I, L, U를 그리는 거예요. 아기의 장기 모양에 맞춰서 하므로 소화와 배앓이에 좋다고 해요. 'I'는 아기의 왼쪽 가슴부터 배 밑쪽까지를 손바닥으로 살짝 눌러주고, 'L'은 'ㄱ'자처럼 그리고, 'U'는 오른쪽 배 밑에서부터 왼쪽 배 밑까지 거꾸로 그려요.

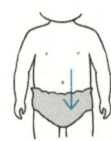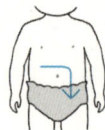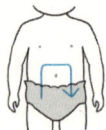

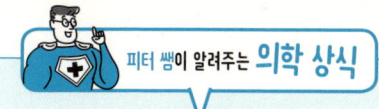

변비에 있어 유산균의 효과

변비 하면 유산균을 떠올리는 보호자가 많지만, 사실 소아 변비에서 유산균의 효과는 제한적이다. 유산균은 변비의 원인이 과민성 대장 증후군인 경우에만 도움이 된다. 아이들의 변비는 잘못된 배변 습관 형성으로 인해, 즉 참아서 생기는 기능성 변비가 대부분이어서 유산균을 꾸준히 먹는다고 해서 변비에 큰 도움이 되는 건 아니다. 아이들에게 유산균을 꾸준히 먹이는 것은 변비 예방보다는 장 내에 유익균을 지속해서 투여해줌으로써 면역을 향상해주는 의미가 더 크다고 할 수 있다.

소아 변비에 가장 흔히 쓰는 약물은 듀파락이지시럽®이다. 듀파락이지시럽은 삼투성 제제로 장내 삼투압을 증가시켜서 대장 내부로 수분을 끌어들여 변을 부드럽게 해주는 작용을 한다. 체내에는 흡수되지 않는 만큼 부작용도 없어서 장기간 사용해도 별문제 없다. 하지만 약을 끊으면 다시 변비가 재발할 우려가 있으므로, 가능하면 충분한 기간 사용하면서 변이 마려울 때 참지 않고 배변하는 연습을 함께 하는 것이 좋다. 약 복용과 함께 충분한 수분 및 섬유질(야채, 과일) 섭취가 변비 재발을 방지하고 올바른 배변 습관을 형성하는 데 도움을 준다.

귀 아픈 아이

감기의 합병증 중에서 가장 흔한 것이 바로 중이염이다. 따라서 중이염은 아이들이 항생제 처방을 받게 되는 가장 흔한 원인이기도 하다. 감기에 걸린 아이가 갑자기 울며 보채는 경우, 혹은 없던 열이 새로 나거나 열이 떨어졌다가 다시 오른 경우에는 중이염을 의심해볼 수 있다.

중이염은 절반 이상의 소아가 만 3세 이전에 한 번 이상 경험할 정도로 흔한 질환이며, 특히 생후 6개월부터 2년 사이에 가장 자주 발생한다. 2세 이하의 영유아가 중이염에 잘 걸리는 이유에는 면역 기능이 미성숙하고 누워서 지내는 시간이 많다는 점 등이 있지만, 무엇보다 유스타키오관의 구조적 특징과 가장 관련이 깊다.

Reason. 중이염의 원인

사람의 귀는 외이, 중이, 내이로 구성되어 있는데, 고막 안쪽의 중이 내에 비어있는 공간은 유스타키오관을 통해 비인두(nasopharynx)와 연결된다. 중이의 점막 세포는 평소에도 체액을 분비하며, 이 체액은 유스타키오관을 통해 비인두로 빠져나간다.

하지만 감기 바이러스로 인해 유스타키오관이 부어서 막히게 되면, 체액이 빠져나가지 못한 채 중이 내 공간에 고이게 된다. 고여 있는 체액은 세균이 잘 증식할 수 있는 환경이어서 2차 감염이 발생하기 쉽다. 바로 이 체액 속에 세균이 침입하여 증식하기 시작하면, 중이염이 발생하게 되는 것이다.

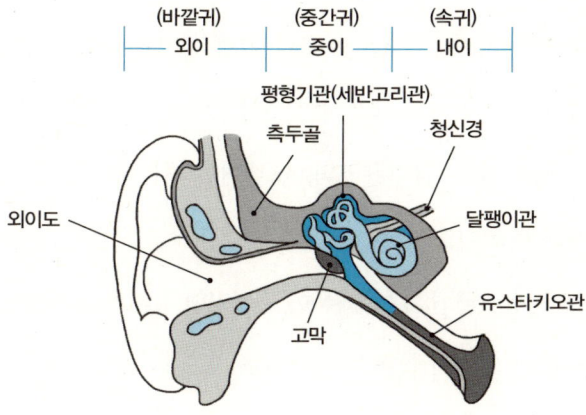

영유아의 유스타키오관은 매우 가늘고 거의 수평에 가깝다. 따라서 유스타키오관이 조금만 부어도 잘 막히고, 체액이 비인두로 빠져나가기 어려

워진다. 그러나 연령이 증가할수록 유스타키오관이 점점 넓어지고 수직 방향을 향하게 되어 중이 내 체액이 쉽게 빠져나갈 수 있는 구조로 바뀌면서 중이염에 걸릴 위험이 점차 줄어들게 된다.

다음은 중이염과 관련되어 보호자들이 가장 많이 하는 질문들이다. 대부분 비슷한 질문을 하므로, 적어도 다음 설명을 숙지하고 있으면 염려를 덜 수 있을 것이다.

Q. 중이염에 걸렸을 때 수영하면 안 되나요?

수영이 중이염을 유발하거나 악화시키리라 생각하는 보호자가 꽤 많다. 하지만 물이 귀에 들어가더라도 고막을 뚫고 중이까지 침범하진 못하므로, 고막 안쪽에서 발생하는 중이염은 수영과 직접적 연관이 없다. 즉, 수영으로 인해 귀에 물이 들어갔다고 해서 중이염이 발생하지는 않는다. 수영으로 인해 발생할 수 있는 귓속 염증은 고막 내부에 생기는 중이염이 아니라 고막 바깥쪽에 생기는 외이도염이다.

다만 수영 도중이나 끝난 후에 체온이 떨어지면 감기가 심해지거나 새로운 감기에 걸려 중이염 역시 악화하는 결과를 초래할 수 있으므로, 수영 중 체온 관리를 잘하고 수영 후에는 머리를 잘 말리는 등 관리를 잘해야 한다.

Q. 중이염에 걸렸을 때 비행기에 타면 안 되나요?

비행기가 뜨고 내릴 때 갑작스러운 기압 변화에 의해 간혹 고막 손상이 발생하기도 한다. 최근에 비행한 적이 있는 환자의 고막에서 피멍을 발견하는 경우가 종종 있으며, 실제로 '항공성 중이염'이라는 진단명도 존재한다.

하지만 중이염에 걸렸다고 해서 꼭 비행기를 못 탈 이유는 없다. 중이염에 걸린 상태에서는 비행기 이륙과 착륙 시에 통증을 더 많이 느낄 가능성은 있지만, 그렇다고 해서 비행을 취소할 필요까지는 없다는 것이다. 중이염이 악화하는 걸 방지하고 통증을 줄이려면 이착륙 시 사탕을 빨아 압력 차이를 줄이거나 기압감소 귀마개 등을 사용하는 것이 좋다.

Q. 중이염에 걸리면 꼭 항생제 치료를 해야 하나요?

중이염은 '화농성(suppurative)'과 '비화농성(nonsuppurative)'으로 구분할 수 있다. 화농성 중이염은 경과가 급히 진행되므로 '급성 중이염(acute otitis media : AOM)'이라고도 불리며, 항생제 치료가 필요하다. 반면 비화농성 중이염은 중이 내에 삼출액이 고이는 질환으로 '삼출성 중이염(otitis media with effusion : OME)'이라고 하며, 항생제 사용이 제한적이다. 3개월 이상 중이염이 지속될 경우에는 청력에 문제가 생길 수 있으므로, 청력검사를 시행하고 고막 튜브 삽입을 고려해야 한다.

중이염에서 항생제 치료 여부는 환자의 연령과 임상 경과에 따라 달라질 수 있으므로, 반드시 의사에게 진료와 상담을 받은 후에 결정해야 한다. 그리고 항생제를 쓰다가 끊을 때도, 보호자 임의로 복용을 중단하지 말고 의사의 결정에 따르는 것이 좋다.

Q. 중이염은 한 번 걸리면 계속 걸리나요?

같은 2세 이하의 영유아 중에서도 중이염에 잘 걸리지 않는 아이가 있는가 하면, 감기만 걸렸다 하면 어김없이 중이염이 오는 아이도 있다. 이는 구조적 차이에 의한 것으로 여겨지는데, 유전적으로 유스타키오관이 작은 경우에는 중이염에 더 쉽게 잘 걸리게 된다.

반복되는 중이염으로 인해 항생제를 자주 써야 하는 문제에 대해 걱정하는 보호자를 자주 보는데, 필요한 경우에는 반드시 적절한 항생제 치료를 해야 함을 명심하자. 중이염을 제대로 치료하지 않으면 청력에 문제가 생길 우려가 있기 때문이다.

하지만 어릴 때 중이염에 잘 걸리는 아이라도 성장하면서 점차 빈도가 줄고 어느 시점부터는 중이염에 잘 걸리지 않는 평화의 시기가 찾아온다. 그러니 우리 아이가 중이염에 자주 걸린다고 해서 지나치게 걱정할 필요는 없다.

Q. 밤에 갑자기 귀가 아프다고 울면 응급실에 가야 하나요?

한밤중에 아이가 자다가 갑자기 일어나서 귀가 아프다며 울면, 보호자는 응급실에 데려가야 할지 말지 고민하게 된다. 하지만 중이염의 경우 항생제 치료가 몇 시간 늦어진다고 해서 큰 문제가 발생하지 않는다.

따라서 일단 집에 상비해둔 소염진통제가 있다면 이를 복용하여 통증을 조절한 후, 다음 날 아침에 소아청소년과에 데려가도 괜찮다. 중이염으로 인한 귀의 통증은 이부프로펜(부루펜)이나 아세트아미노펜(타이레놀) 등에 잘 반응하므로, 통증 완화에 도움을 줄 수 있다

피부 발진은 눈으로 직접 확인할 수 있는 병변이지만, 그 원인을 밝히는 일은 그리 간단하지만은 않다. 슬쩍 봐도 무슨 병인지 딱 감이 오는 특징적인 발진도 있지만, 자세히 들여다봐도 애매한 경우가 많기 때문이다. 다음은 소아에게 발진을 일으키는 질환 중 가장 흔히 접하는 몇 가지 경우이다.

Reason. 돌발진(exanthem subitum)

돌발진은 바이러스성 발진으로 주로 제6형 사람 헤르페스 바이러스(human herpesvirus) 감염에 의해 발생하며, 3~4일간 고열이 있다가 떨어지면서 장미색의 반점상 구진(maculopapule)이 전신에 퍼져서 나타난다. 발진이 돋으면서 대체로 발열이 없어지고 컨디션도 좋아지므로, 걱정보다는 안심을 주는 발진이라고 할 수 있다. 간혹 합병증을 동반하는 경우도 있지만, 대부분 예후가 좋다.

Reason. 전염성 홍반(erythema infectious)

전염성 홍반 역시 바이러스성 발진으로, 열이나 다른 증상 없이 양 볼에 홍조가 나타나면서 몸과 팔다리에 반점상 홍반, 즉 붉은 발진이 생기는 것이다. 건강해 보이는 아이가 갑자기 뺨 맞은 것 같은 얼굴을 하고 있을 때 전염성 홍반을 의심할 수 있다. 파보바이러스(parvovirus B19)가 그 원인인데, 대부분 병원성이 약하여 발진 외의 다른 증상이 없다. 아이가 가려워할 경우에는 항히스타민제를 쓸 수 있지만 대개 치료는 불필요하며 격리할 필요도 없다.

Reason. 수족구병(hand-foot-mouth disease)

손과 발의 수포성 발진, 입안의 수포성 궤양을 특징으로 하는 바이러스성 발진으로, 영아에서는 사타구니 부위에도 발진이 나타나기도 한다. 때로는 광범위하거나 전신적인 발진이 동반되기도 한다. 수족구병은 흔하게 발생하는 질환이므로 뒤에서 좀 더 자세히 다루도록 하겠다. (276쪽 참고)

Reason. 수두(chickenpo, varicella)

눈물방울 모양의 수포가 있는 구진이 전신에 나타나며, 심한 소양증을 동반하는 바이러스성 발진이다. 발진은 두피, 얼굴, 몸통에 먼저 나타났다가 사지로 퍼져나가는 양상을 보이며, 24~48시간 이내에 농포화되었다가 가피(딱지)를 형성한다. 발진은 2차 감염이 없는 한 대개 흉터를 남기지 않고 깨끗이 사라진다. 따라서 병변을 건드리거나 긁지 않는 것이 무엇보다 중요하다.

수두는 법정 전염병에 해당하므로 의심되는 소견을 보이면 진료를 받은 후에 자가 격리를 해야 하며, 증상에 따라 병변을 덜 가렵게 하는 연고를 바르거나 항히스타민제, 해열제 등을 투여한다. 일반적으로 환아의 나이가 많을수록 증상이 더 심한 경향을 보이며, 예방접종을 받지 않은 돌 미만의 영아에서도 심한 경과를 보일 수 있다. 합병증이 동반되지 않은 수두에서는 항바이러스제 치료가 필요하지 않지만, 간혹 항바이러스제 투여나 입원 치료를 필요로 하는 경우도 있으므로 수두 의심 증상을 보이면 반드시 병원에 가서 진료를 받는 것이 좋다.

Reason. 성홍열(scarlet fever)

성홍열은 세균성 발진으로 발열 외독소를 생산하는 A군 사슬알균(group

A streptococcus)에 의한 상기도 감염으로 특징적인 발진을 동반하는 질환이다. 고열과 함께 선홍색의 작은 구진이 전신에 나타나며, 소름 돋은 피부(goose pimple appearance)처럼 보이기도 한다. 발진은 목, 겨드랑이, 사타구니에서부터 몸통과 사지로 퍼져나가고, 24시간 이내에 전신을 덮는다.

항생제에 대한 반응은 좋은 편이며 항생제 치료를 하루만 해도 전염력이 떨어지지만, 증상이 좋아진 다음에도 합병증 예방을 위해 10일간의 항생제 투여가 권고된다.

Reason. 가와사키병(kawasaki disease)

5일 이상 지속되는 고열, 결막과 입술의 충혈, 림프절 비대 등을 특징으로 하는 급성 열성 혈관염인 가와사키병에서도 발진이 동반된다. 가와사키병에 동반되는 발진은 여러 가지 형태의 발진이 한꺼번에 나타나는 부정형 발진이며, BCG 접종 부위의 발적도 나타날 수 있다.

뚜렷한 다른 원인 없이 고열이 5일 이상 지속되면서, 눈과 입술이 빨갛고 몸에 발진이 나타난 경우에는 가와사키병을 의심해봐야 한다. 가와사키병에는 관상 동맥 합병증 예방을 위한 면역글로불린 및 아스피린 투여가 필요하므로, 반드시 입원해서 치료를 받아야 한다.

Reason. 약진(drug eruption)

약물 알레르기에 의해서도 발진이 생길 수 있는데, 홍반에서부터 물집, 점상 출혈, 표피가 벗겨지는 병변까지 다양한 양상의 피부 발진을 보인다. 일반적으로 좌우 대칭으로 나타나며, 몸통 부위에 심하고, 부종과 가려움을 동반한 경우가 많다. 무엇보다 투여된 약물과 발진 간의 인과 관계 규명이 중요한데, 약물의 종류와 용량, 투여 방법 및 기간, 이전에 노출된 병력, 약제 투여 후 발현 시기 등에 대한 철저한 조사가 필요하다.

Reason. 한진(miliaria)

흔히 땀띠라고 불리는 한진도 발진의 흔한 원인 중 하나로 에크린 한관이 막힌 위치에 따라 양상이 다르게 나타난다. 각질층에서 한관이 막히면 아주 작은 투명한 수포가 생기는 수정양 한진이 나타나고, 표피 내 한관이 막히면 가렵고 화끈거리는 홍색 한진이 나타난다. 땀 분비가 감소하는 시원한 환경을 만들어 주면 치유된다는 점이 특징적이다.

Reason. 농가진

농가진은 세균에 의해 발생하는 피부 감염증으로, 홍반(붉은 반점)으로 시작하여 수포가 형성된 뒤 파열되는 양상을 보인다. 수포가 터지면서 노란 진물이 나오는데, 이것이 말라붙어서 노란 딱지가 앉게 된다. 대체로 병변이 오래가고 다른 부위로 잘 퍼져나가며, 재발도 잘 되는 편이다. 심하지 않은 경우는 국소 항생제 연고만으로 치료가 되지만, 병변이 오래가거나 퍼지는 양상을 보이면 먹는 항생제를 같이 써야 한다.

Reason. 곤충 자상(구진성 두드러기)

모기, 벼룩, 빈대 등에 물려서 생기는 구진성 두드러기는 간혹 다른 종류의 발진과 혼동을 주기도 한다. 무는 곤충에 의한 국소 피부 반응은 대개 초기에는 두드러기 형태로 나타나며, 병변이 진행되면서 구진, 수포, 홍반 양상을 띠게 된다. 곤충의 종류에 따라서 아나필락시스 같은 전신 반응을 일으키는 경우도 있다. 모기에 의한 자상이 가장 흔한데, 모기 물린 상처는 주로 노출된 부위에만 몰려있다는 점이 특징적이다.

모기에 물린 상처라고 대수롭지 않게 생각할 수 있는데, 사람에 따라서는 부종이 아주 심하게 나타날 수 있으며 수포가 생기기도 한다. 또한 이 상처를 긁음으로 인해서 2차 감염에 의해 봉와직염 같은 심각한 염증으로 진행하기도 한다. 그리고 모기 물린 자국이 생각보다 상당히 오래갈 수 있고, 간혹 거무스름한 착색 병변이 수 주 이상 남아있는 경우도 있다.

Chapter 3

육아 멘붕 상황 해결법

솔직히 고백하자면 의대생 시절, 나는 그다지 열심히 공부하는 학생이 아니었다. 방대한 분량의 교과서를 정독하기보다는 족보만 골라보며 공부하는 부류였다. 하지만 유급 한번 없이 무사히 의대를 졸업할 수 있었다.

내가 무사히 의대를 졸업해서 의사가 될 수 있게 도와준 '족보' 같은 그런 육아 책이 있었으면 좋겠다는 생각을 해왔었다. 백과사전처럼 두껍고 다루는 내용이 너무 방대해서 읽기 부담스러운 책이 아니라, 꼭 필요한 핵심 정보만 콕콕 찍어서 알기 쉽게 알려주는 그런 육아 책 말이다.

그리고 정색 모드로 보호자를 호통치거나 보호자에게 행동 변화를 요구하는 꼰대 같은 육아 책이 아니라, 같이 아이 키우는 사람들끼리 공감과 이해를 나누며 최선의 방향을 함께 찾아 나가는 친절하고 따뜻한 육아 책을 쓰고 싶었다.

소아청소년과 전문의로서의 진료 경험과 딸아이를 키우는 아빠로서의 실제 경험을 바탕으로 육아 상황별 대처 매뉴얼을 만들어 보았다. 이 챕터는 각 내용을 주제별로 구분해서 정리하기보다는, 구체적인 세부 질문에 대해 명쾌한 답변을 제시하는 Q&A 형식을 취했다. 보호자가 필요로 하는 내용을 찾는 데 드는 수고로움을 최대한 줄이고, 궁금한 질문에 대한 답변을 즉각적으로 찾아볼 수 있도록 하기 위해서이다.

항생제, 스테로이드 연고, 해열제, 예방접종 관련 질문 등 그간 진료 중에 가장 자주 들었던 질문에 대한 답을 우선순위대로 실었다.

아무쪼록 이번 장이 밤낮없는 육아 전쟁을 치르는 보호자들에게 실질적 도움을 주는, 이른바 '족보' 같은 구실을 할 수 있기를 희망한다.

Q. 항생제는 안 쓰는 게 좋지 않나요?

아픈 아이들을 진료하면서 다양한 성향의 보호자를 만나다 보면, 항생제에 대한 양극단의 시각을 접할 경우가 많다. 대다수의 보호자가 내리는 처방대로 잘 따라와 주지만 개중에는 의사의 소견에 반하여 무조건 항생제를 써 달라거나, 또는 절대 항생제를 처방하지 말라는 요구를 하는 보호자도 더러 있다.

> 피터 쌤 : 열이 있긴 하지만 아직 다른 증상이 심하진 않으니 항생제 없이 증상에 대한 약을 쓰면서 지켜보죠.
> 보호자 A : 우리 아이는 항생제 안 쓰면 잘 안 낫던데, 그냥 처방해주시죠?
>
> 피터 쌤 : 가래 기침이 심해지는 걸 보니, 기관지염으로 진행되는 것으로 보입니다. 이번에는 항생제를 추가 처방하겠습니다.
> 보호자 B : (무슨 독극물이라도 대하는 표정으로) 우리 아이에겐 항생제 절대 안 먹일 거예요!

그나마 보호자 A에게는 설득과 타협이 어느 정도 먹혀든다. 항생제 남용의 위해성에 대한 설명에 수긍하는 보호자도 있고, 정 설득이 안 되면 "그럼 일단 항생제를 함께 처방해 드릴 테니 하루 이틀만 기다렸다가 심해지면 먹는 쪽으로 합시다!"라는 정도의 타협이 가능하니까.

한데 항생제 치료를 막무가내로 거부하는 보호자 B의 경우에는 정말 답이 없다. 아주 심하지 않은 경우라면 하루 이틀 정도 유예기간을 가지며 경과를 관찰해볼 여지가 있지만, 항생제 필요성이 명백한 화농성 중이염이나 부비동염, 혹은 상태가 더 심각해질 소지가 다분한 감염인데도 불구하고 항생제 투여를 거부하는 경우에는 정말 난감하기 짝이 없다.

보호자 B의 굳건한 신념대로 아이에게 항생제를 '절대' 안 쓰면 어떻게 될까? 항생제가 없던 시절로 돌아가 보면, 이 질문에 대한 답은 명쾌하다. 페니실린 항생제가 보급되기 전인 20세기 초까지만 해도, 가시에 긁히거나 개에게 물리는 등의 가벼운 상처로도 세균이 온몸으로 퍼져 사망에 이르렀다. 지금은 별로 대수롭지 않게 여기게 된 성홍열로도 상당수의 소아가 사망했고, 지금은 죽을병으로 생각하지 않는 폐렴이 그 당시에는 수많은 아이를 죽음으로 몰아갔다.

상당수의 보호자가 항생제 처방률로 소아청소년과를 판단한다는 말을 들었다. 하지만 이는 분명 잘못된 판단 기준이다. 좋은 소아청소년과란 항생제를 무조건 적게 쓰는 곳이 아니라, 꼭 필요할 때만 적절하게 쓰는 곳이기 때문이다. '꼭 필요한 경우를 위해서, 꼭 필요하지 않으면 항생제를 쓰지 않는 것!' 이것이 의사로서의 내 신념이며, 대다수의 소아청소년과 의사들이 추구하는 방향일 것이다. 그러니 의사가 항생제를 처방하면 의심하기 전에 신뢰를 보내주기를 간곡히 부탁드린다.

Q. 항생제 사용 기준이 궁금해요

항생제를 쓸지 말지를 결정하는 일은 아이를 치료하는 담당 의사가 결정할 문제이다. 하지만 걱정 많은 엄마 아빠들의 의심과 불안을 조금이나마 덜어드리기 위해 항생제 사용의 기준을 알려드리려고 한다. 항생제를 처방받았다면 다음의 하나일 터이니 의심 없이 복용시키자.

- 단순한 바이러스성 감기(콧물, 기침, 눈곱, 발열 등을 동반하지만 3~4일 후에 증상이 경감되면서 1주일 이내에 호전을 보이는 경우)에는 항생제가 필요하지 않다.

- 항생제는 대개 바이러스성 감기에 동반될 수 있는 합병증(기관지염, 폐렴, 중이염, 부비동염, 임파선염 등)에 대한 치료에 사용된다.

- 세균성 인두염이나 편도염, 성홍열 등은 바이러스성 감기와 유사한 증상을 보이지만 항생제 치료가 필요한 세균성 질환이므로 초기부터 항생제를 사용해야 한다.

- 그밖에도 요로 감염, 세균성이 의심되는 위장관 감염, 피부 감염증(농가진, 종기, 봉와직염 등), 상처(화상, 동물이나 사람에게 물린 상처, 외상, 수술 후) 등에도 항생제가 필요하다.

Q. 세균과 바이러스는 뭐가 다른 건가요?

소아 질병의 상당 부분을 차지하는 감염성 질환을 제대로 알기 위해서는 먼저 병원체를 이해해야 한다. 건강한 어린이를 감염시키는 병원체에는 크게 세균과 바이러스가 있다. 이 두 가지보다 드문 병원체인 진균(곰팡이)과 기생충은 일반적인 논의에서는 제외해도 무방하다. 세균과 바이러스의 차이점을 알아두면 아픈 아이를 언제 의사에게 데려가야 하는지, 언제 항생제를 써야 하는지 등을 판단하는 데 도움이 될 것이다.

세균이 생물이라면 바이러스는 생물과 무생물의 중간 존재이다. 세균은 스스로 생존과 번식이 가능하지만, 바이러스는 살아있는 세포(동물, 식물, 세균 등)에 기생하지 않으면 자생이 불가능하다.

항생제는 세균의 특정 부위를 공격해서 효과를 나타내는데, 바이러스에는 그 부위들이 존재하지 않는다. 따라서 항생제는 세균에는 들지만, 바이러스에는 아무 소용이 없다. 감기에 걸린 아이에게 무조건 항생제를 처방해서는 안 되는 이유가 바로 여기에 있다. 항생제는 꼭 필요할 때만, 즉 세균성 질환이 의심되는 경우에만 써야 한다.

일반적으로 세균 감염을 치료하기 위한 약만을 '항생제(antibiotics)'라고 부른다. 바이러스를 치료하는 약은 '항바이러스제(antiviral agent)', 진균을 치료하는 약은 '항진균제(antifungal agent)'로 불린다.

Q. 항생제를 먹고 설사하는 경우에는 어떻게 해야 하나요?

"우리 애는 항생제를 먹으면 바로 설사해요!"

항생제를 먹은 후에 설사한 기억 때문에 아이에게 항생제 쓰기를 꺼리는 보호자가 더러 있다. 실제로 항생제 투여는 장내 정상세균총(intestinal microbiota)의 변화를 가져와서 설사를 유발할 수 있다.

어느 한 가지 항생제를 먹고 나서 설사를 했다고 해서 모든 항생제에 다 그러는 건 아니다. 그리고 만약 설사를 한다고 해도 필요에 따라서는 설사를 감수하고서라도 해당 항생제를 써야 할 수도 있다.

소아에게 가장 흔히 설사를 유발하는 항생제는 바로 아목시실린-클라불란산 복합제(amoxicillin-clavulanate)이다. 이 약은 급성 중이염이나 급성 기관지염에 대한 1차 선택 항생제로 가장 흔히 처방하는 약이다. 항생제에 의한 설사의 경우 정장제(유산균 제제)를 함께 투여하거나 항생제를 교체, 또는 중단하면 대개 좋아진다.

만약 항생제를 끊은 후에도 설사가 지속될 때에는 자칫 심각한 경과로 갈 수 있는 '위막성 결장염(pseudomembranous colitis)'이 아닌지 검사를 통한 감별이 필요하다.

Q. 냉장 보관하라는 항생제를 실수로 실온에 뒀는데 어떡하죠?

항생제 시럽은 변질의 우려가 있으므로 뚜껑을 잘 닫아서 냉장고에 보관해야 한다. 냉장 보관을 요하는 시럽을 실수로 실온에 둔 경우, 반나절 정도가 지나면 변질할 우려가 있다. 따라서 냉장 보관을 필요로 하는 항생제 시럽을 3시간 이상 실온에 두었을 때는 다시 처방받는 것이 좋다.

혹시라도 남은 항생제 시럽을 챙겨두었다가 다음에 비슷한 증상이 있을 때 복용하는 일은 없어야 한다. 항생제 시럽은 냉장 보관을 하더라도 유효 기간이 그다지 길지 않기 때문이다. 그러니 항생제 시럽은 의사의 처방에 따라서 권장받은 기간만 복용하고, 혹시 약이 남았더라도 곧바로 폐기하도록 한다.

항생제 복용 중에 장기 외출이나 여행을 해야 하는 경우, 진료를 받고 있는 소아청소년과 의사에게 말하여 가루 항생제로 대체 처방받는 것도 좋다.

Q. 항생제에 내성이 생기면 어떡하죠?

동일한 항생제를 반복해서 사용하면 몸속에 사는 수많은 세균에 자연선택 과정이 작용하여 결국 그 항생제에 내성이 지닌 세균만 살아남게 된다. 만약 항생제 내성을 획득한 균이 몸속 다른 부위로 가서 감염을 일으키게 되면, 해당 항생제로는 치료하기가 어려워진다. 따라서 다른 항생제가 필요하게 되는 것이다. 항생제 내성균은 대개 한두 가지 항생제에 대해서만 내성을 갖지만, 걱정스러운 점은 모든 항생제에 내성을 갖는 세균이 점점 늘어나고 있다는 사실이다. 그런 세균이 감염을 일으키면 마땅한 치료 방법이 없다. 새로운 항생제가 끊임없이 개발되고 있지만, 항생제 개발 속도가 내성균의 발생 속도를 쫓아가지 못하기 때문이다.

[항생제 내성을 예방하기 위한 올바른 항생제 복용법]

❶ 항생제는 반드시 의사의 처방을 받아서 복용한다.

❷ 항생제를 처방받은 기간 동안, 시간과 양을 지켜 꾸준히 복용한다.

❸ 증상이 좋아졌다고 해서 항생제를 임의로 끊지 말고 반드시 의사의 지시에 따르도록 한다.

❹ 항생제 사용 중에 다른 병원으로 가게 되는 경우에는, 꼭 이전 처방에 대한 정보(약 봉투 또는 처방전)를 새 의사에게 알려주도록 한다.

❺ 이전에 남겨둔 항생제를 임의로 먹지 않는다.

Q. 항생제를 썼는데도 열이 지속되면 어떻게 해야 하나요?

세균성 감염에 의한 발열이 의심될 때는 항생제를 투여한다. 그런데 항생제를 쓰기 시작한 후 1~2일이 지나도 열이 계속 나는 경우에는 경험적으로 선택한 1차 항생제가 듣지 않거나 항생제에 반응하지 않는 바이러스 감염일 가능성이 있다. 따라서 그럴 때는 항생제 교체를 고려하거나 증상에 대해 치료를 하면서 경과를 관찰할 필요가 있다.

세균성 질환에 의한 발열은 적절한 항생제를 찾아 쓰기만 하면 열이 잘 잡히지만, 바이러스에 의한 열은 일정한 경과가 지나야 떨어지는 특성이 있다. 사실 이것이 치료 중간에 다니는 병원을 바꾸는 게 좋지 않은 이유 중 하나이다. 항생제 선택 및 교체를 비롯한 치료 플랜을 결정하는 고민은 보호자가 아닌 의사의 몫이므로, 보호자께서는 그저 주치의의 치료 계획에 잘 따르면서 아이의 컨디션을 잘 챙기면 된다.

열이 얼마나 지속되느냐보다 더 중요한 것은 아이의 컨디션이다. 아이가 잘 먹고 잘 논다면 열이 5일 이상 지속되더라도 할 수 있는 최선의 조치를 하면서 기다릴 수 있지만, 잘 못 먹고 처져 있는 아이라면 발열이 시작된 당일에라도 정밀 검사 및 입원 치료를 고려할 수 있다.

Q. 스테로이드 연고, 써도 될까요?

강력한 항염 및 항알레르기 효과로 '기적의 명약'이라고 불리지만, 장기간 사용할 경우 심각한 부작용을 야기해 '악마의 약물'이라고도 일컬어지는 스테로이드. 소아청소년과 영역에서도 스테로이드는 알레르기 질환, 자가면역 질환, 염증성 장질환 등을 비롯한 다방면에 널리 쓰이고 있다. 그중에서도 가장 자주 쓰이는 스테로이드제를 꼽자면 국소 코르티코이드 제제, 즉 스테로이드 연고일 것이다.

아토피 피부염 외 각종 피부 질환에 널리 쓰이고 있는 스테로이드 연고는 피부 트러블을 드라마틱하게 잠재워주는 고마운 존재인 동시에, 여러 부작용에 대한 걱정을 유발하는 트러블메이커이기도 하다. 따라서 스테로이드 연고를 대하는 보호자의 태도에도 호불호가 극명하게 갈린다. 어떤 보호자는 아주 미미한 트러블만 보여도 득달같이 스테로이드 연고를 발라주는가 하면, 꼭 필요해 보이는 경우조차 연고 사용을 꺼리는 보호자도 있다.

소아에게 스테로이드 연고를 사용하게 되는 가장 흔한 케이스는 아토피 피부염과 기저귀 발진 등이다. 특히 아토피 피부염 치료에는 국소 스테로이드 제제가 기본이 되므로, 재발과 악화를 반복하는 심한 아토피 피부염 환아들은 스테로이드 연고의 장기 사용이 불가피하다. 이렇게 장기간 스테로이드 연고를 사용해야 하는 경우라면 부작용 발생 가능성을 걱정해야 하지만, 단기간 사용으로 인한 부작용의 빈도는 드물다. 하지만 스테로이드라는 약물에 대한 부정적 인식이 워낙 넓고 깊게 퍼져있다 보니, 정작 필요할 때 마저도 사용을 기피하는 경향이 없지 않다.

필요할 때, 즉 환아가 불편하고 힘들어할 정도로 증상이 심하다면, 스테로이드 연고를 사용하는 게 맞다. 아기의 고운 살결에 돋아난 피부 병변을 들여다보거나 아기가 괴로워하는 모습을 곁에서 지켜보며 애태워야 하는 부모의 정신 건강을 위해서라도, 써야 할 땐 쓰는 게 현명한 선택이다.

다만 적절한 등급의 스테로이드 연고를 신중하게 선택하고, 정확한 용법과 사용 기간을 잘 지켜서 절도 있게 사용해야 한다. 따라서 스테로이드 연고 사용 전에는 반드시 전문 의료진과의 상담이 필수이다.

➕ 몸에 쓰는 연고를 얼굴에 같이 발라도 되나요?

얼굴은 몸보다 피부가 얇고 흡수율이 더 높기 때문에 몸에 쓰는 것보다는 더 약한 강도의 연고를 가능한 한 짧게 사용하는 것이 좋다. 가장 약한 강도의 연고라면 얼굴과 몸에 공통으로 사용할 수 있지만, 얼굴과 비교해 몸에는 치료 효과가 떨어질 수 있다. 따라서 가급적 얼굴과 몸은 따로 구분해서 최적의 연고를 선택하여 쓰는 것이 좋다.

Q. 스테로이드 연고는 얼마 동안 쓸 수 있나요?

자주 받는 질문이지만, 정확히 며칠이라고 특정하긴 어렵다. 짧게는 1~2회만 쓰고도 좋아질 수 있지만, 심한 아토피 피부염 환아처럼 길게는 몇 년 동안 지속해서 사용해야 하는 경우도 있으니 말이다.

약한 강도의 스테로이드 연고는 장기간 사용해도 별다른 문제가 발생하지 않는다. 하지만 가능하면 낮은 강도로, 최소한의 기간만 사용하려는 노력이 필요하다. 즉 효과가 있는 범위 내에서 가장 약한 연고를 선택해 가급적 짧게 사용하는 것이 좋다는 말이다. 그리고 스테로이드 연고를 오래 사용해야 하는 아토피 피부염 환아의 경우에는 비스테로이드성 국소 면역 조절제(프로토픽®, 엘리델® 등)의 병용을 고려할 수 있다.

사실 어느 등급의 스테로이드 연고를 선택하고 얼마 동안 사용하느냐를 결정하는 것은 보호자가 아닌 의사가 고민해야 할 문제이다. 믿을만한 주치의와의 충분한 논의를 통해 적절하게 사용한다면 별문제 없을 테니, 너무 걱정하지 마시라는 말씀을 드리고 싶다.

Q. 스테로이드 연고의 부작용은 무엇인가요?

스테로이드 연고의 부작용에 대한 막연한 두려움을 갖고 있으면서도, 정작 그 실체에 대해서는 제대로 알지 못하는 경우가 많다. 적절한 강도의 스테로이드 연고를 단기간 사용할 경우에는 부작용이 드물지만, 강도가 높은 스테로이드 연고를 사용하거나 강도가 약하더라도 장기간 쓸 경우에는 부작용 발생 가능성이 있다. 따라서 스테로이드 연고는 반드시 의사의 처방을 받아 적절한 제제를 사용해야 한다.

국소 부작용 : 새로 형성된 핏줄이 피부 표면에 도드라져 보이거나 피부가 위축되는 부작용이 있을 수 있다. 눈 주위에 사용하면 드물지만 백내장, 또는 녹내장과 같은 부작용이 나타날 수도 있다.

전신 부작용 : 시상하부–뇌하수체–부신 축(hypothalamic pituitary adrenal axis)이 억제되어 호르몬 불균형이 발생할 수 있다. 하지만 국소 스테로이드 제제로 인해 쿠싱 증후군 등의 전신 부작용이 발생하는 경우는 극히 드물다.

➕ 스테로이드 연고의 강도별 분류

스테로이드 연고는 혈관 수축 능력에 따라 7단계로 분류한다. 등급 숫자가 낮을수록 강하고, 높을수록 약하다. (C : 크림 / O : 연고 / L : 로션 / G : 겔)

등급	성분 및 함량, 제제	제품명
1등급	Clobetasol propionate / 0.05% / C, O	더모베이트, 데마론, 도모호론, 베타베이트, 코로베이트, 코로베손
	Diflorasone diacetate / 0.05% / C, O	디프론, 디프라, 태썬
	Diflucortolone valerate / 0.3%	네라소나, 디푸코
2등급	Betamethasone dipropionate / 0.05% / C, O	네오덤, 모다덤, 믹스겐, 스칸지, 실크론, 크로바겐 아몰지, 타미코트, 트리마손, 트리칸, 파나덤, 라벤다, 디프로겐타, 베타크로지, 스타손
	Desoxymethasone / 0.25%, C, O, 0.05% / G	데타손(0.25%), 데오손겔, 메타파손겔, 에스파손겔(0.05%)
	Fluocinonide / 0.05% / O	라이덱스
	Haicinonide / 0.1%	베로단
	Mometasone furoate / 0.1% / O	에로콤
3등급	Amcinonide / 0.1% / C, L	비스덤
	Difluprednate / 0.05%	리베카
	Desoxymethasone / 0.25% / L	데옥손, 데타손, 에스파손로션
	Fluocinonide / 0.05% / C, G	나이드, 라이덱스, 엑스엘완겔
4등급	Budesonide / 0.025% / C	로지나, 베베, 제크
	Desoxymethasone / 0.05% / O	데타손(0.05%)
	Momethasone furoate / 0.1% / C, O	더메타손, 도모타손, 라벨리아, 모리코트, 씨트리 모메타손, 에로콤, 인푸라, 테리손, 프레타손
	Methylprednisolone aceponate / 0.1% / C, O	아더반, 아드반탄, 아디코트, 프레반탄
	Triamcinolone acetonide 0.1% / O	메디덤, 신스킨, 오라메디, 제미코트

5등급	Betametbasone valerate	다나손, 더모니아, 데마코트에스, 라밴덤, 모다덤에스, 바로마지, 바이스톤지, 베데스타지, 베다덤지, 베로신, 베타겐, 베타코트, 세라손지, 세르나, 센스타지, 쎄레손, 쎄레스톤지, 쎄코론지, 설레덤지, 아몰지, 안타손, 엘스킨, 크로베겐에이, 트리겐타지
	Clobetasone butyrate / 0.05% / C	아미솔, 유모베이트
	Fluocinolone acetonide / 0.025% / C, 0.01% / O	플로린, 후루모트, 후루시론
	Fluticasone propionate / 0.05% / C	큐티베이트
	Hydrocrtisone butyrate / 0.1% / L	톨로이드
	Hydrocortisone valerate / 0.2% / C	코티손, 하이드코트, 하이티손
	Prednicarbate	더마톱, 더마키드, 더모프레드, 더미소론, 데르민, 데모큐, 프레벨, 락티케어제마시스, 베베킨, 베스톱, 베이드, 보드미, 아토톱, 지오톱, 티티베, 드레드나, 카르손, 프레딘
	Triamcinolone acetonide / 0.1% / C	트리암시놀론, 스테라민, 트리나, 트리코트
	Prednisolone valeroacetate	리도멕스
6등급	Alclomethasone dipropionate / 0.05%	알크로반, 알타손, 프로코트
	Desonide / 0.05% / C	데스원, 데소나, 데소덤, 대소크린, 데스오웬
7등급	Dexamethasone 0.1%	맥시덱스
	Hydrocortisone 2.5% / L	락티손, 락티케어, 더모케어, 스무스케어, 코디케어, 하이로손, 하티손
	Prednisolone / C, L	대한프레드니솔론
	Prednisolone acetate	바나론
	Prednisolone valeroacetate	레비손, 베로아, 보송, 스몰

출처 : 청년의사

Q. 열이 나면 반드시 해열제를 먹여야 하나요?

왠지 힘들어하는 아이의 체온을 재봤더니 체온계에서 섭씨 38℃가 넘는 숫자가 나타나면 우리는 일단 병원으로 가야 할지, 해열제를 먹여야 할지 고민하게 된다. 급한 마음에 해열제를 먹였지만 한두 시간 후에도 열이 떨어지지 않으면 속이 까맣게 타들어 가기 마련이다. 하루에도 여러 번 해열제를 써야 하는 경우에는 그렇게 자주 써도 되는지 걱정스러운 맘이 들기도 했을 테고 말이다.

건강한 소아에게 일어나는 급성 발열은 대부분 감염이 원인이다. 따라서 열은 외부에서 들어온 바이러스나 세균에 대해 우리 몸이 나타내는 면역 반응의 일부라고 할 수 있다. 발열은 감염에 대한 적응 현상이므로 특수한 경우에만 치료하자는 주장도 있다. 하지만 열이 나면 대부분의 아이가 힘들어하기 때문에, 해열제 투여를 통해 불편감을 덜어줄 수 있다. 즉 해열제는 열을 단순히 떨어뜨리기 위해서라기보다는 발열로 인해 힘든 증상을 경감시키기 위한 목적으로 쓰는 것이다.

건강한 소아가 딱히 힘들어하지 않을 경우, 즉 39℃ 미만에서는 굳이 해열제를 쓰지 않아도 괜찮다. 하지만 39℃가 넘는 고열이 있거나 그 이하라도 아이가 힘들어하는 경우에는 38℃ 이상부터 해열제 투여를 고려해야 한다. 특히, 열성 경련의 과거력이 있거나 특별한 질환(만성 심폐 질환, 대사 질환, 신경계 질환 등)을 가진 경우에는 꼭 해열제를 써야 한다.

Q. 해열제를 먹여도 열이 안 떨어지면 어떡하죠?

해열제를 먹여도 체온이 38℃ 아래로 떨어지지 않으면 보호자는 당연히 불안해지기 마련이다. 하지만 앞서도 언급했듯이 해열제 투여의 일차적 목적은 열을 떨어뜨리기 위함이 아니라 힘든 증상을 완화해주는 것이다. 따라서 해열제 투여 후 체온이 38℃ 이상에 머물러 있더라도 아이가 힘들어하지만 않는다면 너무 불안해할 필요는 없다. 다만 아이가 힘들어하거나 39℃ 아래로 잘 떨어지지 않는 경우에는 다른 계열의 해열제를 교차 투여하는 방법을 고려해볼 수 있다.

➕ 해열제 교차 복용에 대하여

어떤 전문가들은 다른 계열 해열제 간의 교차 복용을 하지 않도록 권하고 있지만, 고열이 잘 잡히지 않는 경우에는 어쩔 수 없이 교차 복용을 고려해야 한다. 내 경험에 비추어 봤을 때 고열이 지속될 경우 이부프로펜 또는 덱시부프로펜을 다른 약과 함께 하루 3회 먹이고, 그래도 38℃ 이상 열이 오르면 아세트아미노펜(최소 간격 4시간)을 추가로 투여하는 방법이 효과적이니 참고하길 바란다.

Q. 고열이 심하면 응급실에 꼭 가야 하나요?

한밤중이나 새벽에 열나는 아이를 들쳐 안고 대학병원 응급실을 찾아가 본 경험이 있는 부모라면 다 아시겠지만, 밤에 힘들게 응급실에 가 봐도 사실은 별 뾰족한 수 없이 귀가하는 경우가 대다수이다.

이때 가장 중요하게 고려해야 할 사항은 아이의 컨디션이다. 고열이 나도 아이의 컨디션이 나빠 보이지 않는다면 굳이 야밤에 응급실까지 갈 필요는 없다. 해열제를 먹이고 재운 후에 다음 날 아침에 다니던 소아청소년과를 찾아가도 괜찮다. 다만 고열이 나면서 아이가 심하게 처지고 아파 보이면 한밤중이라도 응급실에 가야 한다. 발열의 원인을 밝히는 검사 및 신속한 치료가 필요할 수 있기 때문이다.

➕ 고열이 심하면 뇌 손상이 올 수 있나요?

열성 경련 때문에 간질 지속 상태(status epilepticus)가 발생했거나 열사병을 앓은 경우를 제외하면, 고열이 뇌 손상을 초래한다는 우려를 뒷받침할 만한 근거는 없다. 따라서 열성 경련에 대한 대처만 잘한다면, 뇌 손상에 대한 걱정은 하지 않아도 된다.

Q. 해열제 종류에 대해 알려주세요

소아에게 사용하는 해열제의 양대 산맥은 아세트아미노펜과 이부프로펜이다. 덱시부프로펜은 이부프로펜과 같은 계열의 약으로 봐야 한다. 보통 아이의 몸무게를 3으로 나누면 최소 용량에 가까운 1회 용량이 나온다.

❶ 아세트아미노펜 : 타이레놀®, 세토펜®, 챔프® 등

1회당 10~15mg/kg의 용량을 최소 간격 4시간을 두고 쓸 수 있다. 약전에는 몸무게에 따라 최대 20cc까지 복용하게 되어있지만, 30kg 이상은 그냥 10cc로 통일해도 무방하다.

❷ 이부프로펜 : 부루펜®, 이부서스펜®, 챔프이부펜®, 비알이부펜® 등

생후 6개월부터 쓸 수 있고, 5~10mg/kg의 용량을 최소 간격 8시간을 두고 쓸 수 있다. 30kg 이상은 10cc로 통일해도 된다. 최소 용량으로 복용할 경우 최소 간격 4시간까지도 괜찮지만, 아세트아미노펜보다 작용 시간이 긴 편이기 때문에 가급적 8시간 간격을 지키도록 한다.

❸ 덱시부프로펜 : 맥시부펜®, 비알덱시펜®, 코키즈펜®, 애니펜® 등

생후 6개월부터 쓸 수 있고 5~7mg/kg의 용량을 4~6시간 간격을 두고 필요시에 복용한다. 단, 1일 최대 4회를 넘지 않도록 한다. 30kg 이상은 12cc로 통일해도 무방하다.

Q. 약의 유효기간이 궁금해요!

소아청소년과를 자주 다니다 보면 수납장에 남은 약봉지들이 쌓이곤 할 것이다. 약 복용이 필요할 때는 의사로부터 새로 처방받아서 먹는 게 가장 좋다는 사실은 두말하면 잔소리이다. 하지만 당장 병원에 갈 수 없는 상황에는 남아있는 약 중에서 먹일 만한 약이 없는지 찾아보게 되기 마련이다. 솔직히 고백하자면, 의사인 나 역시 남은 약봉지들을 뒤지는 일이 종종 있다.

그렇다면 남은 약들은 과연 언제까지 두고 먹일 수 있을까? 다음에 정리한 약 종류별 유효기간을 확인해보고, 유효기간이 지났다면 미련 없이 다니는 약국에 가져가서 폐기 처분을 요청하자.

물약

미개봉 상태의 물약 : 개봉 전에는 유통 기한까지, 개봉 후에는 1개월까지 사용할 수 있다.

한 가지 시럽제를 나눠서 약통에 담은 경우 : 조제 후 2주에서 4주까지 사용할 수 있다.

시럽제에 가루를 섞은 경우 : 조제 후 14일까지 사용할 수 있다. 단, 항생제는 의사가 권장한 복용 기간만 사용하고, 사용 후에는 남겨두지 말고 바로 폐기하는 것이 좋다.

가루약

알약을 갈아서 가루약으로 조제한 경우에는 1개월까지 사용할 수 있다.

외용제(연고, 안약)

미개봉 상태의 튜브형 연고류 : 개봉 전에는 유통 기한까지, 개봉 후에는 6개월까지 사용할 수 있다.

연고 통에 담은 경우 : 조제 후 1개월까지 사용할 수 있다.

안약, 안연고 : 멸균 제품인 경우에는 개봉 전에는 유통 기한까지, 개봉 후 1개월 이내까지만 사용한다.

일회용 안약 : 1회 사용 후 바로 폐기하도록 한다.

비강 분무제 : 피지오머 비강 세척제처럼 내부 역류가 방지된 케이스를 사용한 제품은 6개월까지 사용할 수 있다. 단, 분무 노즐을 빼둔 상태에서 보관해야 한다. 보존제가 없거나 역류에 대한 방지 효과가 없는 비강분무제는 보통 3개월 사용이 권장된다.

Q. 예방접종을 꼭 해야 하나요?

백신은 항생제와 더불어 인류 역사상 가장 위대한 의학적 발견 중 하나이다. 성공적인 예방 접종의 결과로 천연두가 지구 상에서 거의 소멸한 것만 봐도 그렇다. 비단 천연두뿐만 아니라, 대부분의 예방접종 대상 질환들이 백신 사용 전보다 현격히 감소하였다.

안타깝게도 백신을 기피하는 이들도 일부 있지만, 누가 뭐래도 예방접종은 감염 질환을 예방하는 데 매우 유용하면서 비용 대비 효과가 큰 방법임에는 틀림이 없다.

예방접종을 꼭 해야 하냐는 질문을 받을 때면, 이렇게 되묻고 싶다.

"예방접종을 굳이 하지 않을 이유가 도대체 뭔가요?"

백신 접종 보급으로 치명적 감염성 질환이 줄어든 사실은 공중 보건 분야의 빛나는 성공 사례이다. 하지만 그로 인해 사람들은 백신의 타깃이 되는 질병들이 얼마나 무서운지 차츰 잊어버리고 말았다. 위험한 질병으로부터 우리를 보호해주고 있는 백신이 오히려 근거 없는 공포의 대상이 되는 경우를 대할 때면, 참으로 안타까울 따름이다.

물론 백신이 100% 안전하다고 할 수는 없다. 수많은 사람에게 접종하다 보면, 드물게는 부작용이 나타나거나 예측할 수 없는 이상 반응이 생기기도 한다. 하지만 분명히 말할 수 있는 것은 현재 의학계에서 권고하는 모든 백신은 위험보다 이익이 비교할 수 없을 정도로 크다는 사실이다.

더구나 대부분의 필수 예방접종을 국가에서 무료로 해주고 있는데, 막연한 거부감만으로 그 고마운 혜택을 포기할 이유는 어디에도 없다.

➕ 백신을 맞으면 면역력이 떨어지는 거 아닌가요?

백신은 실제로 병을 일으키는 병원체의 일부이거나 병원체를 약화한 것이다. 즉 병원성을 없앤 병원체, 또는 그 일부를 우리 몸에 투여하여 항체 생성 및 세포 면역 반응을 유도함으로써, 질병에 대한 방어력을 만들어주는 것이다. 백신을 맞는다고 면역력이 떨어질 일은 결코 없으니 걱정하지 않아도 좋다.

➕ 예방접종 후에 열이 나면 어떻게 하나요?

예방접종 후에는 정상적인 면역 반응에 의해 열이 날 수 있다. 발열을 유발할 수 있는 백신으로는 폐구균, DPT, MMR, 독감, 뇌수막염 접종 등이 있다. 대개는 1~2일 이내에 저절로 사라지지만, 아기가 힘들어할 때는 해열제를 먹이면 된다. 만약 열이 이틀 이상 지속된다면 다른 원인에 의한 발열일 수 있으므로 병원을 방문하도록 한다.

Q. 한 번에 여러 백신을 접종해도 괜찮은가요?

우리 몸의 면역계는 뛰어난 멀티태스킹 능력을 갖추고 있다. 따라서 한 번에 여러 종류의 백신을 접종하더라도 안전하고 효율적으로 처리한다. 실제로 아주 오래전부터 '디프테리아-백일해-파상풍' 결합 백신을 사용해왔으며, 근래에는 거기에 '소아마비와 B형 헤모필루스 인플루엔자' 백신까지 더해 다섯 가지 백신을 결합한 5가 혼합 백신이 상용화된 상태이다. 또한 외국에서는 5가 혼합 백신에 B형 간염을 더한 6가 혼합 백신도 사용되고 있다.

주사 한 대로 여러 가지 백신을 맞는 혼합 백신뿐만 아니라, 여러 예방접종 주사를 한 번에 맞는 것 역시 가능하다. 예를 들어 생후 2개월 접종 때는 5가 혼합 백신에 폐구균 백신과 로타 백신, 이렇게 총 7종의 백신을 주사 두 대와 먹는 백신 하나로 한꺼번에 끝낼 수 있다.

솔직히 말해서 혼합 백신 도입 이후에 접종 수입은 현저히 줄었다. 백신마다 따로따로 받던 접종 수가를 혼합 백신 하나로 받아야 하기 때문이다. 그런 이유로 혼합 백신이 국내에 도입되는 과정에서 의사들 사이에 반대 여론이 일기도 했었다. 하지만 혼합 백신의 사용으로 주삿바늘 찌르는 횟수를 확 줄일 수 있게 된 것은 부모 입장에서는 더없이 반가운 일 아니겠는가? 내가 직접 내 아이에게 예방접종을 맞히는 부모의 입장이 되고 보니 아기를 울리는 주사는 최소화하고 싶어졌다. 아이들을 덜 힘들게 하는 기술적 진보라면, 그까짓 수입의 감소 정도는 기꺼이 감수할 용의가 있다.

➕ 한눈에 보는 예방접종 표

시기	예방접종
출생 직후	B형 간염 1차
4주 이내	BCG
1개월	B형 간염 2차
2개월	DPT-소아마비-뇌수막염 1차 / 폐구균 1차 / 로타바이러스 1차
4개월	DPT-소아마비-뇌수막염 2차 / 폐구균 2차 / 로타바이러스 2차
6개월	DPT-소아마비-뇌수막염 3차 / 폐구균 3차 / B형 간염 3차 / 로타바이러스 3차
6개월부터 매해	독감(첫해 2회, 다음 해부터 1회씩)
12개월~15개월	수두 1차, MMR 1차, 뇌수막염 4차, 폐구균 4차, 일본뇌염 1, 2차, A형 간염 1차
15개월~18개월	DPT 4차
18개월~24개월	A형 간염 2차
만 2세	일본뇌염 3차
만 4세~6세	DPT-소아마비 추가 / MMR 2차 / 수두 2차
만 6세	일본뇌염 4차
만 12세	일본뇌염 5차 / Tdap / 자궁경부암(여아)
선택 접종	수막구균

(BCG = 결핵 백신 / DPT = 디프테리아-백일해-파상풍 백신 / 5가 혼합 백신 = DPT-소아마비-뇌수막염 백신 / MMR = 홍역-볼거리-풍진 백신 / 뇌수막염 = B형 헤모필루스 인플루엔자(Hib) 백신 / Tdap = 만 7세 이상의 소아와 성인용 파상풍-디프테리아-백일해 백신(DPT와 구성은 같으나 디프테리아 톡소이드를 1/5 이하로 줄인 백신)

Q. 어떤 백신을 선택해야 할지 잘 모르겠어요

필수 예방접종에 포함되는 백신 가운데는 서로 다른 종류 중에서 선택해야 하는 경우가 종종 있다. 그래서 접종 가능한 백신 중에 어떤 백신을 선택해야 하는지 물어오는 경우가 많다.

각 백신 회사에서는 저마다 자기네 백신이 더 좋다고 주장하면서 자사 백신의 우수성이 드러난 연구 결과를 보여주기 때문에 어떤 회사의 백신이 더 좋은지 판단하기란 의사 입장에서도 쉽지 않다.

다만 다음은 더 많은 사람이 선택하고 있는 백신의 종류이니 결정에 앞서 참고하길 바란다.

➕ 백신 선호도

폐구균 백신 : 프리베나 〉 신플로릭스

로타바이러스 백신 : 로타텍 〈 로타릭스

일본뇌염 백신 : 생백신 〈 사백신

자궁경부암 백신 : 가다실 〉 서바릭스

Q. 피내용과 경피용 BCG 중에서 뭐가 낫나요?

피내용 백신은 무엇보다 무료로 맞을 수 있다는 게 가장 큰 장점으로 WHO가 인정하고 전 세계적으로 널리 사용되고 있는 백신이라는 점에서 두터운 신뢰를 형성하고 있다. 그런 장점에도 불구하고 대부분의 개인 소아청소년과에서 피내용 접종을 꺼리는 데에는 크게 두 가지 이유가 있다.

첫 번째 이유는 백신 한 병을 따서 여러 명의 아기에게 나눠 쓴다는 점이다. 아무리 철저하게 무균 조작을 하더라도 한 병을 나눠 쓰는 과정에서 발생할 수 있는 오염 가능성을 100% 배제하긴 어렵다. 그리고 주삿바늘이 조금만 어긋나도 주사액이 깊이 흡수되어 국소 부작용이 생길 가능성이 있다.

그렇지만 경피용은 하나의 완제품 백신을 한 아기에게만 쓰며, 피내용에 비해서는 접종 방법이 덜 까다롭다. 그리고 피내용에서 나타날 수 있는 국소 부작용이 경피용에서는 극히 드물다.

2018년에 경피용 백신을 만드는 일본에서 기준치 이상의 비소가 함유된 것이 밝혀지면서 우리나라에서 경피용 접종 자체를 중단한 바 있었다. 하지만 그것은 어디까지나 공정상의 문제였지 백신 자체의 안전성과는 연관이 없는 문제로 현재는 원활한 접종이 이루어지고 있다. 경피용 BCG의 안정성에 대해 의심하거나 걱정할 필요는 없지만 6~7만 원의 추가 부담이 필요한 접종이니 최종적인 선택은 보호자의 몫이다.

Q. 독감 예방접종은 왜 매년 해야 하나요?

기본 접종과 추가 접종을 합해 적게는 1~2회, 많게는 5~6회면 끝나는 다른 접종들과는 달리, 독감 백신은 매년 새로운 백신을 접종해야 한다. 독감 바이러스, 즉 인플루엔자는 마치 카멜레온처럼 수시로 유형을 바꾸기 때문이다. 항원소변이(antigenic drift)와 항원대변이(antigenic shift)라는 변신술로 매년 모습을 바꾸는 독감 바이러스에 대항하기 위해서, 매해 다른 유형의 바이러스를 겨냥한 백신을 만들어야 하고, 이에 따라서 우리도 매년 가을, 새로 만들어진 독감 백신을 접종해야 하는 것이다.

매년 봄이 되면 WHO에 전 세계 수많은 과학자가 모인다. 그해 겨울에 어떤 독감 바이러스가 유행할지 예측하는 회의를 하기 위해서이다. 대개 두 가지 이상의 균주가 유행하기 때문에 서너 가지 균주를 골라내어 이 균주를 표적으로 하는 백신을 만든다. 때로는 그들의 예측이 빗나가기도 하지만 매년 꼬박꼬박 독감 백신을 맞는 것이 좋다. 독감 예방접종과 타미플루의 보급 이후 독감으로 인한 사망률이 상당히 낮아졌다고는 해도, 여전히 인플루엔자는 전 세계적으로 수많은 사람의 생명을 앗아가는 독하고 위험한 바이러스이기 때문이다.

Q. 독감 접종은 3가로 할까요? 4가로 할까요?

3가 백신은 독감 예측 바이러스 중 A형 2개와 B형 1개 균주를 겨냥해 만든 백신이고, 4가 백신은 A형 2개와 B형 2개 균주를 겨냥한 백신이다. 둘 중의 하나를 선택하자면, 당연히 4가가 더 좋다. 한 가지 균주에 대한 면역력을 더 획득하면, 그만큼 독감에 걸릴 가능성도 작아지니 말이다. 그동안 비용 문제로 인해 3가와 4가 사이에서 고민하는 보호자들이 꽤 많았는데 다행히도 2020년 가을부터는 독감 무료접종이 4가 백신으로 시행될 예정이다.

➕ 독감 접종은 엄마, 아빠도 다 같이 하는 게 좋은가요?

개개인의 면역만큼이나 집단 면역도 굉장히 중요하다. 특히 아직 독감 백신을 맞지 못하는 6개월 미만의 아기들에게는 더더욱 그렇다. 집단 면역이란 아기와 접촉하는 모든 사람이 백신을 접종하여 아기가 병원체에 노출될 가능성을 줄여주는 것이다. 신생아가 있는 가족 내 모든 구성원에게 백일해 접종을 권고하는 것도 비슷한 맥락에서이다. 독감 백신의 효과가 100%는 아닌 만큼, 독감 백신 접종이 가능한 6개월 이후의 소아라도 가족 내 모든 구성원이 함께 접종하는 것이 독감에 걸릴 가능성을 줄이는 길이다.

Q. 타미플루 부작용이 걱정돼요

타미플루의 부작용에 대해 걱정하는 분들이 많다. 독감에 걸려 타미플루를 복용한 만 10세~20세 사이의 청소년 연령에서 환각 현상이 나타나 추락한 사고가 드물게 보고된 바 있기 때문이다. 그러나 아주 드물게 나타난 부작용이 언론에 의해 부풀려진 경향이 없지 않으며, 그 환각 부작용이란 게 타미플루 때문인지 아니면 독감 때문인지 명확한 인과관계가 밝혀지지도 않았다. 그리고 타미플루를 복용하지 않은 독감 환자에게서도 환각 작용이 나타나 추락사한 케이스도 일본에서 보고된 바 있다.

드물게 나타나는 이상 반응이라 할지라도 주의를 필요로 함은 분명하기에 나 역시 타미플루를 처방할 때마다 해당 연령 환자에게는 관련 내용을 고지하고 있다. 타미플루를 복용한 후 초반 이틀간은 독감 때문이건 약 때문이건 아이가 힘들어할 수 있기 때문에, 아이를 혼자 두지 말고 보호자가 옆에서 잘 돌봐주어야 한다.

독감은 치명적인 결과를 초래할 수 있는 무서운 바이러스이기 때문에, 독감으로 진단되었을 경우에는 타미플루 복용이 필요하다는 사실만은 명심해야 한다.

Q. 신종 전염병에 어떻게 대처해야 할까요?

근래에는 해외여행의 증가와 활발해진 국제 교류로 한 국가에서 발생한 신종 전염병이 다른 여러 나라로 급속도로 전파되는 양상을 보이고 있다.

2002년 11월에 중국 광둥 지역에서 발생하여 2003년에 전 세계로 확산한 바 있는 SARS(Severe acute respiratory syndrome : 중증 급성 호흡기 증후군), 2009년 미국에서 발생하여 전 세계 모든 대륙으로 퍼진 신종 플루(돼지 인플루엔자 A : H1N1pdm), 2012년 사우디아라비아에서 처음 발생하여 2015년 국내에 유입되어 큰 파장을 불러일으켰던 MERS(Middle East respiratory syndrome : 중동 호흡기 증후군), 그리고 2019년 12월에 중국 우한에서 발생하여 2020년에 전 세계로 퍼진 신종 코로나(COVID-19 : Corona virus disease-19) 등이 바로 그것이다.

이와 같은 신종 전염병이 도래했을 경우, 개인은 정부와 지자체에서 발표하는 권고와 지침을 따르며 위생에 힘쓰는 것이 최선이다. 그리고 주의와 경계심은 갖되 지나친 공포로 위축되지 않고 평정심을 유지하는 태도 또한 필요하다.

[전염병 예방 수칙]

❶ 외출 전후를 비롯해 수시로 손을 씻는다. 이때 손바닥과 손가락 사이사이는 물론 손등과 손톱 밑까지 비누로 꼼꼼하게 씻어야 한다. 여러 사람이 함께 사용하는 물건이나 기구를 만졌을 때는 꼭 손 세정제로 손을 닦는다.

❷ 기침할 때는 옷소매로 입과 코를 가린다.

❸ 기침 등 호흡기 증상자는 반드시 마스크를 착용해야 하며, 특히 의료기관 방문 시에는 더욱더 필수이다. 전염병 유행 시에는 비단 유증상자뿐만 아니라, 모든 사람이 마스크를 쓰고 다녀야 한다. 마스크는 반드시 KF80 이상의 특수 마스크일 필요는 없으며, 일반 마스크라도 지속해서 사용하는 것이 더 중요하다.

❹ 전염병이 의심될 때는 개인 의원 등의 의료기관을 방문하기 전에 관할 보건소 또는 해당 전염병 콜센터에 전화를 걸어 상담과 안내를 받거나 선별 진료소를 찾아가야 한다.

❺ 선별 진료소를 포함한 의료기관에 가서는 여행력과 접촉력을 사실대로 자세히 알려야 한다.

Q. 아이가 밤에 오줌을 싸요

진료가 끝난 후 아이를 먼저 진료실 밖으로 내보낸 다음, 도로 내 앞으로 다가와서는 이런 고민을 털어놓는 보호자가 더러 있다.

"아이가 밤에 오줌을 싸는데…."

개중에는 만 다섯 살이 채 안 된 아이의 야뇨를 심각하게 걱정하는 다소 성미 급한 보호자가 있는가 하면, 때로는 초등학생이 되어서까지 밤에 오줌을 싸는 아이 때문에 고민하는 사례도 종종 있다.

사실 자녀의 야뇨증은 가족 외의 다른 누구에게 털어놓기 힘든 주제이다. '시간이 지나면 나아지겠거니' 하고 긍정적으로 생각하려 해도, 그 속상하고 걱정스러운 마음을 주체하기 어렵다.

아이가 밤에 오줌을 못 가리면 그 부모는 우리 애만 뒤처지는 것 같은 좌절감에 빠지기 쉽다. 하지만 서로 말을 안 한다 뿐이지, 야뇨증은 만 5세 아동의 15% 정도에서 나타날 정도로 꽤 흔하다. 그 후 매년 15%씩 저절로 사라져서 성인의 발생 빈도는 1% 미만이다. 고로 성인이 될 때까지도 야뇨증을 가진 경우가 드물지만 있다는 얘기이다.

야뇨증은 6대 4 정도의 비율로 남아에게 더 많다. 연구에 의하면 가족력이 50%나 되며, 특히 양친이 모두 야뇨증 과거력이 있으면 그 자녀의 77%에서 야뇨증이 나타난다.

Q. 야뇨증을 치료할 때 꼭 약을 먹여야 하나요?

ICCS(international children's continence society : 국제소아요실금학회)의 정의에 따르면 야뇨증은 '만 5세가 되었지만 자는 동안에 오줌을 지리는 조짐을 보이는 경우'이다. 연속적으로 3개월 이상, 일주일에 최소한 2회 이상 불수의적으로 오줌을 싸면 야뇨증으로 진단한다. 과거에는 남아와 여아 간의 나이에 따른 정의를 다르게 했지만, 최근에는 남녀를 구분하지 않는다.

일차성 야뇨증은 태어나서부터 계속 야뇨증이 지속되는 경우이고, 이차성 야뇨증은 적어도 6개월 동안 소변을 가리다가 다시 야뇨증이 생긴 경우이다. 이차성 야뇨증을 유발하는 요인에는 동생의 출생, 유치원 입학, 이사, 친구나 형제들과의 갈등, 부모와의 이별, 부모의 이혼, 학교 문제, 학대, 입원 등이 있다.

야뇨증에 대한 치료는 환아의 나이, 보호자와 환아의 기대치, 아이의 주변 환경 등을 고려하여 결정해야 한다. 일반적으로 만 5~6세 이후부터는 적극적인 치료를 권장한다.

사실 대부분의 야뇨증은 치료 없이도 저절로 호전되지만, 아이의 올바른 성격 형성과 낮아진 자존감 회복을 위해서라도 적극적인 치료가 필요하다. 질문에 언급된 약물 요법을 바로 쓸 수도 있지만, 그전에 행동 요법을 먼저 시행해 보는 것이 바람직하다.

[야뇨증 행동 치료]

❶ 오후 7시 이후에는 단 음식이나 초콜릿 등 카페인이 든 음식을 피하며, 저녁 식사 후 잠들 때까지 수분 섭취를 60cc 이하로 제한한다.

❷ 가급적 일찍 저녁 식사를 하고, 맵고 짠 음식은 삼간다.

❸ 자기 전에 꼭 소변을 보게 한다.

❹ 야뇨 달력을 만들어 오줌 싸지 않은 날에는 특정 스티커를 붙여주면서 칭찬하거나 포상을 한다.

❺ 야뇨 경보기를 사용한다. 오줌을 싸면 경보기가 울려 잠에서 깨기를 반복함으로써 방광이 차면 스스로 일어나 소변보는 습관을 익히게 해 준다. 치료 효과가 좋은 편이며 약물 요법과 비교해 재발이 적다는 장점이 있지만, 사용하기가 다소 번거롭고 치료 효과가 약물 치료보다는 늦게 나타난다. 유아보다는 초등학생 이상에서 더 효과적이며, 일단 시작하면 적어도 수개월 동안 사용하는 것이 좋다.

약물 치료는 효과가 야뇨 경보기보다 빨리 나타나지만 재발률이 높다. 하지만 6세 이상의 아동에게 야뇨증이 있다면 자신감과 자존감이 떨어질 우려가 크기 때문에, 행동 요법만으로 별다른 효과를 보지 못한 경우에는 의사와 상의하여 약물 치료를 고려하는 것이 좋다. 단일 치료보다는 두 가지 이상의 약물, 또는 야뇨 경보기 등을 병용했을 때 더 큰 효과를 볼 수 있다.

Q. 아데노이드가 크다는데 꼭 수술을 꼭 해줘야 하나요?

아이가 코골이가 심하거나 코 막힘이 자주 있다면, 아데노이드가 크진 않은지 의심해볼 필요가 있다.

아데노이드는 코 뒤쪽과 목 연결 부위에 존재하는 면역 조직으로, 세균이나 바이러스를 방어하는 역할을 한다. 하지만 선천적으로 아데노이드가 큰 경우에는 코로 호흡하는 게 힘들어져서 입으로 숨을 쉬게 되며, 이로 인해 여러 가지 문제가 발생하게 된다. 또한 아데노이드가 큰 아이는 편도 비대도 함께 있는 경우가 많다.

아데노이드가 큰 경우에는 아데노이드 자체에 잦은 감염으로 인한 염증이 생길 뿐만 아니라 비염을 악화시키고, 편도염이나 부비동염(축농증), 중이염 등을 자주 동반한다. 그리고 심한 코골이로 인해 숙면을 방해받아서 성장에 지장을 주며, 얼굴 모양이 변하기도 한다.

과거에는 아데노이드 비대가 있는 경우에도 10세 정도까지는 수술을 지연시키고 기다리는 게 보통이었지만, 근래에는 만 5세 이전의 어린 연령에서도 아데노이드 제거 수술을 해주는 추세이다. 전신 마취를 해야 하는 수술인 만큼, 부모의 입장에서는 선뜻 수술을 결정하기 쉽지만은 않다. 그런데도 아데노이드 비대는 성장에 지장을 줄 수 있는 데다 한 번 바뀐 얼굴 모양은 되돌릴 수 없으니 수술이 꼭 필요한 케이스라면 어린 나이에라도 수술해주는 게 맞다.

편도 비대는 눈으로 확인할 수 있지만, 아데노이드는 X-ray 등의 검사를 통해서만 크기를 확인할 수 있다. 따라서 아데노이드 비대가 의심되는 경우에는 나이에 상관없이 대학병원의 이비인후과 외래를 방문하여 필요한 검사를 시행하고, 수술의 필요 여부를 확인받는 것이 좋다.

➕ 아데노이드 비대가 의심되는 경우

다음 항목 중 하나의 증상을 보인다면 아데노이드 비대를 의심할 수 있다.

☐ 코골이가 심한 경우

☐ 자주 입으로 숨을 쉬는 경우

☐ 편도가 크거나 편도염을 자주 앓는 경우

☐ 부비동염(축농증)이나 중이염을 자주 앓는 경우

☐ 낮에 심하게 졸려하거나 행동 과잉을 보이는 경우

☐ 밤에 숙면을 자지 못하고 자주 깨는 경우

> 아이의 코골이를 고민하다가 아데노이드 수술을 결정한 지인이 있었어요. 수술 전에는 전신 마취에 대한 걱정으로 고민을 많이 했지만 결과적으로 잠을 깊이 자서인지 키도 부쩍 컸고, 그동안 문제였던 행동 과잉이 확실히 줄어들었어요. 그러니 코 막힘이 심하거나 행동 과잉이 보인다면 아데노이드 검사를 해보는 게 좋을 것 같아요.

Q. 요즘도 기생충 감염이 있나요?

"구충제를 꼭 먹여야 하나요?"

진료실에서 간혹 내게 이런 질문을 던지는 보호자들은 반신반의하는 표정을 짓는다. 그러나 과거와 비교해 모든 여건이 나아진 오늘을 살아가는 우리에게도 여전히 기생충 감염은 무시할 수 없는 이슈이다.

경제 성장과 더불어 생활환경 개선 및 위생 관념이 향상되면서 우리나라는 과거와 비교해 기생충 감염이 현저히 줄었다. 보건당국의 1차 전국 장내 기생충 감염 실태 조사가 이루어졌던 1971년에 84.3%에 달했던 기생충 양성률은 2012년에 실시된 8차 조사에서는 2.6%로 낮아졌다. 특히 회충, 편충, 구충 같은 토양 매개성 기생충은 감염률이 0.3% 미만으로 격감하였다.

하지만 간흡충이나 고래회충처럼 음식물을 매개로 감염되는 기생충이나 감염자와의 접촉을 통해 감염되는 요충과 머릿니 등은 요즘에도 심심찮게 볼 수 있다. 특히 요충과 머릿니는 보육 시설이나 학교 등에서 단체 생활하는 아이들이 꽤 흔히 감염되는 기생충으로, 해외여행에서 기생충에 감염된 채 귀국하는 사례도 보고된 바 있다. 우리나라에서 근절되었다가 1993년부터 휴전선 부근에서 재유행하기 시작한 말라리아 역시 기생충 질환에 해당한다.

위생 환경이 좋아졌음에도 불구하고 왜 아직 기생충 감염이 발생하는 걸까? 농약을 쓰지 않는 유기농 채소나 육회 등 익히지 않은 고기를 즐기는 풍조, 해외여행의 증가, 영유아기부터 이루어지는 단체 생활, 애완동물을 키우는 가정의 증가 등에서 그 원인을 찾을 수 있다.

[기생충 감염 예방 수칙]

❶ 외출 후에는 반드시 손을 씻는다.

❷ 민물 생선이나 포유류의 고기, 또는 내장을 날것으로 먹지 않는다.

❸ 채소는 흐르는 물에 충분히 씻은 뒤에 먹는다. 특히 미나리는 간질충의 중간 숙주이므로, 반드시 익혀 먹는다.

❹ 애완동물이 산책 중 땅에 떨어진 음식을 먹지 못 하게 하고, 애완동물의 대변을 치운 후에는 손을 깨끗이 씻는다.

구충제를 꼭 먹어야 하나요?

보육 시설에 다니는 영유아와 그 가족, 애완동물을 키우는 가족, 생식을 즐기는 가족 등은 매년 봄과 가을, 즉 1년에 두 번은 구충제를 복용하는 것이 좋다. 구충제는 공복에 먹어야 사멸 효과가 더 높으며, 가족 구성원이 모두 함께 복용하는 것이 좋다.

간흡충, 폐흡충, 주혈흡충 등에 사용되는 치료제(디스토시드정®)는 의사의 처방이 필요한 전문의약품이지만, 요충이나 회충은 약국에서 처방전 없이 구매 가능한 일반 의약품 구충제(메벤다졸, 알벤다졸)로도 퇴치할 수 있다.

Q. 머릿니는 어떻게 제거하나요?

머릿니는 주로 감염자와의 접촉(head-to-head contact)을 통해서 감염되며, 감염자가 사용한 모자나 스카프, 빗, 수건 등의 매개체를 통해서도 감염될 수 있다. 주로 3~10세 소아와 그 가족이 흔히 감염되며, 보육시설이나 학교, 또는 캠프 등에서 감염자와의 접촉을 통해 감염된다. 머릿니는 몸니와는 달리 다른 병원체를 매개하지 않는 특징이 있다.

남아보다 여아들 사이에서 더 흔하게 감염되는데, 이는 머리 길이 때문이 아니라 여자아이들이 친구들과 놀 때 사내아이들보다 더 밀접한 접촉을 하는 경향 때문이라고 한다. 머릿니 감염은 개인위생이나 청결 정도와는 상관없으며, 모든 사회 계층에서 발생할 수 있다. 미국과 영국 등의 선진국에서도 꽤 흔한 편이고, 서울을 비롯한 대도시에서도 흔히 발견되고 있다.

머릿니에 감염되었을 때의 주 증상은 가려움증으로, 머릿니가 흡혈할 때 주입되는 침에 대한 알레르기 반응으로 인해 유발된다. 처음 머릿니에 감염된 경우, 대개 침에 대한 알레르기 반응이 생기기까지 4~6주 동안은 가렵지 않다가 극심한 가려움증에 시달리게 된다.

가장 확실한 진단법은 살아있는 머릿니를 확인하는 것이지만, 실제로는 머릿니보다는 서캐(충란)를 확인하는 쪽이 더 쉽다. 머릿니를 없애는 데는 이 살충제를 쓰는 방법과 물리적으로 머릿니와 서캐를 제거하는 방법이 있다.

❶ 이 살충제

《홍창의 소아과학》에는 피메트린 1%가 머릿니 감염 치료의 최우선 선택 약이라고 되어 있지만, 현재 우리나라에는 퍼메트린 5% 제제(오메크린크림®)만 나온다. 퍼메트린 5% 제제는 원래 옴 치료에 사용하는 약제로 머릿니 치료제로 FDA 승인을 받지는 못했으나 머릿니 치료에 사용되기도 한다.

현재 우리나라에서 머릿니 치료에 보험 적용이 되는 유일한 약제는 신신린단액®이다. 하지만 중추신경계 독성이 있고 소아에서 심한 경련을 한 증례가 보고된 바 있어서, 사용을 권하지 않는다.

일반 약인 라이센드플러스액(100mL)은 소아(2세 이상)에게 사용할 수 있다. 샴푸 형태로 되어 있는데, 마른 모발에 바르고 10분 후에 헹구면 된다. 서캐 살충력이 70~80%이므로 7~10일 후에 반복 치료해야 한다. 국화 알레르기가 있는 사람에게는 사용하지 말아야 한다.

❷ 물리적 제거법

물리적으로 머릿니를 제거하는 방법으로, 젖은 머리를 촘촘한 빗으로 빗어 내리는 방법을 말한다. 참빗으로 빗어 머릿니를 제거했던 우리의 전통적 방법과 비슷하다고 할 수 있다. 특히 이 살충제를 사용할 수 없는 2세 미만의 소아에게는 유일한 치료법이다. 적어도 일주일에 두 번, 2주 동안 실시하는데, 시간을 많이 투자할수록 치료율이 더 높아진다.

Q. 아이가 항문 주위에 가려움을 느껴요!

아이들이 항문 주위를 가려워한다면 요충 감염을 의심해볼 수 있다. '요충(Enterobius vermicularis)'은 사람 간의 접촉에 의해 생기는 가장 흔한 감염성 기생충으로, 성인보다 소아의 감염률이 더 높다. 열대 지방보다는 온대, 한대 지방에서 더 많이 발생하며, 미국이나 유럽 등의 선진국에서도 흔한 기생충이다. 우리나라의 경우 조사마다 차이가 있긴 하지만 유치원 또는 초등학생에게서 10~20% 정도의 감염률을 보일 정도로 흔하다.

가장 특징적인 증상은 야간의 항문 주위 가려움증인데, 암컷이 밤에 산란하기 위해 항문으로부터 주위 피부로 기어 다닐 때 가려움증이 유발되기 때문이다. 또 경미한 복통, 메스꺼움, 구토, 설사, 식욕 부진 등의 소화기 증상이 나타난다. 이러한 신체적 증상 외에도 집중력 저하, 주의력 산만, 학습력 저하, 불안감, 불면증, 야뇨증 등의 증상도 생길 수 있다.

요충은 장 내에서 산란하지 않기 때문에 대변에서 충란이 검출되지 않아 대변검사는 부적합하며, 셀로판테이프를 이용해 항문 주위 피부에 묻은 요충란을 검출해내는 '항문 주위 도말법(anal swab)'이 가장 효과적인 진단법이다. 약국에서 처방전 없이 구입 가능한 메반다졸(100mg)이나 알벤다졸(400mg)로 치료하는데, 3주 간격으로 최소 3회 반복 투약해야 한다. 그리고 감염자를 비롯한 가족, 또는 반 구성원 모두를 동시에 치료해야 한다. 또 목욕과 손 씻기를 철저히 하고 손톱을 잘 깎아 주도록 한다.

Q. 유산균, 신생아에게도 먹이는 게 좋은가요?

유산균이 좋다는 사실은 많이들 알고 계시기에 아이에게 유산균을 먹이고 계시는 보호자가 많다. 하지만 구체적으로 어디에 어떻게 좋은지, 어떤 유산균을 선택해야 할지는 잘 모르시는 분들이 많은 것 같다. 진료실에서 내게 유산균에 대해서, 혹은 어떤 유산균 제품이 좋은지 물어보시는 분들이 많은 걸 보면 말이다.

과거에는 장내 정상균총(normal flora : 장벽에 정상적으로 존재하는 미생물 군집)이 형성되는 생후 2~3개월까지는 프로바이오틱스 섭취를 제한해야 한다는 의견이 많았지만, 최근에는 가급적 신생아기부터 투여하는 것이 바람직하다는 쪽으로 패러다임이 바뀌었다. 아직은 완전한 정설로 받아들여진 건 아니지만, 가능하면 어린 연령부터 유산균을 섭취하는 것이 면역 체계의 발달 및 활성화뿐만 아니라 아토피 피부염 등의 알레르기 질환 예방에도 도움을 준다는 긍정적 연구 결과들이 많이 나와 있는 상태이다.

Q. 우리 아이는 변비가 없는데 꼭 유산균을 먹여야 할까요?

보통 유산균이라고 하면 배변 문제만을 떠올리기 쉬운데, 사실 아이들의 변비는 대부분 기능성 변비, 즉 참아서 생기거나 배변 습관이 잘못 형성되어 생기는 경우가 더 많기 때문에 유산균의 효과는 제한적일 수 있다.

아이에게 유산균을 먹이는 이유는 변비 예방보다는 면역력 향상의 의미가 더 크다. 우리 몸에서 가장 큰 림프 조직은 장벽에 존재하는 장관 관련 림프조직(gut-associated lymphoid tissue, 이하 GALT)인데, 장내에 존재하는 미생물들이 바로 이 GALT의 발달과 기능에 상당히 중요한 역할을 한다. 따라서 유익균인 유산균을 꾸준히 투여하면 GALT의 발달 및 활성화가 이루어지면서 면역력이 향상되고, 면역 체계의 균형이 잡히면서 아토피 피부염을 비롯한 알레르기 질환을 완화하고 예방하는 효과를 기대할 수 있다.

요컨대 소아에게 유산균 섭취는 변비 유무와 상관없이 추천되지만, 변비 치료를 위해서는 수분과 섬유질 섭취를 충분히 하면서 건강한 배변 습관을 갖도록 하는 것이 유산균 섭취보다 중요하다.

Q. 유산균, 어떤 걸 먹여야 할지 모르겠어요!

프로바이오틱스(probiotics)는 적당량을 섭취했을 때 숙주의 건강에 이로움을 주는 살아있는 미생물을 뜻한다. 유산균이 바로 대표적인 프로바이오틱스이다. 시중에는 워낙 여러 종류의 유산균 제제가 있기 때문에 선택이 어려울 수 있다. 그럴 때는 다음 몇 가지를 기준으로 하자.

❶ 효과가 입증된 균주를 고른다. ex) 락토바실루스 람노스 GG, 락토바실루스 아시도필루스 LA-5, 비피더스 락티스 BB12, 락토바실루스 플랜타룸 299v, VSL#3, 락토바실루스 람누스 GR-1 등
❷ 한 가지의 유산균이 단독으로 들어간 단일제보다는 여러 균주가 함께 들어간 복합제가 더 좋다.
❸ 프로바이오틱스(유산균)와 프리바이오틱스(유산균의 먹이)가 함께 들어간 신바이오틱스 제품이 가장 좋다.
❹ 함유된 균의 숫자가 충분히 많은 것을 선택한다.
❺ 위산에 강하여 일정 수준 이상의 유산균이 장까지 살아서 도달할 수 있는 제품이어야 한다.
❻ 유산균의 생존력이 강하여 보존이 까다롭지 않은 제품일수록 좋다.

Q. 아이 입 냄새가 심한데 왜 그런 걸까요?

사랑스러운 우리 아이의 고운 숨결에서 역한 입 냄새가 느껴지면, 가볍지 않은 고민에 빠지게 된다. 소아 입 냄새의 원인은 크게 세 가지로 살펴볼 수 있다.

첫 번째는 양치질을 잘해주지 않았거나 방법이 잘못되어서 입안에 나쁜 세균이 많이 생겼을 경우, 두 번째는 호흡기의 문제로 비염이나 축농증으로 인해 코가 목 뒤로 넘어가는 후비루가 있거나 코가 막혀 입으로 숨을 쉬어서 입안이 건조해진 경우, 그리고 세 번째는 소화기 계통의 문제로 위식도 역류가 있는 경우 등이다.

소아에게는 소화기 계통이나 전신 질환에 의한 입 냄새는 그리 흔하지 않고, 구강 내 원인인 경우가 대부분이다. 따라서 입 냄새가 심하다면 가장 우선적인 조치는 양치질이다. 유아는 손의 조절 능력이 떨어져 제대로 된 칫솔질이 어려우므로 부모가 아이의 양치질을 도와주는 것이 좋다.

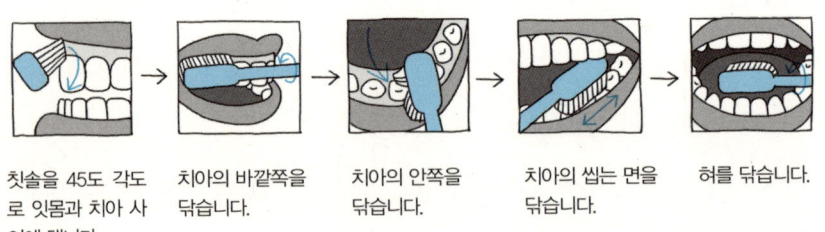

칫솔을 45도 각도로 잇몸과 치아 사이에 댑니다. → 치아의 바깥쪽을 닦습니다. → 치아의 안쪽을 닦습니다. → 치아의 씹는 면을 닦습니다. → 혀를 닦습니다.

Q. 입 냄새를 없애려면 어떻게 해야 하나요?

첫 번째, 물을 자주 마시게 해야 한다. 입안이 마르면 나쁜 세균의 증식이 활발해지면서 냄새가 더 심해지고 감기에도 잘 걸릴 수 있으므로, 물을 자주 마셔서 입안을 항상 촉촉하게 유지해주는 것이 좋다.

두 번째 방법은 채소나 과일을 많이 먹는 것이다. 섬유질이 많은 채소나 과일은 씹는 과정에서 치아 사이의 남은 음식물 찌꺼기를 닦아주는 역할을 하며, 특히 신맛 나는 과일은 침 분비를 촉진한다.

마지막으로 가장 중요한 것은 입 냄새를 유발하는 충치가 생기지 않도록 치아 관리를 철저하게 하는 것이다.

최근에는 유산균(probiotics)이 장 건강이나 면역력뿐만 아니라 입안 건강에도 도움을 준다는 연구 결과들이 보고된 바 있고, 실제로 국내외에 구강 유산균 제품이 다양하게 출시되어 있다. 입안에 넣고 녹여 먹는 정제뿐만 아니라 액상으로 된 드롭제로도 나와 있으며, 모든 연령에서 섭취할 수 있는 제품도 있으니 우리 아이에게도 시도해봄 직하다.

Q. 입 냄새를 예방하는 치아 관리법은?

이가 나기 전에는 구강 티슈나 멸균된 거즈로 부드럽게 닦아주고, 이가 난 후에는 손가락에 끼워 쓰는 핑거 칫솔이나 작고 부드러운 유아용 칫솔로 닦아준다. 24개월 전까지는 치약을 쓰지 않고 물로만 닦아도 괜찮다. 만 24개월부터는 불소가 함유된 치약을 쓸 수 있는데, 처음에는 치약을 쌀알만큼 적은 양으로 쓰다가 점차 콩알만 한 양으로 늘려가는 것이 좋다.

초등학교 저학년까지는 원을 그리듯 칫솔질하는 폰즈법으로, 고학년부터는 잇몸부터 치아까지 칫솔을 돌리듯 닦는 회전법으로 닦도록 교육한다. 그리고 아이 스스로 능숙하게 이를 닦을 수 있기 전까지는 일단 아이 스스로 닦게 한 뒤에 꼭 보호자가 마무리해주도록 한다.

근래에는 음파 진동을 이용해 빠른 시간에 더 효과적으로 플라그를 제거할 수 있는 음파진동칫솔이 상용화되었으므로, 일반 칫솔로 제대로 양치하기 어려운 아이들에게는 초음파진동칫솔을 사용해볼 수 있다.

어른과 마찬가지로 아이들에게도 치실 사용이 치아 건강에 큰 도움을 준다. 치실은 칫솔이 닿지 않는 치아 사이의 세균막 제거에 매우 효과적이다. 처음부터 아이 스스로 할 수 없으므로 아이를 무릎에 뒤로 눕힌 상태에서 어른이 해주도록 하며, 아이가 아파할 정도로 세게 해서는 안 된다. 아이 스스로 치실을 쓸 수 있게 되면 처음에는 앞니부터 해보고 익숙해지면 어금니에도 사용하도록 한다.

[연령에 따른 올바른 치약 선택법]

불소는 충치를 예방해주는 성분이지만, 과량 섭취할 때는 치아에 흰색 또는 갈색의 반점이 생기는 반상치를 유발할 수 있다. 따라서 연령에 따른 치약 선택법을 잘 숙지해야 한다.

❶ 만 2세 이전 : 치약을 삼키기 때문에 무불소치약을 쓴다.

❷ 만 2~3세 : 저불소치약(불소 500ppm 함유)을 쌀 한 톨 크기 정도로 하루 1~2회 사용한다.

❸ 만 3~6세 : 저불소치약, 또는 일반 불소치약(불소 1,000ppm 함유)을 완두콩 한 개 크기 정도로 하루 1~2회 사용하며, 양치질 후에는 7번 이상 물로 헹구도록 도와준다.

➕ 불소 도포를 통한 충치 예방

불소를 치아 표면에 바름으로써 충치 예방 효과를 얻을 수 있다. 바른 후에 곧바로 침을 삼켜도 되는 불소 바니쉬(치아 표면에 불소를 매니큐어 바르듯 바르는 방법)가 보급되면서부터는 만 2세 이하의 아이에게도 불소 도포를 해줄 수 있게 되었다. 생후 18개월 무렵부터는 정기적인 치과 검진이 권장되며, 치아 상태에 따라 3~6개월에 한 번씩 불소 도포를 해주면 충치 예방 효과를 기대할 수 있다.

Q. 미세먼지가 심한 날에는 어떻게 해야 하죠?

미세먼지는 세계보건기구(WHO)에서 규정한 1급 발암물질로, 장시간 노출되면 우리 몸속 곳곳에서 각종 염증 반응을 일으킨다. 지름이 10마이크로미터 이하의 입자상 물질을 미세먼지(PM 10)라고 하고, 지름이 2.5마이크로미터 이하의 입자상 물질을 초미세먼지(PM 2.5)라고 한다. 우리나라에서는 1995년 1월부터 미세먼지를 새로운 대기오염물질로 규제하고 있으며, 2015년 1월부터는 초미세먼지에 대한 규제를 시행하고 있다.

현재 우리나라 환경부는 2018년 3월 27일부터 종전보다 강화된 기준으로 미세먼지와 초미세먼지 예보를 시행하고 있는데, 강화된 기준은 미국, 일본 등과는 같고 WHO 기준보다는 완화된 수준이다.

예보 단계	미세먼지 또는 초미세먼지 농도
좋음	15마이크로그램 이하
보통	16~35마이크로그램
나쁨	36~75마이크로그램
매우 나쁨	76마이크로그램 이상

미세먼지가 '나쁨'인 날에는 가급적 외출을 삼가고, 불가피하게 외출해야 할 때는 마스크를 착용하는 것이 좋다.

Q. 미세먼지가 있는 날 야외활동을 하면 어떻게 되나요?

나 역시 알레르기성 천식과 비염이 있기에 미세먼지 예보보다 훨씬 먼저 코, 목, 기관지의 불편감을 느끼곤 한다. 그리고 미세먼지가 나쁨 수준이었던 다음날에는 호흡기 증상으로 병원을 찾는 환자들이 현저히 늘어난다.

미세먼지가 심한 날에 1시간 야외 활동을 하면 2,000cc의 디젤차 매연을 3시간 40분 동안 마시는 것과 비슷하고, 1시간 20분간 흡연을 하는 것과 맞먹는다고 한다. 그러니 특히 심폐기관이 성숙하지 않은 아이들에게 미치는 영향은 훨씬 더 클 것으로 여겨진다.

미세먼지는 피부나 눈, 호흡기 등에 일차적인 영향을 줄 뿐만 아니라, 혈관으로 침투하여 각종 질병을 일으키거나 만성질환을 더 악화시킨다. 특히 혈액을 통해서 뇌에 유입되거나 코를 통해 뇌에 직접 전달되어 신경계에도 영향을 준다. 아이들의 뇌 발달에도 영향을 미쳐 자폐스펙트럼장애, 주의력결핍과잉행동장애(ADHD) 등을 유발하는 것으로 알려져 있다. 미세먼지가 많은 환경에서 자란 아이들은 그렇지 않은 아이들보다 키가 작고 체격이 왜소하다는 연구 결과가 있으며, 고농도 미세먼지에 반복적으로 노출된 2~3세 영유아가 30대 이상이 되면, 중증 폐 질환 환자가 많아질 것이라는 섬뜩한 경고도 나온 바 있다. 그러니 미세먼지가 심한 날에는 최대한 야외활동을 피하도록 하자.

Q. 환기는 어떻게 하는 게 좋은가요?

미세먼지 주의보가 발효된 날이라고 해서 환기를 전혀 하지 않고 지내면 오히려 바깥보다 실내가 더 위험한 환경이 될 수도 있다. 청소나 요리 등으로 인해 실내에서 발생하는 먼지와 유해 물질이 실내 공기를 오염시키고, 포름알데히드와 이산화탄소 수치가 높아지기 때문이다.

미세먼지가 보통인 날에는 실내외의 온도 차가 큰 시간인 오전 10시부터 오후 4시 사이에 10분씩 2~3회 정도 환기를 시키는 것이 좋다. 하지만 대로변에 사는 사람들은 창문을 통해 매연이 들어올 수 있으니, 교통량이 낮보다 적은 밤에 환기하는 게 더 유리하다. 새벽 공기가 맑고 깨끗하다고 생각하여 이른 아침에 환기하는 사람들이 많은데, 그 시간은 오히려 공기 중에 미세먼지가 머물러 있을 가능성이 높은 시간이다.

미세먼지가 나쁨인 날에는 보통인 날과 마찬가지로 오전 10시부터 오후 4시 사이에 환기하되, 창문을 한 뼘 너비로 열어서 5분씩 2~3회 정도 환기하도록 한다. 그리고 환기 후에는 가급적 바닥을 물걸레로 닦아내는 것이 좋다. 물론 공기청정기 사용은 필수이다.

공기청정기는 사용 면적에 맞는 용량을 선택하는 것이 중요하다. 그리고 이왕이면 관리가 편하면서 유지비용이 적게 들고 소음이 적은 제품일수록 좋다. 한국공기청정기협회에서 부여한 'CA 마크'가 있는지도 확인하자.

Q. 마스크는 어떤 걸 사용해야 하죠?

미세먼지는 입자가 작기 때문에 일반 면 마스크로는 호흡기로 침투하는 것을 막기 어렵다. 그래서 미세먼지 주의보가 내려지면 식품의약품안전처가 인증한 KF 방진 마스크를 쓰는 것이 좋다. 방진 마스크의 종류에는 KF80, KF94, KF99 등이 있는데 뒤의 수치가 공기를 들이마실 때 마스크가 먼지를 걸러주는 비율이다. 예를 들어 KF99는 먼지를 99% 이상 걸러준다는 뜻이다.

다만 수치가 높은 방진 마스크를 노약자가 쓸 때는 주의가 필요하다. 수치가 큰 만큼 미세먼지 침투가 적어지지만 그에 비례하여 숨쉬기도 힘들어져서 호흡 곤란이 올 수도 있기 때문이다. 특히 마스크를 쓴 상태에서 격렬한 운동은 피하는 게 좋다. 게다가 마스크가 너무 불편하면 아이들이 잘 안 쓰려고 하거나 엄마 몰래 벗어버리는 경우도 있기 때문에 아이들의 순응도를 고려해서 적당한 제품을 선택하는 게 더 바람직하다. KF 숫자가 낮은 마스크를 쓰더라도, 아예 안 쓰는 것보다는 낫기 때문이다.

Q. 아토피가 있으면 왜 피부가 건조한가요?

건강한 피부는 외부 자극이나 수분 손실, 또는 감염으로부터 신체를 보호하는 장벽 역할을 한다. 하지만 아토피 피부염을 앓는 아이는 피부 장벽이 제 기능을 못 하기에 표피를 통해 과도한 수분 손실이 일어나서 피부가 심하게 건조한 특징을 보인다. 이로 인해 심한 가려움증이 유발되는 데다가 피부 면역 기능도 떨어져 있어 2차 세균 감염이 잦다.

아토피 피부염은 다른 알레르기 질환과 마찬가지로 유전과 환경, 그리고 면역학적 요인이 복합적으로 관여하여 발생한다. 사실 체질적으로 타고나는 경향이 더 크기 때문에 보호자의 노력만으로 완벽하게 예방하기 어려운 질환이라고 할 수 있다.

아토피 피부염이 심하면 당연히 의사에게 진료받고 체계적인 계획에 따른 치료를 받아야 한다. 그러나 앞서 설명한 대로 아토피는 체질적 영향이 커서 근본적인 치료가 쉽지 않으므로 아토피 피부염의 중증 여부에 상관없이 가장 기본적이면서도 꾸준한 실행이 필요한 보습 관리에 신경 쓰는 것이 좋다. 그리고 보습 관리는 비단 아토피 피부염 환아뿐만 아니라, 건강한 피부를 가진 아이에게도 꼭 필요하다는 점 역시 강조하고 싶다.

Q. 보습제와 연고 중에 무엇을 더 먼저 발라야 하나요?

보습제와 연고 병용 시 무엇을 더 먼저 써야 하는지에 대해선 전문가들 사이에서도 의견이 분분하다. 어떤 전문가는 연고를 먼저 발라야 한다고 주장하는 반면, 또 다른 쪽에서는 보습제를 먼저 발라야 한다고 말한다. 그런데 최근에는 보습제가 스테로이드 연고의 작용을 떨어뜨리고 불필요한 부위에까지 약을 확산시킬 수 있다는 이유로, 보습제를 연고보다 먼저 발라야 한다는 쪽에 힘이 더 실리는 분위기이다. 무엇을 먼저 바르든, 충분한 시차를 두고 발라야 한다는 의견은 대다수의 지지를 받고 있다. 얼마의 시차를 두어야 하는지에 대해서는 전문가들마다 의견이 다른데, 적게는 15분부터 많게는 1시간의 시차를 두어야 한다는 주장이 있다.

내 생각을 말하자면, 연고와 보습제 중에 중요한 걸 먼저 바르는 게 맞지 않을까 싶다. 예를 들어 피부 병변이 심할 때는 연고를 먼저 바른 후에 보습제를 바르고, 심하지 않을 때는 보습제를 먼저 바르고 환부에만 꼭 찍어 연고를 발라주는 식으로 말이다. 연고와 보습제를 바르는 순서가 뒤바뀐다고 해서, 시차를 좀 적게 두었다고 해서 큰일이 나는 것은 아니다. 다만 장기적 관리가 필요한 아토피 피부염을 앓고 있는 아이에게는 작은 차이도 중요한 의미를 가질 수 있으니 세밀하게 신경 써 주는 것이 좋다.

Q. 보습제는 어떤 제품을 선택해야 하나요?

보습제의 종류는 기전에 따라 다른 친수기(물에 결합하는 능력)를 가지고 있는데, 주변의 수분을 흡수하는 '습윤제(humectants)'와 막을 형성하여 수분 증발을 차단하는 '밀폐제(occulusives)', 이 두 가지의 성질을 가지면서 피부를 부드럽고 매끄럽게 만드는 '연화제(emollients)', 피부 장벽을 이루는 각질세포 간 지질과 유사한 성분인 '생리적 지질 혼합물' 등으로 나눌 수 있다. 최근에는 단순한 수분 보충보다는 피부의 가장 중요한 기능인 피부 장벽 기능의 회복에 더욱 관심이 집중되고 있으며, 앞서 언급한 여러 기전의 장점을 결합한 제품들도 많이 나오고 있다.

보습제의 종류는 성상에 따라 로션형, 크림형, 연고형, 오일형 등으로 나눌 수 있는데 보습력과 발림성, 그리고 보호자나 아이의 선호도에 따라 적절한 유형의 보습제를 선택해서 사용하도록 한다. 예를 들어 얼굴 및 집중 보습이 필요한 부위에는 크림을, 그 이외의 넓은 부위에는 로션을 쓴다거나, 습한 여름에는 로션을, 건조한 겨울에는 크림을 쓰는 식으로 선택하면 된다. 베이비오일이나 바셀린 같은 밀폐제를 바르거나 보습제와 밀폐제를 함께 사용하면 확실히 보습 효과는 좋아 보이지만, 종종 땀샘의 기능을 방해하여 모낭염을 일으킬 수 있으니 주의해야 한다.

무엇보다 중요한 것은 우리 아이에게 가장 잘 맞는 보습제를 선택하는 것이다. 직접 써보고 선택하는 것이 가장 좋지만, 시중에 나와 있는 모든 제품을 몸소 경험해보기란 어려우므로, 우선 단골 소아청소년과 의사나 믿을 만한 주변인으로부터 추천받아서 써보시기를 바란다.

아토피 피부염에 한하여 병원에서 처방받아 원내에서 살 수 있고 의료실비 청구도 가능한 보습제로는 아토베리어MD®, 제로이드MD®, 이지듀MD® 등이 있다. 피부 장벽을 회복시켜주는 기능을 가진 이 세 제품은 최근에 가장 주목받는 보습제이다.

➕ 아토피 피부염이 있는 아이는 목욕을 자주 시키면 안 되나요?

아토피 피부염이 있는 아이라도 매일 목욕을 시키는 것이 좋다. 미지근한 물에 15~20분 동안 입욕 후 보습제를 바르는 것은 아토피 피부염의 증상 호전에 도움을 준다. 다만 비누나 세정제 사용은 일주일에 2~3회 정도로 제한하는 것이 좋다. 피부 보호막의 손실을 줘 피부가 더 건조해질 수 있기 때문이다. 되도록 일반 비누보다는 아토피 전용 세정제를 사용하는 것이 좋다.

> 아기 피부가 건조하여 아토피로 발전할 가능성이 있다는 말에 보습에 얼마나 신경 썼는지 몰라요. 인터넷으로 검색하여 좋다는 로션과 크림은 전부 사서 써봤지만, 아이에게 맞는 보습제를 발견하기까지는 꽤 오랜 시행착오가 있었어요. 아이 피부 상태는 제각각이니 인터넷 정보는 절대 믿지 마세요. 제 경험상, 소아청소년과에서 권해주는 보습제를 사용하는 것이 가장 좋았어요. 그리고 아이 피부 상태는 점점 변하니 그에 따라 다른 보습제로 바꿔주는 게 좋아요.

Q. 우리 아이가 비만일까 봐 걱정이에요!

요즈음은 몸무게가 작게 나가는 걸 걱정하는 보호자보다는 비만이 될까 봐 걱정하는 보호자가 좀 더 많은 것 같다. 더러는 그런 걱정을 너무 일찍부터, 심지어 신생아기부터 걱정하는 보호자도 있다. 생후 1개월 또는 2개월 접종을 위해 내원한 보호자에게 "아기 몸무게가 참 잘 늘었네요!"라고 말하면, "너무 빨리 느는 건 아닌가요?"라고 되물어오는 경우가 드물지 않으니 말이다.

아이가 생후 24개월이 되기 전까지는 비만이 될 위험에 대해 심각하게 걱정할 필요는 없다. 물론 이유식과 유아식 초기는 평생토록 가져갈 식습관을 형성하는 시기인 만큼, 만 24개월 이전에도 아이가 규칙적이고 올바른 식습관을 갖도록 노력해야 하는 건 맞다. 하지만 이 시기부터 비만을 지나치게 걱정하여, 더 먹고 싶어 하는 아이를 애써 덜 먹게 하거나 지방 섭취를 제한할 필요는 없다는 얘기이다. 다만 당분이 많이 들어간 간식, 또는 영양가는 적고 열량만 높은 정크푸드의 섭취 등은 반드시 제한해야 한다.

➕ 소아에서는 비만을 어떻게 진단하나요?

소아에서는 비만을 체질량지수가 백분위수의 95% 이상인 경우로 정의한다. 체질량지수로 평가하는 비만도는 만 2세 이상부터 진단이 가능한데, 체질량지수가 백분위수의 85~95%인 경우를 '과체중'으로 정의한다.

Q. 소아 비만은 어떤 문제를 유발하나요?

성장기는 지방 세포의 숫자와 크기가 동시에 증가하는 시기이기 때문에, 소아 비만은 성인 비만으로 이어질 가능성이 높다. 소아 비만으로 인한 동반 질환 역시 성인기까지 지속되므로, 소아기에 비만을 예방하고 중재하여야 평생을 건강하게 잘 살 수 있다.

소아·청소년의 비만은 고지혈증과 고혈압 등의 심혈관 질환을 비롯하여 2형 당뇨병이나 대사증후군 등의 내분비 질환을 일으킬 수 있다. 청소년 비만의 10~25%에서는 비알코올성 지방간이 발생할 수 있는데, 이는 간 섬유화로 이어져 간경화나 간암으로 진행할 위험성도 있다. 그밖에 폐쇄성 수면 무호흡증이나 천식 등의 호흡기 질환, 관절염이나 대퇴골두분리증 등의 근골격 질환을 동반하기도 한다.

비만은 신체뿐만 아니라 정신 건강에도 나쁜 영향을 끼친다. 비만한 아동은 대개 자존감이 낮으며, 적응 장애, 따돌림, 우울, 섭식 장애 등의 정서적 문제가 동반될 수 있으니 다른 질병만큼 유의해야 한다.

Q. 소아 비만은 어떻게 치료하나요?

소아 비만 치료의 목적은 체중 감량이 아니라 평생 유지할 수 있는 변화를 유도하는 것이다. 무조건 굶거나 덜 먹게 하는 것보다는 생활과 행동 습관, 식습관을 건강한 방식으로 바꾸는 데 초점을 맞춰야 한다. 너무 엄격하게 식사를 제한하면 성장에 지장을 주거나 신경성 식욕 부진 등의 심리적 장애를 일으킬 수 있기 때문이다.

아이 혼자서 생활 습관과 식습관을 교정하는 데는 어려움과 한계가 있다. 아이는 부모의 습관을 그대로 닮는 경우가 많으니 소아 비만의 예방 및 치료를 위해서는 온 가족이 건강한 생활 습관과 식습관을 가져야 한다.

❶ 식이 조절

음식을 제한하기보다는 식사의 영양 구성을 개선하여 성장에 필요한 단백질은 충분히 공급하고 탄수화물과 지방은 제한하도록 유도해야 한다. 이상적인 비율은 지방 25~35%, 탄수화물 45~65%, 단백질 10~30%이다. 통곡물, 채소, 살코기, 생선, 닭고기 등으로 식단을 바꾸고, 간식은 과자나 음료수 대신 과일 위주로 바꾸도록 한다. 칼로리가 높을뿐더러 염분과 지방의 함유량이 많고 필수 영양소와 미네랄은 부족한 패스트푸드 섭취는 제한해야 한다. 무엇보다 삼시 세끼를 고르게 규칙적으로 먹고, 20~30분 정도의 적절한 속도로 하는 것이 중요하다.

❷ 신체 활동

신체 활동은 비만을 예방하고, 체력을 키우며, 다양한 만성 질환을 예방하는 방법이다. 스포츠 활동 및 체육 수업 등의 운동을 비롯하여 걷기나 자전거 타기 등의 이동, 놀이터에서 뛰어노는 것 등이 모두 신체 활동의 범주에 포함된다. 움직이지 않고 보내는 여가(스마트 기기 사용, 게임, TV 시청 등)는 하루 2시간 이내로 줄여야 하며, 심장박동이 조금 빨라지거나 호흡이 약간 가쁜 정도의 유산소 신체 활동(빨리 걷기, 달리기, 줄넘기, 자전거 타기, 수영, 배드민턴, 등산 등)을 매일 한 시간 이상, 주 3회 이상 시행하도록 한다.

❸ 소아 비만 예방을 위한 행동 규칙

- 식사 시간과 장소를 일정하게 한다.
- 식사, 특히 아침을 거르지 않는다.
- 식사 중 스마트 기기나 텔레비전을 보지 않는다.
- 작은 그릇을 사용한다.
- 달고 기름진 음식을 제한하고 상으로 음식을 주지 않는다.
- 갈증이 날 때는 음료수가 아닌 물을 마신다.
- 침실에서는 스마트 기기 사용이나 TV 시청을 하지 않는다.
- 가까운 거리는 걸어 다닌다.
- 고층이 아니면 엘리베이터가 아닌 계단을 이용한다.

Q. 또래에 비해 키가 작아서 고민이에요!

우리 아이가 또래보다 키가 작거나 성장 속도가 느린 것 같으면 고민이 되기 마련이다. 그중에는 진짜 정상범위에 못 미치는 저신장에 해당하는 경우도 있지만, 평균 신장보다 작다는 이유로 지나친 걱정을 하는 보호자도 더러 있다. 우리 아이의 성장 속도가 정상인지 알기 위해서는 사람의 성장 단계에 대한 이해가 필요하다.

출생 당시 평균 50cm 전후로 태어난 아기는 제1 급성장기(출생 후부터 만 2세 사이)를 지나면서 만 2세경에는 85cm 내외까지 성장한다. 이후 사춘기까지는 1년에 평균 4~6cm씩 자라며, 5세 무렵이면 출생 시 키의 두 배 정도가 된다. 여아는 평균 만 10세, 남아는 평균 만 12세에 사춘기가 시작되면서 제2 급성장기를 맞아 비약적 성장을 하게 되고, 사춘기가 지나면 성장 속도가 급격히 줄어 조금씩 자라다가 성인 키에 도달하게 된다.

생후 6~18개월에는 일시적으로 정상 궤도를 이탈하며 성장할 수 있다. 만삭아의 출생 당시 크기는 엄마 자궁 내 환경이 반영된 것인 반면, 만 2세경에는 유전적 영향에 의한 체격이 나타나므로 자신의 유전적 잠재성을 향해 가면서 성장 백분위수가 상향, 또는 하향 이동할 수 있는 것이다.

같은 성별, 같은 연령과 비교했을 때 키가 백분위수의 3% 미만에 해당하는 경우를 저신장으로 정의한다. 그리고 만약 만 2세에서 사춘기 이전의 아이가 1년에 4cm 이하로 자란다면, 성장 속도가 느린 것으로 판단한다.

Q. 키가 다 자랐다는 건 뭘 보고 판단하나요?

여자아이의 경우 초경 후 2~3년, 남자아이의 경우 고환 크기가 커지고 음모와 겨드랑이 털이 뚜렷하게 자라기 시작하면 거의 성인 신장에 도달한 것으로 볼 수 있다. 그리고 왼쪽 손목 X-ray 상 성장판이 닫힌 소견을 보인다면 성장이 완료된 것으로 판단한다.

키가 작은 원인이 질병 때문인 경우는 전체의 20% 정도에 불과하다. 나머지 80%가 가족성 저신장증이나 체질성 성장 지연이다. 가족성 저신장증이란 유전적 요인에 의해 키가 작은 것이다. 그리고 체질성 성장 지연은 말 그대로 체질적으로 성장이 늦게 이루어지는 것으로, 성장하는 속도가 느릴 뿐 최종 신장은 정상 범위에 도달할 수 있다. 이런 경우에는 뼈 나이도 원래 나이보다 지연되어 있고 사춘기도 늦게 오며, 부모 중에 누군가도 늦게 크거나 사춘기가 뒤늦게 온 가족력을 가진 경우가 많다.

➕ 성장 검사는 언제 해보는 것이 좋은가요?

성장 검사 시기가 따로 정해져 있는 것은 아니다. 보호자 혹은 아이 본인이 원한다면 나이에 상관없이 언제든 성장에 대한 전문적인 상담이나 검사를 받아볼 수 있다. 다만 이미 제2 급성장기를 지나 성장이 마무리되는 시점에 성장 검사를 받는 것은 무의미하므로, 가급적 사춘기 이전에 검사를 받는 것이 좋다.

Q. 성장판 검사는 언제 하는 게 좋은가요?

사춘기 이전에는 특별한 질병이 없는 한 성장판이 열려 있으므로, 단순히 성장판이 열려있는지 닫혀있는지를 보기 위한 검사는 불필요하다. 그 시기에 하는 성장판 검사는 성장판의 폐쇄 여부를 보기 위한 것이라기보다는 뼈 나이를 측정하려는 목적이 더 크다.

뼈 나이를 측정하는 방법 중에는 왼쪽 손과 손목의 X-ray 사진을 이용하여 판정하는 '그룰리치-파일(Greulich-Pyle)' 방법이 가장 널리 이용되는데, 손과 손목이 다른 부위에 비해 촬영이 용이하고, 골화되는 순서가 일정해서 분석하기 좋기 때문이다. 간혹 골다공증 검사를 위한 골밀도 측정기로 뼈 나이를 판독해주는 곳도 있는데, 이는 정확도가 보장되지 않은 방법이다.

정상 범위보다 키가 작은 아이에서 왼쪽 손목 X-ray를 통해 뼈 나이를 측정해서 원래 나이보다 지연되는 소견을 보인다면, 체질성 성장 지연을 의심할 수 있다. 이런 경우에는 최종적으로는 정상 범위의 신장에 도달할 가능성을 기대할 수 있다. 반대로 뼈 나이가 원래 나이보다 앞서간다면, 키가 작은 상태로 성장이 일찍 멈출 가능성이 있다.

Q. 아이에게 성장 호르몬 치료를 해주는 것이 좋을까요?

성장 호르몬 결핍증, 터너 증후군, 또는 만성 신부전증 등의 질환으로 인한 저신장은 성장 호르몬 치료의 대상이 되며 의료보험도 인정된다. 그리고 위의 질병에 해당하지 않는 경우에도 보호자나 아이 본인이 원하는 경우에는 비보험으로 성장 호르몬 치료를 시행하기도 한다.

인위적으로 체내에 호르몬을 주입하는 치료인 만큼, 성장 호르몬 주사의 부작용을 걱정하시는 분들이 많다. 하지만 성장 호르몬 주사는 유전자 재조합 기술로 사람의 성장 호르몬과 똑같이 합성해낸 제제로, 현재까지 큰 부작용은 없는 것으로 알려져 있다.

따라서 전문 클리닉에서 치료 전에 충분한 검사를 시행한 후 치료 기간에 엄격한 추적 관찰을 하면서 적정 용량으로 치료한다면, 부작용에 대해서는 크게 우려하지 않아도 된다고 생각한다. 하지만 체질성 성장 지연이나 가족성 저신장의 경우, 질병으로 인한 저신장보다는 성장 호르몬 주사의 치료 효과가 다소 떨어질 수 있으며, 막대한 비용과 긴 치료 기간을 감수해야 하는 어려움이 있다. 그런데도 아이와 보호자가 강력히 원한다면, 늦기 전에 치료를 받는 것이 후회를 덜 남기는 길일 것이다. 성장판이 닫혀 성장이 완료된 후에는 성장 호르몬 주사 치료를 받고 싶어도 받을 수 없을 테니 말이다.

Q. 성장 호르몬 치료 외에 키 크는 방법은 없을까요?

사실 키 크는 방법은 건강을 유지하거나 비만을 예방하는 방법과 큰 차이가 없다. 골고루 잘 먹고, 푹 잘 자고, 규칙적으로 꾸준히 운동하고, 바른 자세와 올바른 생활 습관을 유지하는 것 등이 바로 건강을 유지하고 비만을 예방하는 방법인 동시에 키 크는 방법이기도 하다.

키가 잘 크기 위해서는 우유를 많이 먹어야 한다는 속설이 영 틀린 말은 아니지만, 어느 특정 음식을 많이 먹는 것보다는 골고루 균형 있게 잘 먹는 것이 좋다. 그리고 비만이 되면 성장이 일찍 멈출 수 있기 때문에, 건전한 식습관을 유지하면서 규칙적인 운동 습관을 갖는 것이 중요하다.

유산소 운동 자체가 성장판을 자극하여 성장에 도움을 주기 때문에, 적당한 강도의 유산소 운동(빨리 걷기, 달리기, 수영, 줄넘기 등)을 하루에 30분 이상, 1주일에 3회 이상 꾸준히 하는 것이 좋다.

성장 호르몬이 밤 10시부터 새벽 2시 사이에 가장 많이 분비된다는 것은 익히 잘 알려진 사실이다. 따라서 많은 전문가가 아이들을 10시 이전에 깊은 잠에 들 수 있도록 일찍 재우라고 권유한다. 그럴 수 없는 경우에는 어떻게든 잠을 깊이 잘 수 있도록 도와주는 것이 좋다.

Q. 귀지를 파줘도 될까요?

소아청소년과에서 귀지를 빼는 목적은 귀지 제거 자체가 목적이라기보다는 고막을 관찰하기 위함이다. 감기에 흔히 동반되는 합병증인 중이염 여부를 알기 위해서는 고막을 확인해야 하기 때문이다. 따라서 귀지가 가득 차서 고막이 보이지 않을 때 귀지를 빼고 다시 보는 것이다.

간혹 귀 내시경 모니터에 귀지가 가득한 아이의 귓속이 비치면 창피해하는 보호자가 있다. 그리고 귀지를 꼭 빼줘야 하는 거냐고 물어 오시는 경우도 있다.

단언컨대, 귀지는 꼭 빼주지 않아도 된다. 귀지가 있다고 해서 더러운 것이 절대 아니며, 창피해할 필요도 전혀 없다. 귀지에도 기능이 있다. 귀지는 외부로부터 물이나 이물질이 들어오는 것을 방지하고, 외이도를 보호하는 역할을 한다. 그러니 꼭 때를 밀지 않아도 되는 것처럼, 꼭 귀지를 제거하지 않아도 된다.

아이가 귀 파는 걸 좋아한다면 주의해서 귀 청소를 해주시는 건 무방하지만, 자신이 없다면 아예 귀 파줄 생각일랑 하지 않아야 한다. 꼭 필요한 경우, 즉 귀지가 시야를 가려서 고막이 안 보일 경우에는 담당의가 알아서 귀지를 잘 빼주실 것이다.

Q. 가습기를 써도 될까요?

가습기 살균제 사건이 큰 이슈가 된 이후 가습기를 써도 되는지 물어 오는 보호자를 자주 만난다. 가습기 살균제는 이미 시장에서 자취를 감췄을뿐더러 절대 쓰면 안 되지만, 가습기는 필요에 따라 사용하는 것이 좋다. 특히 건조한 겨울철에 난방을 하게 되면 실내가 더욱 건조해지기 때문에, 적절한 가습은 필요하다.

다만 가습기를 항상 청결하게 관리해야 한다는 점을 잊어서는 안 된다. 제품설명서에 나와 있는 세척 방법에 따라 자주 세척해주어야 한다. 공기청정기와 가습기를 겸한 제품도 많이 나와 있으니, 사용 환경과 면적에 맞고 가성비가 좋으면서 관리 방법이 까다롭지 않은 제품을 골라서 사용 방법에 맞게 사용하는 게 좋다. 가열식 가습기가 초음파 가습기보다 더 위생적이라는 말도 있지만, 어느 쪽이든 그 방식에 맞는 철저한 관리가 필요하다는 점은 마찬가지이다.

평소에는 50% 내외의 습도가 적절하며, 코 막힘이나 기침 등의 호흡기 증상이 있을 때는 60% 정도로 습도를 높여주는 것이 증상 완화에 도움을 줄 수 있다. 그리고 수증기를 아이에게 직접 향하게 하는 것보다는, 가습기를 아이로부터 멀찌감치 두고 방 전체의 습도를 조절하는 식으로 사용하시는 것이 좋다. 만약 가습기가 없거나 가습기 사용이 꺼려진다면, 젖은 수건이나 덜 마른빨래를 방 안에 널어두는 것으로도 가습이 가능하다.

Q. 포경수술, 꼭 시켜줘야 하나요?

포경이란 음경을 둘러싼 포피의 구멍이 좁아서 포피가 귀두 뒤로 젖혀지지 않는 상태를 의미한다. 신생아 때에는 생리적 포경 상태로 있다가 3~4세 경까지 귀두와 포피 간의 유착이 분리되고, 음경의 성장과 간헐적 발기 현상에 의해 자연적으로 포피가 귀두 뒤로 젖혀지게 된다. 이에 따라 3세까지 90%의 포피가 반전되며, 17세까지 포경 상태인 경우는 1%에 불과하다고 알려져 있다.

한때는 포경수술이 남자라면 누구나 거쳐야 하는 통과의례처럼 받아들여지는 분위기였고, 신생아에게 포경수술을 시켜주는 것이 유행처럼 번졌던 적이 있었다. 포경 수술이 요로 감염 예방, 포피 관련 증상 호전, 성기 위생 증진, 음경암의 위험 감소 등의 장점이 있다고 알려졌기 때문이다. 그러나 실제로는 불필요한 경우가 많아 포경수술이 꼭 필요한지에 대해서는 논란의 여지가 있다. 요컨대 포경수술은 모든 남자가 받아야 하는 수술이 아니다. 이는 개인의 선택 문제이기도 하므로 아이가 성장한 후에 본인의 선택에 따라 하는 것이 더 맞을지도 모른다.

만약 포경 정도가 심하거나 귀두포피염이 자주 발생하는 등의 문제가 있으면 포경수술을 고려할 수 있다. 수술 시기는 신생아 때 하는 게 아니라면, 수술 및 회복 과정을 견딜 수 있을 정도의 나이, 대개 초등학교 고학년 이상에 하는 것이 좋다.

Chapter 4

우리 아이가 다쳤어요!
응급 상황 대처법

외상 환자는 소아청소년과의 전문 진료 영역이 아니지만, 아이가 다치면 일단 보호자는 다니던 병원부터 찾게 되니 소아청소년과에서도 다쳐서 오는 아이를 자주 만날 수밖에 없다.

우리 딸 역시 사고에서 예외는 아니었다. 얼마 전 친구 집에 놀러 갔다가 침대에서 떨어져 오른쪽 눈 위가 2.5cm가량 찢어지는 바람에 인근 B 병원 응급실에서 봉합 시술을 받아야 했다. 시술을 마친 후 지혈을 위해 상처 부위를 압박하고 있던 성형외과 레지던트에게 아내가 걱정스러운 표정으로 이렇게 물었다.

"흉터가 남을까요?"

X-ray를 찍은 후에도 두 시간이 지나서야 나타나 우리 속을 까맣게 태웠던 그 레지던트는, 이런 질문에는 이골이 났다는 듯 짜증스러운 기색을 내보이며 이렇게 말했다.

"흉터 남습니다!"

그 대답을 들은 아내는 소리 없는 눈물을 왈칵 쏟아내고 말았다. 그런 광경을 곁에서 지켜보며 그저 말없이 울분을 삼켰지만, 마음 같아선 멱살이라도 잡고 싶은 심정이었다. 조금이라도 흉을 덜 남기는 정교한 봉합 시술을 받기 위해 성형외과 의사를 찾아온 보호자에게 흉터가 남을 거라고 단호하면서도 신경질적으로 윽박지르는 의사를 향해, 가슴 깊숙한 곳으로부터 분노가 치밀어 올랐기 때문이다.

아무리 그 레지던트의 말이 사실이라고 해도 의사로서 그렇게 시니컬하다 못해 보호자를 절망케 만드는 말과 태도는 옳지 않다. 설령 흉터가 안 남을 수는 없다 하더라도, 흉을 덜 남기기 위한 봉합 시술을 맡은 의사라면 흉터를 최소화하는 방법을 자세히 알려주는 것이 제대로 된 의사의 도리이니까.

이 책이 외상에 대한 모든 해결책을 제시해줄 수는 없겠지만, 부디 경황 없고 걱정 많은 보호자에게 약간의 도움이 되길 바란다.

Q. 이마가 찢어졌는데 흉터가 남을까요?

어디로 튈지 모르는 아이들이기에 부지불식간에 넘어져 부딪히거나 심하면 찢어져 피를 보기도 한다. 봉합을 해야 하는 상처에서 흉터를 최소화하기 위해서는 상처의 치유 과정을 미리 이해해두는 것이 좋다. 그래야 각 단계에 맞는 적절한 치료를 선택할 수 있기 때문이다.

[상처의 치유 과정]

❶ **염증기**: 상처 주위 혈관에 있는 세포들(혈소판, 백혈구, 대식세포 등)이 활성화되어 지혈 및 면역(세균, 이물질, 죽은 조직 등 제거) 작용을 하고, 이들 세포에서 분비된 물질이 상처 주위 피부 세포를 자극하는 단계이다.

❷ **상피화**: 상처면의 피부 세포(상피세포)가 세포 분열을 통해 분화하고 이동하면서, 상처 전체에 상피세포가 가득 채워지는 단계이다.

❸ **증식**: 피부가 원래의 장력을 유지하기 위하여 콜라겐 합성을 통해 상처 부위를 증식시키는 단계이다.

❹ **성숙**: 상피화와 증식 과정을 거쳐 두터워진 반흔 조직이 재배열하여 원래의 상태와 비슷하게 되돌아가는 단계이다.

위 과정은 각기 따로 일어나는 것이 아니라 중첩되어 일련의 단계를 거친다. 따라서 흉터를 최소화하려면 다음의 단계별 치료 방법을 따라야 한다.

[단계별 치료 방법]

❶ **생리식염수 세척** : 상처가 난 직후에 상처 부위를 생리식염수로 세척하여 이물질을 제거하는 것이 매우 중요하다. 이 과정에서 세균이나 이물질을 제대로 제거하지 못하면, 상처 감염으로 인해 치유 기간이 길어져 흉터가 생길 가능성이 커진다.

❷ **상처 봉합** : 상처 봉합은 해부학적 지식이 탄탄하고 능숙한 스킬을 가진 성형외과 의사가 정밀하게 봉합하는 것이 좋다. 피부를 구성하는 층별로 정밀한 봉합이 이루어지지 않으면, 복원이 제대로 이루어지지 않아 흉터가 생기기 때문이다. 당장 봉합이 가능한 병원에 갈 수 없거나 믿을 만한 성형외과 의사의 처치를 받을 수 없는 상황이라면, 일단 응급 처치(생리식염수 세척, 드레싱)를 한 후에 봉합을 지연시킬 수도 있다. 24시간 이내에만 봉합하면 대부분 치료 결과에는 큰 영향이 없다. 만약 봉합 시술의 필요 여부를 판단하기 어려울 때는 가까운 병원을 방문하거나 연락 가능한 의료진에게 문의하도록 한다.

❸ **습윤 드레싱** : 상처의 상피화가 빠르게 일어나도록 듀오덤® 등으로 무균 습윤 드레싱을 하는 것이 좋다. 건조 드레싱을 하게 되면 가피(딱지)가 형성되어 치유를 지연시킬 뿐만 아니라 과도한 히스타민의 분비로 가려움증

을 일으킨다. 그때 상처를 긁어 가피가 탈락하면, 상처 재손상에 의해 흉터가 생길 수 있다. 습윤 드레싱은 삼출물(진물)이 더 나오지 않을 때까지 시행한다.

❹ 봉합사 제거 : 상처의 해부학적 복원을 위해 봉합사를 사용하는데, 이 봉합사는 주변의 정상적 조직에도 장력을 주기 때문에 제때 제거하지 않으면 이 또한 흉터의 원인이 될 수 있다. 따라서 적절한 시기에 실밥을 제거해야 하므로 봉합 시술을 시행한 의사에게 며칠 후 실밥을 제거해야 하는지 잘 들어 두었다가, 꼭 제날짜에 병원을 방문하도록 한다.

❺ 테이핑 : 봉합 후의 상처 조직은 원래 가지고 있던 장력을 어느 정도 회복하지만 정상 조직보다는 약하기 때문에, 그냥 놓아두면 정상적인 조직이 이끄는 장력에 의해 상처가 벌어지게 된다. 따라서 상처가 벌어지지 않도록 스테리스트립® 등으로 상처 조직의 장력을 유지하는 테이핑을 하는 것이 좋다. 테이핑 기간은 상처의 붉은 기운이 사라질 때까지 지속하는 것이 좋은데, 대개 3개월 정도이다. 하지만 입 주변이나 관절처럼 잦은 움직임이 있는 부위의 피부에는 좀 더 길게 테이핑을 하기도 한다.

❻ 자외선 차단 : 상처가 치유되는 기간에 상처 부위가 자외선에 노출되면, 멜라닌 색소가 과다 분비되어 표피세포에 저장되면서 상처가 검게 변할 수 있다. 이를 방지하기 위해 치유 과정에 있는 상처 부위에는 6개월 이상 자외선 차단제를 빠짐없이 바르도록 한다.

❼ 흉터 연고 또는 실리콘겔 시트 : 상처 치유 과정 중 증식기에 이르러 과

도한 증식이 일어나게 되면, 일시적으로 붉게 솟은 반흔조직이 생긴다. 이 시기에 흉터 형성을 최소화하기 위해 흉터 연고(레주바실®, 더마틱스 울트라®, 켈로코트®, 콘트라튜벡스® 등)나 실리콘겔 시트(시카케어®, 에피덤®, 메피폼® 등)를 사용한다. 대개 상처가 어느 정도 아문 후부터 사용하며, 6개월 이상 사용하는 것이 좋다.

❽ **레이저 치료** : 앞의 치료 과정을 잘 수행했음에도 불구하고 흉터가 남은 경우에는 레이저 치료를 고려할 수 있다. 아직 치유 과정에 있는 흉터를 너무 성급히 제거하려고 상처에 재손상을 주기보다는, 최종적으로 안정화된 상태에서 흉터를 치료하는 것이 좋다. 특히 아이들은 레이저 치료를 힘들어하는 데다 성장과 함께 피부가 늘어나면서 흉터가 희미해질 가능성도 있기 때문에, 어느 정도 성장한 후에 레이저 치료를 고려해도 늦지 않다.

➕ 켈로이드 피부란?

상처 회복 과정에서 섬유성 조직이 과도하게 형성되어 상처 주변이 붉게 부풀어 오르는 경우를 '켈로이드'라고 한다. 유전적인 경향을 보이는데 켈로이드 체질의 아기는 피내용 BCG 접종에 의해서도 흉터가 크게 지기도 한다.

켈로이드는 대개 상처가 생긴 후 3개월에서 1년 사이에 형성되는데 시간이 지날수록 크기가 더 커질 수 있다. 따라서 더 적극적인 흉터 예방 치료가 필요하다. 상처에 붉은 기운이 사라지기 전까지 스테리스트립으로 테이핑해주고 그 후에는 실리콘겔 성분의 밴드나 연고를 6개월 이상 사용하면서 경과를 지켜봐야 한다.

Q. 넘어진 상처에는 무슨 밴드를 써야 하나요?

넘어져서 생긴 찰과상의 경우, 찢어진 상처가 아니라면 대개 습윤 드레싱이 최선의 치료 방법이다. 식염수 세척과 소독을 한 후에 듀오덤이나 더마플라스트 등의 습윤 드레싱 밴드를 상처 크기보다 넓게 붙이고, 진물이 가득 차오르면 교체해준다. 초기에는 매일 갈다가 진물이 줄어들면 2~3일에 한 번 갈아주면 되고, 진물이 더 이상 생기지 않을 때 드레싱을 중단하면 된다.

상처 부위가 넓거나 깊어 보인다면, 반드시 병원에 가서 진료를 받도록 한다. 만약 상처가 없이 멍만 들었다면 특별한 조치가 필요하지 않지만 안티푸라민 같은 소염제 연고가 통증 완화에 도움을 줄 수 있다.

➕ 손톱에 긁혔는데 흉터가 남으면 어쩌죠?

자기 손톱에 긁히거나 다른 친구의 손톱에 할퀸 상처의 경우, 피부 진피층까지 손상되어 흉을 남기는 경우는 드물다. 다만 세균의 침투로 상처가 덧나면 흉이 남을 수도 있으므로, 반드시 2차 감염 예방을 위해 상처 관리를 해야 한다. 가벼운 상처라면 집에서 소독하고 연고(에스로반®, 후시딘® 등)를 바르거나 습윤 드레싱(듀오덤®, 더마플라스트® 등)을 해주면 잘 낫지만, 상처가 길거나 깊어 보인다면 꼭 병원에 가서 진료를 받도록 하자. 필요한 경우에는 먹는 항생제를 처방받아 복용해야 한다.

Q. 아이가 침대에서 떨어졌는데 괜찮을까요?

"우리 애가 침대에서 떨어졌는데 괜찮을까요?"

소아과 전문의가 된 지 만 12년이 넘는 세월 동안 침대에서 떨어져 병원에 온 아이를 숱하게 접해왔지만, 요즘도 이 질문을 받으면 숨이 턱 막힌다. 보호자의 불안과 걱정을 달래면서도 의사로서 설명의 의무까지 다해야 한다는 부담이 극심한 압박감으로 다가오기 때문이다.

솔직히 말해, 아직도 나는 이 질문에 대한 모범답안을 찾지 못한 것 같다. 다만, 내가 아빠가 되면서 침대에서 떨어진 아이의 보호자 입장이 되어본 이후로는 이 질문에 대처하는 내 태도가 크게 달라지긴 했다.

우리 애도 침대에 떨어진 적이 있었고, 나 역시도 속상하고 걱정스러웠으며, 내가 의사이면서도 대학병원 응급실에 가서 X-ray를 찍어보고 나서야 어느 정도 안도했기 때문이다. 그러니 무조건 당황하기보다는 제대로 된 대처 방법을 알아두도록 하자.

낙상 사고가 발생했을 때 두피에 상처, 또는 혈종이 없이 경미하거나 의식을 잃은 적이 없다면 대개 특별한 검사나 입원이 꼭 필요하지 않다. 하지만 머리에 가해진 충격이 심하지 않은 경우에도 간혹 두개골 골절이나 두개내 출혈이 동반되는 경우도 있기 때문에, 검사 여부에 대한 결정은 신중하게 이루어져야 한다.

❶ 아이 상태 관찰

아이들은 몸에 비해 상대적으로 머리가 무겁기 때문에, 넘어지거나 떨어지면서 머리를 부딪치는 일이 드물지 않게 일어난다. '쿵' 하는 소리를 들으면 그 부모의 심장에는 그보다 몇 배 더 강한 충격파가 전해지지만, 그렇다고 해서 낙상 사고가 발생할 때마다 번번이 아이를 응급실로 데려가서 검사를 받아볼 수는 없는 노릇이다.

머리에 가해진 충격의 정도가 심하거나 뚜렷한 두부 손상의 징후가 보인다면 당연히 서둘러 응급실에 데려가야겠지만, 사실은 겉으로 봐서는 멀쩡한 경우가 더 많다. 두부 외상의 정도가 심하지 않고 아이에게 특별한 증상이나 징후가 나타나지 않을 때에는, 병원 방문 전에 시간을 두고 아이를 관찰해보는 것도 무방하다. 다만 다음의 체크리스트 중 어느 한 가지 항목이라도 해당하는 사항이 있으면, 즉시 병원에 방문해야 한다.

➕ 어딘가에 머리를 부딪친 아이에게서 관찰해야 할 체크리스트

☐ 의식이 없어지거나 흐려지진 않는지

☐ 신경질적으로 보채거나 공격적으로 변하지는 않는지

☐ 처지지는 않는지

☐ 구토하지는 않는지

☐ 국소적으로 마비되거나 움직임이 제한되는 곳은 없는지

☐ 경련을 하지 않는지

☐ 상처나 두피 혈종이 있지 않은지

☐ 앞숫구멍(대천문)이 부풀어 오르진 않았는지

☐ 평소 모습과 왠지 달라 보이지는 않은지

❷ 두부 X-ray

두부 X-ray만으로는 뇌출혈 여부까지 알 수 없다. 그런 이유로 낙상으로 인한 두부 외상 때 X-ray만 단독으로 찍는 건 의미 없다고 여기는 경우가 많다. 하지만 두개골 골절은 소아 두부 외상의 20%를 차지할 정도로 생각보다 많은 편이며, 특히 영아에게는 출혈은 비교적 적지만 상대적으로 골절이 많다.

따라서 두부 외상 시 두개골 골절 여부 확인을 위해서 두부 X-ray를 찍어보는 것은 나름의 진단적 가치가 있다. 그리고 CT 촬영 여부를 결정하기 위한 1차 검사로, 두부 X-ray를 시행하기도 한다.

❸ 두부 CT

두부 외상 시 다음 기준에 해당할 경우, CT 촬영을 고려해야 한다.

➕ **어딘가에 머리를 부딪친 2세 이하의 아이**

☐ 의식이 없어지거나 흐려진 경우

☐ 짜증스럽게 보채는 경우

☐ 신경학적 징후가 있거나 악화된 경우

☐ 두부 X-ray 상 두개골 골절 소견이 있는 경우

☐ 경련을 한 경우

☐ 앞숫구멍(대천문)이 부풀어 오른 경우

☐ 2~3회 이상 구토를 한 경우

☐ 두피 혈종이 있는 경우

☐ 혈액 응고 장애를 앓고 있는 경우

☐ 보호자가 보기에 환아 상태가 염려되는 경우

☐ 비사고성 외상(아동 학대 등)이 의심되는 경우

➕ 어딘가에 머리를 부딪친 2세 이상의 아이

☐ 의식이 없어지거나 흐려진 경우

☐ 두부 X-ray 상 두개골 골절 소견이 있는 경우

☐ 신경에 이상이 있는 징후가 있거나 악화된 경우

☐ 경련을 한 경우

☐ 두통, 구역, 구토가 있는 경우

☐ 혈액 응고 장애를 앓고 있는 경우

☐ 비사고성 외상(아동 학대 등)이 의심되는 경우

Q. 뼈가 부러진 것 같아요!

아이가 넘어지거나 어딘가에 부딪히는 사고가 발생했을 때, 보호자는 혹시 뼈가 부러지지 않았는지부터 걱정하기 마련이다. 겉으로 다친 부위가 드러나지 않더라도 아이가 아프다고 심하게 울부짖거나, 통증 부위가 부어오르면서 붉은빛 혹은 보랏빛으로 변하는 소견을 보인다면 골절을 의심할 수 있다. 일반적으로 뼈에 미세한 금이 간 경우 X-ray로 보아도 판독이 쉽지 않다. 뼈가 부러지면 치료 기간이 상당히 오래 걸리는 데다가 특히 소아 골절로 성장판이 손상될 경우 성장 장애를 일으킬 위험도 있으므로 각별한 주의가 필요하다.

➕ 골절이 의심될 때, 아이를 병원으로 옮기는 방법

골절이 의심될 때는 다친 부위를 함부로 건드리지 말고 부목을 댄 채 병원으로 옮겨야 한다. 부목은 젓가락, 자, 나무토막, 나뭇가지 등 주변에서 구할 수 있는 물건 중에서 적당한 걸 골라 환부에 대고 붕대나 넥타이, 스카프 등으로 감아주도록 한다.

특히 목뼈나 허리뼈 손상이 의심될 때는, 절대 아이를 함부로 안아 올리거나 둘러업지 말고 곧바로 119에 연락해서 전문적 지식이 있는 구조대원이 옮기도록 해야 한다.

Checklist

SOS!
응급 상황 대처법

우리 아이에게 응급 상황이 일어나는 건 상상조차 하기 싫은 일이지만, 혹시라도 닥칠지도 모르는 그 순간을 위해 기본적으로 알아두면 유용할 지식을 모아보았다. 응급 상황이 발생했을 경우 가장 좋은 것은 물론 바로 병원에 가는 것이다. 그러나 기본적인 응급 처치가 필요할 수 있으니, 평상시 다음에 알려드린 몇 가지 정보에 대해서는 미리 알아두시길 바란다.

Q. 아이가 화상을 입었을 땐 어떻게 하죠?

소아 화상의 대부분은 집에서 일어나는데 뜨거운 물이나 음식에 의한 경우가 많다. 화염에 의한 화상은 뜨거운 액체에 의한 화상보다 치명적으로, 주로 10대에게 많이 발생한다. 이 외에 화재 발생 시에는 연기나 유독 가스로 인해 질식하는 경우가 많은데, 4세 이하는 연기나 유독 가스 흡입에 의한 사망률이 어른에 비해 4배나 높다.

[화상을 입었을 때, 병원에 가기 전 응급 처치 방법]
- 화상을 입으면 즉시 화상 부위를 노출한 후 적어도 10~20분 이상, 또는 통증이 사라질 때까지 흐르는 냉수로 상처를 식히도록 한다. 상처에 직접 얼음을 대거나 알코올, 소주, 버터, 기름, 된장, 소독약 등의 물질을 발라서는 안 된다.
- 옷을 입은 채 뜨거운 물에 화상을 입었다면 옷을 벗기는 과정에서 이차적 손상을 유발할 수 있으므로 옷 위에 곧바로 차가운 물을 흘려보내도록 한다.
- 물집은 임의로 터뜨리지 말고 그대로 두어야 하며, 특히 얼굴, 손, 발, 회음부 등의 화상일 경우에는 반드시 지체 없이 병원에 가도록 한다.
- 전기 화상의 경우 반드시 해당 제품의 전원을 먼저 끈 후, 절대 아이를 직접 만지지 말고 비전도체를 이용해 아이를 전기로부터 멀어지게 한 후 병원에 데려가도록 한다.

Q. 아이가 뭘 삼켰어요!

본능적으로 무엇이든 입으로 가져가는 아이들에게는 집 안도 위험한 환경일 수 있다. 아이가 무언가를 입에 넣고 삼켰다면 일단 언제, 무엇을, 얼마나 먹었는지 파악해야 한다. 어떤 걸 먹었는지 확실치 않을 때는 아이가 먹은 것으로 추정되는 제품의 용기를 병원에 가져가도록 한다.

➕ 고체를 삼켰을 경우

일단 병원에 가서 X-ray를 찍어봐야 한다. 위장관 어느 부위에 이물질이 가 있는지 확인해야 하기 때문이다. 일단 위까지 진입하면 대부분은 장을 통과해서 항문으로 빠져나오기 때문에 4~6일간 변을 관찰하면서 기다리면 된다.
하지만 이물질이 식도에 걸려 있거나 48시간이 지나서도 위에 머물러 있는 경우, 또는 날카로운 물건(면도칼, 압정 등), 원반형 전지, 자석, 담배 등의 위험한 물질을 삼킨 경우 등에는 응급 내시경 또는 수술로 제거해야 한다.

➕ 액체를 삼켰을 경우

액체의 성분에 따라 응급인지 아닌지가 결정된다. 유해성을 판단하기 어렵다면 병원이나 응급 의료센터에 문의해 보고, 업무 시간 중이라면 제조사에 문의

하도록 한다. 만약 유해성이 있는 물질을 먹었다면 지체 없이 응급실로 데려가야 한다.

유독 물질이 아님이 확인된 경우에는 집에서 아이를 유심히 관찰하며 지켜볼 수 있다. 해당 성분이 몸 밖으로 배출되는 걸 돕기 위해서 물이나 우유를 조금씩 자주 먹게 하는 방법도 좋다. 하지만 집에서 함부로 인위적 구토를 유발하는 시도는 금물이다. 토하다가 식도에 2차적 손상이 가해지거나 기도로 흡인될 위험이 있기 때문이다.

혹시 아이가 토하거나 처지는 증상을 보인다거나 평소와는 다른 행동이나 증세가 나타난다면, 즉시 병원에 데려가 보도록 한다. 특히 다음의 유해성 물질에 해당하는 경우에는 한시라도 빨리 응급실에 데려가야 한다.

✚ 대표적인 유해 물질

❶ 강산성 물질 : 염산, 황산, 휘발유, 살충제, 표백제, 염색약, 파마약 등

❷ 강알칼리성 물질 : 양잿물 등

❸ 메틸알코올 함유 제품 : 연료용 알코올, 워셔액, 페인트 제거제 등

❹ 석유류 : 가솔린. 등유, 벤젠, 톨루엔 등

Q. 기도가 막혔을 때는 어떻게 해야 하죠?

아이가 이물질을 삼켰을 때 식도가 아닌 기도로 넘어간 경우라면 그야말로 초응급상황이 아닐 수 없다. 기도로 넘어간 이물질로 인해 기도 폐쇄가 일어나면 뇌에 산소 공급이 끊겨 뇌 손상이 올뿐만 아니라 생명이 위태로울 수도 있다. 그러므로 보호자는 기도 흡인으로 인한 질식을 유발할 수 있는 음식이나 물건에 대해서 항상 경계심을 가져야 한다. 만약 이물에 의한 기도 폐쇄가 의심되는 상황에서 기침에 의해 이물이 빠져나오지 못하고 호흡 곤란 상태가 되면 응급 처치를 시행하면서 신속히 응급실로 후송하도록 하자.

+ 기도 흡인을 통한 질식을 유발할 수 있는 것들

❶ 동전 : 식도로 넘어가는 이물질 중 가장 흔한 원인인 동전은 기도로 넘어가 폐쇄를 일으킬 수 있다. 동전은 아이 손에 닿지 않는 곳에 보관하도록 하자.

❷ 장난감의 작은 부속품 : 장난감의 작은 부속품도 질식을 유발하기 쉬운 대표적인 물질이다. 그러니 연령에 맞는 장난감을 골라주도록 해야 한다.

❸ 알사탕 또는 비타민 캔디 : 질식을 유발하는 흔한 원인 중 하나이다. 따라서 만 4세 이하의 아이에게는 알사탕 대신 막대 사탕을 주어야 한다.

❹ 껌 또는 젤리 : 딱딱한 사탕뿐만 아니라 부드러운 껌과 젤리도 질식을 유발할

수 있다. 미취학 유아에게는 껌을 주지 않도록 하며, 젤리를 먹을 때도 예의 주시할 필요가 있다. 작은 사이즈의 젤리나 젤리가 든 음료수 역시 위험하다.

❺ 알갱이로 된 음식 : 포도, 견과류, 콩 종류 등 알갱이로 된 음식 역시 기도 흡인 위험이 있으므로, 만 3~4세 이전에는 주지 않도록 한다.

❻ 기타 : 원형 배터리, 단추, 구슬 등 작고 둥근 형태의 물건들은 아이의 손이 닿지 않는 곳에 보관하도록 한다.

[1세 이하 영아에서 시행하는 응급 처치법]

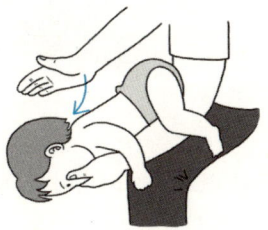 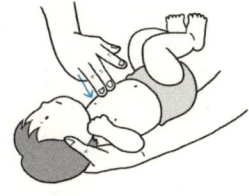

❶ 아이를 아래팔에 엎어서 올려놓은 채로 아이 머리를 60도 정도 아래 방향으로 향하게 한 후, 팔을 보호자의 허벅지 위에 얹어 지탱한다. 반대편 손바닥 뒤꿈치로 양측 견갑골 사이를 아래에서 위로 쓸어 올리듯 빠르게 5회 친다.

❷ 그래도 이물이 빠져나오지 않으면, ❶의 자세에서 아이를 바로 눕혀 등과 머리를 지지하면서 반대편 손가락 2개로 흉골 부위를 가슴이 1/3 정도 들어갈 정도로 5회 압박한다.

❸ ❶, ❷의 두 가지 동작을 이물이 빠져나올 때까지 반복한다. 만약 의식 소실 상태가 되면, 아이를 바닥에 바로 눕히고 심폐 소생술을 시행한다. 심폐 소생술 도중 가슴을 압박하는 과정에서 이물이 빠져나올 수 있으므로 계속 확인한다.

[1세 이상 소아에서 시행하는 응급 처치법]

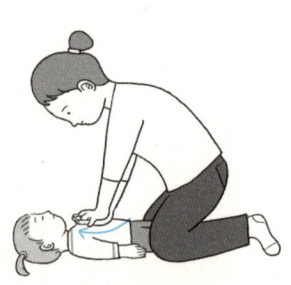 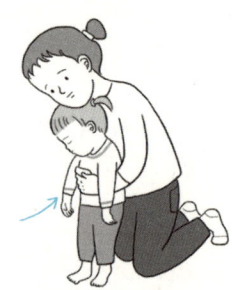

❶ 이미 의식이 없는 경우에는 아이를 바닥에 바로 눕히고, 아이 발 쪽에 무릎을 꿇고 앉아서 한쪽 손바닥 뒤꿈치를 배꼽과 흉곽 사이의 한가운데에 놓고, 다른 손을 그 손 위에 얹어 복부를 아래에서 위로 밀어 올리듯 5회 압박한다. 효과가 없고 의식이 돌아오지 않으면 바로 심폐 소생술을 시행한다.

❷ 의식이 있는 경우, 아이의 뒤쪽에 서서 아이를 안은 자세에서 한 손으로 주먹을 쥐고 다른 손으로 그 위를 덮은 채 ❶과 같은 방법으로 복부 압박을 한다.

❸ ❶, ❷의 방법을 시행한 후 입 안을 확인하여 이물이 보이면 제거한다. 이물이 나오지 않은 상태로 호흡이 돌아오지 않으면, 심폐 소생술을 시행한다.

Q. 심폐소생술은 어떻게 하나요?

아이가 의식이 없고 호흡과 맥박이 정지된 상태라면, 즉시 심폐소생술을 시행해야 한다. 물론 119를 불러 큰 병원으로 이송하는 게 급선무이지만, 전문 응급구조 요원이 도착할 때까지 기다리다 골든타임을 놓칠 수도 있으므로 심폐소생술에 대해 알아두자.

✚ 심폐소생술을 시행하기 전에

❶ 우선 주위 사람들에게 도움을 청하거나 119에 연락한다.

❷ 아이의 발바닥을 손가락으로 튕기거나 어깨를 가볍게 흔들면서 이름을 불러 반응이 있는지 확인한다. 만약 경추 손상의 우려가 있다면 심하게 흔들지 말아야 한다.

❸ 자극에도 아무런 반응이 없다면 코에 얼굴이나 손을 대서 호흡이 있는지 확인한다. 그리고 상완동맥(12개월 미만) 또는 경동맥(만 1세 이상)에서 박동이 느껴지는지 확인한다.

❹ 호흡과 맥박이 느껴지지 않는다면, 심폐소생술을 시행한다.

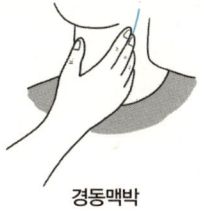

경동맥박

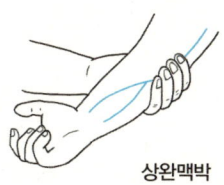

상완맥박

[심폐소생술의 순서]

흉부 압박(30회) ⋯➔ 기도 유지 ⋯➔ 인공호흡(2회)

: 이 과정을 신속하게 반복하면서 1분 간격으로 아이의 상태를 확인하도록 한다.

신생아의 경우는 흉부 압박 3회당 인공호흡 1번꼴로 시행한다.

❶ 흉부 압박 : 양측 젖꼭지를 이은 선 바로 아래 정중앙을 적어도 분당 100회 이상의 빠른 속도로 눌러야 한다.

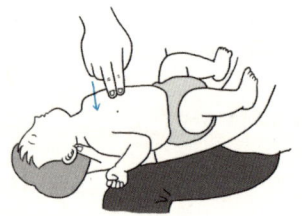 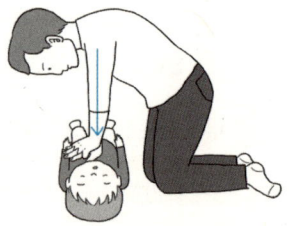

– 만 1세 미만의 영아 : 두 개의 손가락으로 4cm 깊이로 압박한다.

– 만 1세 이상부터 12세까지의 소아 : 한 손으로, 혹은 두 손을 겹친 상태로 손바닥 뒤꿈치를 이용하여 5cm 깊이로 압박한다.

❷ 기도 유지 : 기도를 열어주는 과정

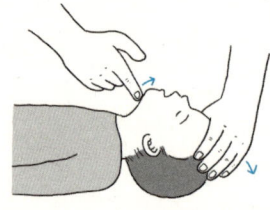

- 두부후굴–하악거상법 : 한 손으로 이마를 뒤로 젖힌 상태로 다른 손으로는 턱을 위로 당기듯 지지한다.

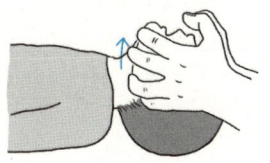 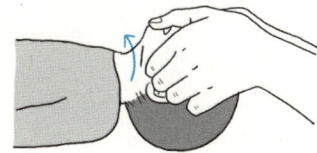

- 하악 견인법 : 경추 손상이 의심되는 경우의 기도 확보 방법으로, 입이 다물어지지 않도록 양쪽 엄지손가락을 이용하여 입을 벌려준다.

❸ 인공호흡 : 구강 대 구강(mouth-to-mouth) 호흡법으로 1초 이상, 2번 깊고 천천히 아이의 가슴이 부풀어 오르도록 공기를 불어 넣는다.

- 만 1세 미만 : 보호자의 입으로 아기의 코와 입을 덮은 채 시행한다.
- 만 1세 이상 : 코를 막고 입에만 숨을 불어 넣는다.

❹ 호흡과 맥박이 느껴지지 않는다면 심폐소생술을 시행한다.

Chapter 5

뒤늦게 아빠가 된 소아과 의사의 현실 육아

소아청소년과는 계절에 따라, 혹은 전염성 질환의 유행 여부에 따라 환자 수의 변화가 꽤 큰 편이다. 말하자면, 성수기와 비수기가 극명하게 갈린다. 성수기(10월~12월)에는 정말 화장실 갈 여유도 없이 분주하게 환자를 봐야 하는가 하면, 비수기(1월 중순~2월, 7월 중순~8월 중순)에는 환자가 의사를 기다리는 시간보다 의사가 환자를 기다리는 시간이 더 길 때도 있다.

하루 중에도 시간대에 따라 환자 수의 편차가 있는데, 주로 아침 시간이나 어린이집 하원 시간인 오후 3시 이후에 환자가 집중적으로 몰리고, 아이들이 보육 기관이나 학교에 가 있는 한낮에는 비교적 한가한 편이다. 요일에 따라서도 다른데, 대개 월목토는 바쁘고 화수금은 좀 덜 바쁘다.

대부분의 소아청소년과 의사들과 마찬가지로 나 역시 환자가 많을 때건 적을 때건 상관없이 충실하게 진료하고 보호자의 질문에도 빠짐없이 대답하려고 노력한다. 그렇지만 대기실에서 기다리는 환자가 많을 때는 아무래도 마음이 쫓기지 않을 수 없다.

 소위 '3분 진료'라고 일컬어지는 관행을 개선하기 위해서는 진료의 주체인 의사의 노력이 필요하지만, 사실 현재의 의료 환경에서는 의사 개인이 아무리 노력해도 극복하기 힘든 시스템적 한계가 분명 존재한다. 비현실적으로 낮은 의료 수가 탓에 많은 수의 환자를 신속하게 보지 않고서는 병원 유지 자체가 어려운 것이 현실이니 말이다.

 이러저러한 이유로 진료실에서 미처 다하지 못했던 이야기들을 이번 챕터에 풀어보고자 한다. 바쁜 의사를 붙잡고 시간을 오래 끌기 미안한 나머지 마음 놓고 물어보지 못했던 보호자들에게 이 챕터가 답답함을 해소하는 기회가 되기를 바란다. 그리고 14년 차 소아청소년과 전문의로서, 아울러 마흔둘에 뒤늦게 딸을 얻은 처음 아빠로서 몸소 체득한 육아 현장 경험이 다른 처음 부모에게도 조금이나마 도움이 되었으면 좋겠다.

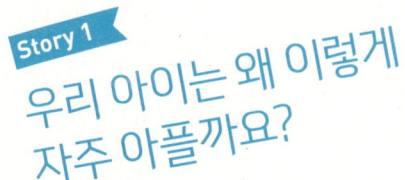

Story 1
우리 아이는 왜 이렇게 자주 아플까요?

집에만 있을 때는 잘 아프지 않던 아이가 어린이집을 다니기 시작하면 감기를 달고 사는 경우가 많다. 그래서 아이를 처음 보육 기관에 보내기 시작한 부모들은 '아이가 왜 이렇게 자주 아플까?'란 고민을 하다가 '혹시 아이의 면역력이 약해서 그런 걸까?'라는 의혹을 품게 된다.

실제로 진료실에서 이런 고민과 의혹을 심각한 표정으로 털어놓는 보호자들을 자주 만나왔다. 단순한 토로에만 그치지 않고 한 걸음 더 나아가 왜 이렇게 잘 안 낫는 거냐며 의사인 나를 원망하는 이들도 꽤 많다. 그런 분들에게 나는 이렇게 대답하곤 한다.

"우리 아이만 그런 게 아닙니다. 아이들이 한 곳에 모여 있다 보면 각종 전염성 질환을 서로 주고받게 되어 자주 아플 수밖에 없습니다. 감기가 좀 나을 만하면 또 다른 아이에게 옮아서 새로운 감기에 걸리니 항상 감기를 달고 있는 것처럼 보이는 거예요. 한동안 그렇게 자주 아프다가 언젠가는 괜찮아지니 너무 지나치게 걱정하실 필요는 없습니다."

자신들의 고민이 개인에 국한된 문제가 아니라 보편적으로 겪는 과정이라는 사실을 인지하는 것만으로도 보호자는 어느 정도 납득하고 안도한다. 우리 아이만 유독 자주 아픈 것 같다는 생각으로 필요 이상의 걱정에 빠진 보호자들을 위한 Q&A를 다음과 같이 정리해 보았다.

Q. 바이러스 질환에 자주 걸리는데 면역력이 약해서 그런 건가요?

감기나 장염 등의 전염성 질환에 자주 걸린다고 해서 꼭 면역력이 약한 것은 아니다. 전염성 질환에 걸리는 요인은 면역력의 문제라기보다는 환경적인 영향이 더 크다. 진짜로 면역이 약한 경우를 가리키는 면역결핍증은 훨씬 더 심각한 경우이다.

요즘의 아이들은 대개 만 2~3세경부터, 빠른 경우는 돌이 되기 전부터 어린이집에 다니기 시작한다. 한정된 공간에 여러 명의 아이가 모여 있는 환경에서 서로 각종 바이러스를 주고받다 보니, 감기나 장염이 수시로 발생할 뿐만 아니라 수두, 수족구병, 독감 등이 반복적으로 유행할 수밖에 없다. 대부분의 보육 기관에서는 감염 관리를 철저히 하고 있지만, 바이러스나 세균의 전파를 사람의 힘으로 막는 데는 한계가 있기 때문이다.

Q. 어린이집을 보내지 말아야 할까요?

아이를 어린이집에 보내지 않으면, 확실히 아이가 아픈 빈도가 줄어들긴 할 것이다. 그렇다고 해서 그 이유만으로 아예 가정 보육을 선택하기는 어렵다. 아이를 어린이집에 보내면서 얻는 이득도 크기 때문이다. 선택의 여지 없이 아이를 어린이집에 보내야 하는 가정도 많다.

보육 기관에 다니기 시작하면서 자주 아픈 건 비단 우리 아이의 문제만이 아니라 전 세계 영유아들이 모두 겪는 문제라는 사실을 받아들이고, 지나친 걱정과 스트레스에서 벗어날 필요가 있다. 그저 보호자가 할 수 있는 범위 내에서 건강 관리와 질병 예방에 최선을 다하고, 아이가 아플 때는 병원을 찾아가 적정한 진료를 받으면 된다.

한동안은 그렇게 자주 아프겠지만 곧 아픈 빈도가 현저하게 줄어들 거라고 자신 있게 말씀드릴 수 있다. 사흘이 멀다고 진료실을 들락날락하던 아이들을 해가 지날수록 뜨문뜨문 보게 되는 내 경험이 바로 호언장담의 근거이다.

Q. 면역력을 높일 방법은 없나요?

단체 생활을 하는 아이들이 감염성 질환에 자주 노출되는 것은 사실이지만 그중에 자주 아프지 않은 아이도 있고, 아파도 오래 앓지 않고 금세 낫는 아이들도 분명 있다. 그것이 바로 면역력의 차이이다. 그렇다면, 우리 아이의 면역력을 높일 수 있는 방법에는 어떤 것들이 있는지 알아보자.

[면역력을 높이는 방법]

❶ **충분한 숙면** : 아이들의 충분한 숙면은 신체 성장과 뇌 발달에 큰 영향을 미칠 뿐만 아니라, 면역력에도 결정적 역할을 한다. 성장 호르몬 외에 면역에 관여하는 호르몬 역시 깊은 수면 단계에서 왕성하게 분비되기 때문이다. 그러므로 면역력 향상을 위해서는 잠을 푹 잘 자는 것이 매우 중요하다.

❷ **균형적인 영양 섭취** : 원론적인 얘기로 들릴지 모르겠지만, 면역력에 있어 가장 중요한 문제가 바로 영양이다. 그러므로 단백질, 탄수화물, 지방 등의 필수 영양소뿐만 아니라 면역력에 중요한 역할을 하는 비타민과 미네랄이 함유된 음식을 골고루 섭취해야 한다.

❸ **충분한 수분 섭취** : 우리 몸의 3분의 2를 구성하고 있고, 특히 영아의 경우 체중의 75~80%를 차지하는 수분은 신체의 항상성 유지에 절대적으로 필요할 뿐만 아니라, 병원체로부터 우리 몸을 방어하고 독소를 몸 밖으로 배출해내는 데 결정적 역할을 한다. 건강한 소아에게 하루에 필요한 수분량은 체중의 10~15%로, 체중 대비 필요량이 체중의 2~4%인 성인에 비

해 훨씬 높다. 그러니 물을 자주 마시는 습관을 어렸을 때부터 길러주는 것이 좋다.

❹ 운동 : 규칙적인 운동은 기초체력을 튼튼하게 하여 면역력을 향상하는 데 도움을 준다. 마음대로 뛰어노는 신체 활동 역시 운동에 포함되지만, 그보다는 어렸을 때부터 규칙적인 운동 습관을 갖도록 도와주는 것이 좋다.

생후 12개월 미만의 영아 : 엄마나 아빠가 해주는 마사지는 아기의 신진대사를 원활하게 하여 성장발육에 도움이 될 뿐만 아니라 면역 기능을 담당하는 림프관을 자극해 면역력 향상에도 도움을 준다. 목 튜브를 이용한 수영 역시 영아기부터 시도해볼 수 있는 신체 활동이므로 엄마와 함께 하는 수영 레슨 프로그램에 참여하는 것도 좋다.

만 1세~3세 : 가족이나 또래들과 함께 즐거운 놀이를 하면서 땀이 날 정도의 신체 활동을 하도록 한다. 공이나 다른 기구를 이용하는 것도 좋다. 특히 엄마나 아빠가 자주 몸으로 놀아주는 것이 좋은데, 놀아주는 방법을 잘 알지 못한다면 문화센터의 체육 활동 프로그램에 참여하도록 하자.

만 4세~6세 : 땀이 나고 호흡이 가쁠 정도의 신체 활동이나 운동을 하루에 한 시간 이상, 주 3회 이상 하도록 한다. 놀이터, 공원 등에서 하고 싶은 대로 자유롭게 노는 것도 좋고, 주기적으로 수영, 태권도, 축구, 발레 등을 꾸준히 배우는 것도 좋다. 가까운 거리를 이동할 때는 스스로 걷거나 자전거 등을 이용하게 하고, 장난감 정리, 빨래 정리, 정원 가꾸기 등 일상적인 집안일에 참여하도록 유도한다. 스마트 기기나 TV 시청 등으로 몸을 움직이지 않는 시간은 하루 2시간 이내로 제한해야 한다.

Q. 면역력 증강을 위해 홍삼을 먹여도 될까요?

홍삼의 주요 성분은 사포닌, 다당체, 페놀 등인데, 그중에서도 면역력과 가장 관련이 깊은 성분은 바로 다당체이다. 홍삼의 다당체는 우리 몸의 NK 세포(natural killer cell)와 대식세포를 활성화하는 효과가 있다는 연구 결과가 보고되었다. 다당체는 인삼의 잔뿌리보다는 두꺼운 뿌리 부위에 다량 함유되어 있는데, 6년 근 인삼에 함유량이 가장 높고 인삼을 홍삼으로 만드는 과정 중에 약 60% 이상 함유량이 증가한다고 한다.

아이가 거부감 없이 잘 먹기만 한다면, 어린이용으로 출시된 홍삼 제품을 꾸준히 먹게 하는 건 바람직하다고 생각한다. 간혹 홍삼을 먹은 후에 잠이 잘 안 온다는 아이들이 있는데, 그런 경우에는 오전 중이나 잠들기 2~3시간 전에 먹는 것이 좋다.

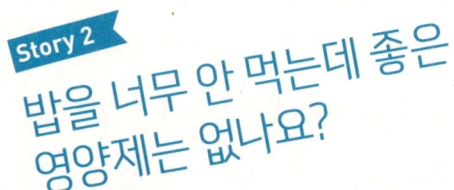

Story 2
밥을 너무 안 먹는데 좋은 영양제는 없나요?

"우리 애가 밥을 너무 안 먹는데, 좋은 영양제는 없나요? 선생님이 추천 좀 해주세요!"

진료실에서 보호자로부터 이런 질문을 받을 때마다, 나는 다음처럼 대답하곤 한다.

"밥을 대신할 만큼 좋은 영양제가 있다면, 그건 노벨상감이죠!"

솔직히 고백하자면, 나도 어렸을 때 삼시 세끼 꼬박꼬박 밥 먹기를 귀찮아하는 지독한 편식쟁이었다. 번거롭게 밥과 반찬을 꾸역꾸역 먹는 대신 영양제 몇 알로 간편하게 식사를 끝낼 수 있으면 좋겠다는 생각을 자주 했었다. 그리고 지금은 어렸을 때의 나만큼이나 밥을 잘 안 먹는 딸아이를 키우고 있는 처지이다. 그나마 과일과 생선은 잘 먹는 편이라 심각하게 걱정할 정도는 아니지만, 항상 밥 먹는 것보다 노는 게 더 좋아서 밥 먹기를 귀찮아한다는 게 문제이다. 우리 딸도 어렸을 때의 나처럼 영양제 몇 알로 간편하게 식사를 끝내고 얼른 놀고 싶다고 생각하고 있을지도 모르겠다.

하지만 아쉽게도 아직 그런 영양제는 없다. 영양제는 어디까지나 보조일 뿐, 식사를 대신하는 영양 공급원이 될 수 없다. 아무리 좋은 성분이 든 영양제라 하더라도 음식을 통해 자연스럽게 섭취하는 것만큼 영양가가 충분하지는 않기 때문이다. 밥과 반찬을 골고루 섭취하는 것만큼 우리 몸에 필요한 영양분을 적절하게 공급해줄 수 있는 영양제는 없다.

밥을 잘 안 먹거나 편식이 심해서 부모의 애를 태우는 아이에게 먹는 기쁨을 알게 해 줄 방법에 대해 소개한다.

[밥을 잘 안 먹는 아이를 둔 부모님을 위한 행동 지침]

❶ 식재료 구매나 요리 과정에 아이를 참여시킨다.
❷ 간식을 줄여서 아이가 식사 시간에 배고픔을 느낄 수 있도록 한다.
❸ 식사 시간에는 스마트 매체 또는 TV를 보지 못 하도록 하고, 책 읽기나 장난감 놀이도 금한다.
❹ 아이가 돌아다니면서 음식을 먹거나, 엄마가 아이를 따라다니며 먹이지 않도록 한다.

❺ 가급적 가족이 함께 식사하고, 식사 중에는 일어나지 않도록 한다.

❻ 억지로 먹이지 않도록 하며, 잘 안 먹는다고 야단치지 않는다.

❼ 아이가 새로운 음식을 받아들일 때는 긍정적인 보상을 해준다.

❽ 새로운 음식을 줄 때는 익숙한 음식과 비슷한 음식부터 적은 양으로 시작한다. 이때 아이가 강하게 거부하면, 억지로 강요하지 않아야 한다.

❾ 아이가 좋아하는 음식만 준비하지 말고, 싫어하는 음식도 함께 준비하여 반복적으로 노출하는 것이 좋다.

❿ 아이에게 억지로 떠먹이거나 먹으라고 강요하기보다는, 부모님이 맛있게 먹는 모습을 먼저 보여주는 게 훨씬 더 효과적일 수 있다.

⓫ 식사 시작 후 30분이 지나면 상을 치운다.

밥 안 먹는 아이와 끼니마다 사투를 벌이는 보호자의 노고에 심심한 경의를 표한다. 하지만 아이에게 한 숟가락이라도 더 먹이려는 엄마의 노력이 외려 더 안 좋은 결과를 초래할 수도 있다는 사실을 받아들여야 한다. 지금 당장의 한 숟가락에 집착하기보다는 좀 더 길게 보고 접근하는 것이 좋다. 식사 시간마다 아이와 팽팽한 갈등 구도로 대립하기보다 과감하게 치고 빠지는 전략이 아이에게 더 잘 먹힐 수도 있다.

충분히 먹지 않은 상태라도 식사 시작 후 30분이 지나면 아이의 뇌는 이미 포만감을 느껴서 식사에 흥미를 잃어버린다. 한 시간이 훌쩍 넘도록 엄마가 아이를 따라다니면서 밥을 떠먹이는 일이 반복되다 보면, 아이는 먹는 행위 자체에 싫증을 느껴서 밥을 점점 더 안 먹게 될 수 있다. 따라서 식사 시간이 30분을 넘기면 상을 치워버리는 것이 좋다. 애써 만든 음식을 아이가 거부하면 "그럼, 먹지 마!"라고 말하면서 엄마가 맛있게 먹어버리는 것도 나쁘지 않다. 식사 습관을 바로잡기 위해 엄마가 결단력 있는 태도를 보이는 것이 장기적으로는 더 바람직한 결과를 가져올 수 있기 때문이다.

Story 3

감기가 안 나으면 병원을 바꿔야 하나요?

얼마 전 문화센터에서 육아 강연을 마친 후 이런 질문을 받은 적 있었다.

"1주일이 넘어도 감기가 안 나으면 소아과를 바꿔야 하나요?"

순간적으로 말문이 막혀버린 나는 얼마간 질의자를 바라보며 가만히 서 있어야 했다. 그런 내 시선이 다소 부담되었는지, 질문한 엄마는 슬쩍 눈길을 피했다. 그나마 우리 병원에 다니는 아이의 보호자는 아닌 것 같아 다행이었다. 만약 내가 진료한 환아의 보호자로부터 공개석상에서 그런 질문을 받았다면 진땀을 꽤 뺐을 테니 말이다.

"저는 아니라고 생각합니다. 중간에 병원을 옮기게 되면 처방을 불필요하게 바꿔야 할 수 있고…, 실제로 감기가 1주일 이상 가는 경우도 있거든요? 어려운 문제이긴 한데요. 그래도 아무튼 보시던 선생님에게 계속 다니는 것이 좋다고 생각합니다."

'병원을 바꾸는 것은 좋지 않다'라는 취지로 대답하긴 했지만, 좀 더 설득력 있는 대답을 하지 못했던 그 순간이 떠오를 때마다 이불 킥을 하곤 한다. 가만히 되짚어 생각해보니, 병원을 바꾸라고 말하는 편이 더 나았을지도 모르겠다. 1주일이 넘도록 해당 의사의 진료에 만족하지 못했다면, 다른 병원에 가볼까 하는 생각이 들기 마련이니까. 더구나 요즘에야 흔하디 흔한 게 소아청소년과이지 않은가?

만약 우리 병원에 다니는 환아의 보호자가 내 진료 내용에 만족하지 못해서 다른 선생님을 찾아간다고 해도, 나로선 할 말이 별로 없을 것 같다. 요컨대 병원을 선택하고 변경하는 문제는 전적으로 보호자의 소관인 게 맞다. 다만, 다니던 소아청소년과의 의사를 불신임하고 다른 병원으로 옮기는 이유가 '1주일이 넘도록 감기가 낫지 않기 때문'이 되어서는 안 된다고 생각한다. 실제로 감기 증상이 1주일 이상 지속되는 경우가 허다한데, 그때마다 병원을 바꾼다면 지역 내 병·의원을 모조리 순회해도 모자라지 않겠는가?

내가 생각하는 '병원을 바꿔야 할 이유'는 감기가 1주일 이상 가는 상황 자체가 아니라 그 상황에 대해서 보호자가 납득할만한 설명을 듣지 못했을 경우이다. 병의 자연 경과에 대한 충분한 설명을 통해 보호자를 이해시키는 것도 의사의 역할이라고 생각하기 때문이다.

감기 증상이 1주일 이상 지속되는 경우는 보통 다음과 같다.

❶ 순수한 바이러스성 감기(상기도 감염)로도 증상이 1주일 이상 지속되는 경우가 있다. 특히 3세 미만의 소아에게는 더 그러하다. 그러나 이런 경우, 1주일 정도 지난 시점에는 호전되는 양상을 보여야 한다.
❷ 만약 기침이나 콧물 등의 증상이 차도 없이 1주일 이상 지속되거나 더 심해지는 양상이면, 축농증이나 기관지염, 혹은 폐렴 등의 세균성 합병증을 의심해봐야 한다. 따라서 필요한 검사를 시행하거나 항생제 추가 등의 적절한 조치가 이루어져야 한다.
❸ 발열 동반 여부 또한 중요하다. 3~5일 이상 열이 지속되는 경우, 또는 없거나 사라졌던 열이 다시 나는 경우에도 합병증 발병 여부를 확인해야 한다.
❹ 환아가 알레르기 소인이 있으면 감기 증상이 1주일 이상 지속될 수 있다. 실제로 알레르기성 비염이나 천식 등의 알레르기 질환은 바이러스 감염에 의해 더 악화되는 경향이 있다.

앞서 나열한 경우의 수를 바탕으로, 이제 "1주일이 넘어도 감기가 안 나으면 병원을 바꿔야 하나요?"라는 질문에 대한 답을 해볼까 한다.

만약 의사가 병의 진행 경과와 앞으로의 상황에 대한 설명 없이 1주일 넘도록 똑같은 처방전만 발행하거나 합병증 발생 여부에 대한 적절한 확인 및 조치를 하지 않는 경우라면, 당연히 다른 의사를 찾아가 보는 게 맞다. 하지만 의사가 현재의 진행 상황에 대해 납득할만한 설명을 해주고, 병의 경과에 따른 적절한 조치를 하고 있다면 조금 더 기다리는 것이 좋다. 특히 항생제를 이미 추가한 경우에는 더욱 그렇다.

우리가 만약 중이염이나 하기도 감염을 유발한 원인균을 밝혀서 항생제를 선택할 수 있다면 가장 좋겠지만, 현실적으로는 그런 표적 치료가 이루어지기 힘들다. 모든 경우에 세균 배양 검사를 시행할 수 없을 뿐만 아니라 검사를 한다고 해도 세균을 배양해서 종류를 밝히는 데 상당한 시일이 소요되기 때문이다.

바로 그런 이유로 진료 현장에서는 대부분 '경험적 항생제 치료'라는 것을 시도한다. 경험적 항생제 치료란 환아의 연령 및 생활환경·질환의 유형·과거력·시기적 유행 등의 제반 요소를 고려해 가장 유효하리라 추정되는 항생제를 선택해서 쓰는 것을 말한다. 이를 바꿔 말하자면 일차적으로 선택한 항생제가 해당 질환에 잘 듣지 않을 가능성도 있다는 말이다. 따라서 대개 1차 항생제를 시도한 후 2~3일 후에 치료 반응을 살펴 항생제의 지속, 또는 변경 여부를 결정하게 된다. 그런데 항생제를 썼는데도 증상이 잘 낫지 않는다고 하루 이틀 만에 다른 병원으로 가버린다면, 해당 의사는 치료 반응을 확인할 기회를 잃게 된다. 결과적으로 너무 빨리, 혹은 불필요하게 항생제를 교체하는 결과를 초래하게 되는 것이다.

일차적으로 선택한 치료의 반응이 좋다면 참으로 다행이지만 의사가 신이 아닌 이상, 모든 경우에 처음부터 적절한 선택을 하기란 쉽지 않다. 그러므로 환자와 보호자는 의사를 믿고 기다려주시길 바란다. 적어도 성실한 설명으로 환자와 보호자를 올바른 방향으로 이끌려는 노력이 느껴지고, 조금이라도 더 나은 치료를 위해 치열하게 고민하는 모습이 보이는 의사라면, 설령 1주일 넘게 감기가 안 낫더라도 조금만 더 믿고 기다려 보시라고 부탁드리고 싶다.

Story 4
이른둥이를 둔 부모님께

불혹을 넘긴 나이에 결혼해 마흔둘에 얻은 내 딸 채연이는 32주 5일에 1,960g으로 태어난 이른둥이이다. 예정일보다 51일 먼저 세상에 나오긴 했지만, 다행히 건강한 모습으로 태어나 힘찬 울음을 터뜨려주었다. 양막이 파열된 상태로 엄마 뱃속에서 버틴 57시간 동안 숨 쉬는 연습을 많이 하고 나온 모양이었다. 하지만 따뜻한 엄마 뱃속을 떠나 세상 밖으로 나온 순간부터, 그 가냘픈 몸으로 모든 것을 짊어지고 이겨 나가야만 하는 아이가 애처롭기 그지없었다.

신생아호흡곤란증후군, 신생아괴사성장염, 핵황달, 뇌출혈, 미숙아망막증, 로타바이러스장염…. 이른둥이로 태어난 아기에게 일어날 수 있는 각종 합병증 걱정이 머릿속에서 커 갈 때면, 내 알량한 지식의 밑동을 모조리 잘

라내 버리고만 싶었다.

"채연이보다 훨씬 더 빨리 태어난 아가들도 건강하게 잘 자라서 퇴원하는 거 제가 많이 봤어요."

짐짓 의연한 표정으로 걱정하는 가족들을 안심시키는 씩씩한 소아청소년과 의사 아빠의 내면에는 아는 만큼 걱정도 많은 채연이 아빠가 모습을 숨긴 채 웅크리고 있었다.

한데 정말 다행히도 채연이는 건강하게 무럭무럭 잘 크고 있다. 신생아 집중치료실에 4주간 입원해 있다가 퇴원한 후, 특별한 문제없이 무사히 잘 자랐고, 얼마 안 가 성장 수치가 정상 범위 안으로 들어가서 만삭아로 태어난 또래들과 비슷하게 성장하고 있다. 어린이집에 다니면서부터는 감기에 자주 걸리곤 하지만, 길게 가거나 심해지지 않고 잘 낫는 편이다. 정말이지 가슴 깊이 감사할 일이다.

이른둥이를 둔 부모님들, 더러 우리 딸보다 재태주수를 더 많이 채우고 나온 아기의 보호자가 내게 걱정을 토로하는 경우가 있는데, 그럴 때면 나는 채연이 이야기를 꺼내곤 한다.

"댁의 자녀보다 더 빨리, 더 작은 몸무게로 태어난 우리 딸도 건강하게 잘 자라고 있답니다!"

그런 내 경험을 되살려 이른둥이를 둔 부모님께 도움을 드릴 수 있는 내용을 정리해보았다.

이른둥이란 '미숙아, 또는 조산아'를 일컫는 용어로 산모의 최종 월경일로부터 37주 미만에 태어난 아기이다. 순화하여 '이른둥이'라는 표현을 쓰이고 있다.

출생 시 체중이 2,500g 이하인 아기를 '저체중 출생아'라고 하는데 이 중 3분의 2는 이른둥이이고, 나머지 3분의 1은 자궁 내 성장 지연이 원인이다. 그중에서도 체중이 1,500g 미만인 아기를 '극소 저체중 출생아', 1,000g 미만이면 '초극소 저체중 출생아'라고 한다. 또한 재태 기간(주수)에 대한 체중이 90백분위수 이상인 경우를 '부당 중량아', 10~90백분위수인 경우를 '적정 체중아', 10백분위수 미만인 경우를 '부당 경량아'라고 한다.

이른둥이는 재태주수를 다 채우지 못한 만큼 기관 발달이 완성되지 못한 채 태어나 호흡기, 심혈관, 위장관계, 신경계 등 거의 모든 기관에서 문제가 발생할 확률이 높으며, 각종 감염에도 취약한 편이다.

Q. 이른둥이가 신생아 집중치료실에서 받는 치료는?

조산이 예견되는 산모는 대개 신생아 집중치료실이 있는 병원으로 이송된다. 따라서 이른둥이는 출생 직후에 신생아 집중치료실로 옮겨져 전담 의료진으로부터 집중 치료를 받게 된다.

신생아 집중치료실에서는 혈압이나 맥박, 호흡, 산소포화도 등을 24시간 주의 깊게 관찰하면서, 필요한 치료와 처치를 한다. 호흡곤란이나 무호흡이 있을 때는 인공호흡기 치료나 산소 투여를 하며, 체온 조절을 위해 인큐베이터 안에서 지내게 된다. 그리고 빈혈, 황달, 전해질, 감염 여부 등에 대한 검사를 정기적 또는 필요시에 시행하고, 그 결과에 따른 치료를 시행한다.

주사를 통해 수분과 영양을 공급하는 동시에 튜브를 통해 수유를 진행하는데, 아기의 건강 상태와 몸무게가 일정한 수준에 도달하면 입으로 먹는 훈련을 하게 된다.

[아기가 신생아 집중치료실에 있는 동안 보호자가 해야 할 일]

❶ 보호자는 가능하면 매일 신생아 집중치료실 면회를 하러 가서 담당 간호사로부터 아기 상태에 대한 상세한 설명을 듣고, 주기적인 주치의 면담에도 적극적으로 참여하여 아기의 현재 상황과 앞으로의 치료 계획에 관해 설명을 듣고 질문을 하는 적극성을 가져야 한다.

❷ 초유에는 단백질량이 10%나 되며, IgA, 락토페린, 백혈구를 다량 포함하여 신생아 감염 예방에 도움이 된다. 그리고 모유는 소화가 잘될 뿐만 아니라 괴사성 장염의 발생 위험을 감소시킬 수 있다. 따라서 유축한 모유를 잘 얼려 두었다가 면회 때 꼭 가져다주도록 한다.

❸ 아기가 입원해 있는 동안에 부모는 퇴원 후 아기 관리법을 배우고, 병원에서 실제로 아기 관리를 해봐야 한다.

[신생아 집중치료실에서 퇴원할 수 있는 조건]

❶ 교정 연령으로 재태 주령이 35주 이상 되어야 한다.

❷ 체중이 1,800~2,100g에 이르러야 한다.

❸ 체중의 꾸준한 증가(30g/일)가 이루어져야 한다.

❹ 호흡 곤란 없이 모유나 분유를 입으로 먹을 수 있어야 한다. 다만 아기가 입으로 먹을 수 없는 의학적 결격 사유가 있는 경우에는 보호자가 적절한 교육과 훈련을 받은 후에 튜브로 수유하는 상태로 퇴원할 수 있다.

❺ 인큐베이터가 아닌 개방된 영아용 침대에서 체온 유지가 잘 돼야 한다.

❻ 5일 이상 무호흡이나 서맥이 나타나지 않아야 한다.

❼ 주사로 투약 중이던 약물은 끊거나 경구용으로 전환해야 한다.

❽ 모든 주요한 의학적 문제가 해결되어야 한다.

❾ 아기가 돌아갈 가정환경이 아기에게 적합해야 한다.

[신생아 집중치료실 퇴원 전후에 받아야 할 검사]

❶ 출생체중 1,500g 미만의 모든 아기와 산소 치료를 받은 바 있는 1,500~2,000g의 아기는 미숙아 망막증에 대한 선별 검사를 받아야 한다.

❷ 모든 아기는 퇴원 전에 청력 검사를 받아야 한다.

❸ 배꼽혈관으로 관을 집어넣었던 아기는 고혈압 유무를 알기 위해 혈압을 측

정해야 한다.

❹ 빈혈 가능성을 평가하기 위해 혈색소나 적혈구 용적률 검사를 해야 한다.

❺ 황달(혈중 빌리루빈) 수치를 검사해야 한다.

❻ 뇌실 내 출혈이나 뇌실 주위 백질연화증에 대한 감시 및 추적 관찰을 위해 뇌초음파를 반복적으로 시행해야 한다.

[신생아 집중치료실 퇴원 후 관리]

❶ 미숙아망막증 검사, 뇌 초음파 등의 예약 검사일이나 외래 방문일에 빠짐없이 병원에 방문하도록 한다.

❷ 이른둥이에게 '교정 연령'이란 분만 예정일로부터의 나이로, 생후 24개월까지 성장과 발달은 이를 기준으로 판단하게 된다. 하지만 성장과 발달을 일찌감치 따라잡은 경우에는 24개월 이전이라도 역연령(태어난 날을 기준으로 한 나이)에 따라 발달 평가나 이유식을 진행해도 큰 무리가 없다.

❸ 예방접종은 교정 연령이 아닌 역연령에 따라 정량으로 표준 예방접종을 시행해야 한다.

- 생백신인 BCG 접종은 신생아 집중치료실 재원 중에는 시행하지 않도록 한다.
- B형 간염은 체중이 2kg을 넘겼을 때 1차 접종을 시행하도록 한다.
- 호흡기세포융합바이러스(RSV) 예방도 지침에 따라 시행한다. RSV가 유행하는 9~10월부터 다음 해 3월까지 한 달에 한 번씩 RSV 면역글로불린인 팔리비

주맙(시나지스주®)을 접종한다. 접종 여부는 신생아 집중치료실 입원 당시에 봐 주셨던 주치의와 상의하도록 한다.

시나지스주사의 경우 비용이 꽤 많이 들어서 보호자에게 부담이 되기 마련이다. 만약 실손의료비 질병 외래형 특약에 가입되어 있다면, 급여/비급여에 상관없이 1일 최대 25만 원까지 보상받을 수 있다. 질병 외래형 특약은 대부분의 태아보험 안에 기본으로 설계되어 있다. 급여처리가 된 경우 진료비영수증 또는 세부 영수증만으로 청구가 가능하며, 비급여 처리가 된 경우 영수증 외에 추가로 서류를 제출해야 할 수도 있다. 만약 보험사에서 보험금 지급을 거부한다면 시나지스를 맞아야 하는 이유, 즉 고위험군의 필수 접종이 들어간 의사 소견서를 제출하면 된다.

그러나 실손의료비 비급여 주사료 특약에 가입되어 있다면 상해나 질병 치료 목적의 항암제, 항생제, 희귀의약품 사용에만 청구가 가능하므로 시나지스 주사비는 보상받을 수 없다.

Story 5
가택연금의 공포, 수족구병

　매년 봄꽃이 지고 초록이 주인공 행세를 하기 시작할 무렵이면 어김없이 모습을 드러내는 반갑잖은 손님이 있다. 바로 수족구병이다. 수족구병은 대부분 3~5일 정도 지나면 열이 좀 잡히고 통증이 경감되면서 먹는 것이 나아지고 컨디션도 차츰 회복되지만, 그때까지 견뎌내는 며칠이 정말이지 아이에게는 너무나 힘겨운 고통의 시간이다. 입안에 혓바늘 하나만 나 있어도 괴로운데, 작열감을 동반한 수포성 궤양이 입안을 온통 뒤덮고 있으니 얼마나 고통스럽겠는가?

　'수족구병'이란 진단명의 무게는 부모에게도 절대 가볍지 않다. 며칠 동안 고열과 통증에 시달려야 하는 아이를 지켜봐야 하는 괴로움에 더하여 아이가 등원하지 못함으로써 발생하는 여러 고충을 떠안아야 하니 말이다.

수족구병은 주로 만 6세 이하의 영유아에게 호발하고 전염성이 높기 때문에 어린이집이나 유치원에서 집단 발병하는 경우가 흔하다. 그러니 보육 기관의 선생님들은 수족구병 감시에 신경을 곤두세우지 않을 수 없다. 따라서 아이의 손이나 발에 조그마한 발진이라도 보이면, 득달같이 보호자에게 소아청소년과 검진을 요구한다.

하지만 기관에서 아무리 철저하게 관리한다고 해도, 수족구병의 확산을 완전히 막을 방법은 없다. 수족구병은 호흡기로는 1~3주, 분변을 통해서는 7~11주까지도 바이러스가 배출될 수 있기 때문이다. 즉, 수족구병 증상이 사라진 후에도 전파가 가능하다 보니, 환자 감시와 격리만으로는 완벽한 차단이 어렵다.

수족구병으로 확진받았다면 자가격리 치료를 해야 하며, 다시 등원하기 위해서는 소아청소년과 의사로부터 전염성이 없다는 확인서를 받아와야 한다. 그런데 수족구병 증상이 사라진 후에도 길게는 11주까지도 바이러스를 배출한다는 사실을 잘 알고 있는 나로서는 '전염성이 없다는 확인'을 해 달라는 게 꼭 무슨 거짓말을 요구당하는 기분이었다. 그렇다고 '이 아이는 7~11주간 분변을 통해 바이러스를 배출할 가능성이 있습니다'라고 쓰고, 아이를 11주 동안 어린이집에 등원하지 못하도록 할 수도 없는 노릇이었다. 나와 같은 고민을 하는 소아청소년과 의사들을 위해 다행히도 질병관리본부에서는 다음과 같은 격리 지침을 제시하고 있다.

'수족구병에 걸린 아동은 열이 내리고 입의 물집이 나을 때까지 어린이

집, 유치원이나 학교에 가지 말 것을 권장합니다.'

의학적 사실에 따라 수족구병에 걸린 아이를 최대 11주까지 사회로부터 격리할 수는 없는 일이기 때문에, 질병관리본부에서는 가장 전염력이 강한 급성기에만 격리를 권장한다는 현실적인 지침을 제시한 것이다. 따라서 나도 질병관리본부의 지침에 따라서, 사실에 기초한 소견서를 발행하고 있다.

'상기 환아는 수족구병으로 자가격리 치료하였으며, 열이 내리고 입안의 병변이 호전되어 등원이 가능한 상태입니다.'

우리는 과학기술이 고도로 발달한 첨단의 시대를 살고 있지만, 아직 사람이 정복하지 못한 영역이 많다. 의학 분야 역시 마찬가지이다. 소아 질환 중에서는 비교적 흔하다고 할 수 있는 수족구병에 대한 치료제나 백신도 아직 없다. 수족구병 백신에 관한 연구가 진행되고 있지만, 원인 바이러스 유형이 너무 다양하고 변이도 심하여 백신 개발이 어렵다고 한다. 수족구병에 대한 완벽한 차단과 격리는 현실적으로 불가능하므로, 각 보육 기관과 가정에서는 질병관리본부의 지침을 따르면서 우리가 할 수 있는 범위 안에서 최대한 방어하고 이겨내는 수밖에 없다.

사실 수족구병에서는 내가 환아를 위해 해 줄 수 있는 게 별로 없어서 무기력함을 느끼곤 한다. 하지만 병의 특성과 자연 경과를 똑바로 이해시키고, 우리가 할 수 있는 범위 안에서 최선의 대처를 할 수 있도록 돕는 것이 의사의 몫이라고 생각한다.

Q. 수족구병에 걸린 아이에게 아이스크림을 먹여도 되나요?

수족구(水足口)병은 이름이 말해주듯 장바이러스 감염에 의해 손과 발, 입에 물집이 생기는 질환이다. 잘 먹고 건강히 지내던 아이가 갑자기 먹기 싫어하고 열이 오르며 무력감을 보인다면 입이나 손, 발, 그리고 영유아의 경우 기저귀가 닿는 부위에 발진이 있나 살펴봐야 한다.

수족구병에 대한 치료제는 없지만 열을 낮추고 통증을 경감시켜주는 약을 쓸 수는 있다. 구내 병변에 대한 치료로 알보칠로 지지는 건 너무 아프고, 오라메디류의 연고를 바르는 건 이물감 때문에 아이들이 싫어하므로, 머금었다가 내뱉는 의료용 가글(헥사메딘, 탄툼, 아프니벤큐 등)이나 뿌리는 가글(탄툼베르데네불라이저)이 약간의 도움을 준다.

아이를 힘들게 하는 요인으로 고열도 한몫하지만, 그보다는 못 먹는 게 더 큰 문제이다. 나도 한 번 걸려 본 경험이 있어서 잘 아는 데 정말 아파서 못 먹는 게 맞다. 먹을 때나 침 삼킬 때만 아픈 게 아니라, 가만히 있어도 계속 타는 듯한 통증이 느껴져서 입을 다물고 있기조차 힘들다.

시원한 걸 먹으면 일시적으로 통증이 다소 경감되는 느낌이 들기 때문에 미음을 시원하게 해서 먹이거나 아이스크림과 죽을 번갈아 한 숟가락씩 떠 먹이는 것도 괜찮다. 잦은, 그리고 충분한 수분 섭취는 필수이다. 이런 시도에도 불구하고 아이의 음식 거부가 너무 심하면, 어쩔 수 없이 수액을 맞추거나 입원을 고려해야 한다.

Story 6

아이에게 스마트폰 보여주면 안 되나요?

'스마트폰이 낳은 신인류'라는 뜻의 '포노 사피엔스(Phono Sapiens)'라는 신조어도 있듯이, 우리의 아이들은 우리가 아이였던 시대의 세상과는 전혀 다른 세상을 사는 신인류이다. 스마트폰이나 태블릿과 같은 스마트 기기의 유해성을 이유로 아이들을 스마트 매체들로부터 완전히 차단하기란 현실적으로 불가능한 시대가 되어버렸다. 이미 스마트폰을 신체의 일부처럼 사용하는 새로운 종족이 신문명의 조류를 이끄는 이 시대에, 우리 아이들을 스마트 매체로부터 격리하려는 부모의 노력은 서구의 과학기술 문명을 거부하는 통상거부정책을 추구했던 흥선 대원군의 고집과 다를 바 없다.

스마트폰이나 태블릿이 아이에게 끼치는 유해성의 증거가 차고 넘친다고 하더라도, 적정선에서의 노출은 불가피하다. 그런 현실의 바탕 위에서 우리가 고민해야 할 부분은 우리 아이를 스마트 매체로부터 무조건 차단하기보다는 적절하고 슬기롭게 노출할 수 있는 방법을 찾는 것이다.

[스마트폰 및 영상 매체의 바람직한 사용 지침]

❶ 아이가 보고 있는 콘텐츠를 보호자가 구체적으로 알고 있는 것이 중요하다. 아이 혼자서 영상 매체를 시청하게 하지 말고 가능하면 보호자가 곁에서 아이가 어떤 영상을 보고 있는지 살펴보고 그 내용에 대해 함께 이야기하면서 상호작용을 곁들이는 것이 좋다.

❷ 만약 아이가 보기에 부적절한 내용이나 장면이 포함된 영상이라면 다른 콘텐츠를 보도록 유도하거나 채널 차단 기능을 사용해 다시 볼 수 없도록 조치해야 한다.

❸ 영유아는 공상과 현실을 구분하는 능력이 미숙하며, 옳고 그름에 관한 판단 능력도 떨어진다. 따라서 영상에 나오는 내용을 무조건 따라 하기 쉽다. 만약 부적절한 내용이 감지된다면, 왜 적절하지 않은지 아이에게 가급적 자세히 설명해 주도록 한다. 그 과정에서 자연스럽게 도덕적 가치, 정의, 사회적 지향점 등 가족과 사회의 가치와 정서를 공유할 수 있을 것이다.

❹ 스마트 기기를 하루에 얼마나 사용할지, 어떤 것을 볼지 일관된 규칙을 정하도록 한다. 전문가들은 아이들이 영상 매체나 게임에 노출되는 시간이 하루 2시간을 넘지 않도록 권고하고 있다.

❺ 아이가 스마트 기기를 사용하거나 영상 매체를 볼 때 바른 자세로 볼 수 있도록 지도한다. 특히 목을 앞으로 빼고 본다거나 누워서, 혹은 엎드려 보는 것은 바람직하지 않다.

❻ 식사 시간이나 취침 시간에는 스마트 기기를 사용하지 않도록 지도한다. 특히 아이가 자는 방에서는 스마트 기기나 영상 매체를 보지 못 하도록 한다.

스마트 기기 및 영상 매체의 바람직한 사용을 위한 첫걸음은 보호자가 모범을 보이는 것이다. 부모님께서 현명하고 절도 있게 스마트 기기를 사용하는 모습을 보여준다면, 아이들도 자연스럽게 보고 배울 수 있을 것이다.

Q. 식당에서 밥 먹을 때 아이가 스마트폰 보여 달라고 떼쓴다면?

밥 먹을 때는 절대 스마트폰을 보여주지 않는다는 규칙을 세워두었지만, 조용한 분위기의 레스토랑에서 아이가 '콩순이'를 보여 달라며 큰소리로 떼를 쓰고 조른다면 어떤 일이 생길까? 아마도 다른 테이블에 앉은 사람들 눈에서 발사된 레이저 광선이 부모의 뒤통수에 날아와 꽂혀서, 굳이 뒤를 돌아보지 않아도 등에서 식은땀이 주르륵 흘러내릴 것이다.

한번 정한 규칙은 타협 없이 일관성 있게 밀어붙이고 싶지만, 타인에게 민폐를 끼치게 되는 상황에서는 어쩔 수 없이 규칙을 어기는 선택을 할 수밖에 없다.

'밥 먹을 때 스마트폰 안 보여주기'라는 규칙을 어쩔 수 없이 어길 수밖에 없는 현실은, 그냥 현실 그대로 받아들여야 할지도 모른다. 모든 규칙에는 예외 조항이란 것이 있으니까. 그리고 '밥 먹을 때 스마트폰을 볼 수 있는 경우는 외식할 때만으로 한정한다!'라는 규칙을 새로운 규칙으로 정하면 마음이 한결 편해진다.

솔직히 해외여행에 가서 봐도 식당에서 아이에게 스마트폰이나 아이패드 보여주는 건 만국 공통이다. 《임신! 간단한 일이 아니었군》이란 책을 쓴 프랑스 작가 마드무아젤 카롤린의 내한 인터뷰 내용에도 다음과 같은 언급이 나온다.

"프랑스에선 부모들이 아이들을 얌전하게 하려고 너무 쉽게 아이패드나 스크린 앞에 붙어 있게 해요."

아이들이 지켜야 할 규칙과 틀을 중요시한다는 프랑스도, 알고 보면 우리와 별반 다르지 않다는 얘기이다. 그러니 가끔은 규칙에 유연해지는 것도 나쁘지 않다.

Story 7
우는 아이에게 어떻게 반응해야 할까요?

아기를 키우고 있거나 키워본 이들이라면 우는 아이 앞에서 난감한 상황에 빠져본 경험이 반드시 있기 마련이다. 이를테면 먹을 시간이 안 되었는데도 보채는 아기에게 수유할지 말지 갈등한다거나, 한밤중에 깨어 온 동네가 떠나갈 듯 울어대는 아기를 어떤 식으로 달래야 할지 몰라 쩔쩔매는 상황 말이다.

영아 보육에 있어 가장 중요하다고 할 수 있는 수유와 수면 문제와 관련해 '울리느냐, 마느냐?'를 결정하기란, 부모에게 있어 정말 쉽지 않은 과제이다. 특히, 아직 육아 경험이 짧은 초보 엄마 아빠라면 그 고민을 더 무겁게 받아들일 수밖에 없다.

주변 사람들의 의견은 제각각이다. '애 울리면 안 된다'고 말하는 시어른이 계신가 하면, '애를 울리더라도 엄마 뜻대로 밀어붙여야 한다'는 이웃집 언니도 있다. 전문가의 소견을 구하고자 육아 책을 뒤적이다 보면 오히려 더 헷갈리기 일쑤이다. 책마다 주장하는 의견이 다 다르기 때문이다. 어떤 책에는 아이의 울음에 즉각 반응해서 문제를 해결해줘야 좋은 애착 관계가 형성된다고 쓰여 있는가 하면, 또 다른 책에는 아이가 울더라도 조금 기다리게 하는 욕구 지연이 필요하다고 나와 있으니, 대체 어느 쪽 의견을 따라야 할지 헷갈릴 수밖에 없다는 말이다.

시대에 따라 육아 철학의 트렌드가 수시로 바뀌면서, '애를 울리느냐 마느냐?'에 대한 생각 또한 변화를 겪어왔다. 이른바 '애착 육아'가 대세를 이루었던 2010년대 초반까지만 해도, 아이의 울음에 즉각 반응해야 한다는 쪽 주장에 더 힘이 실렸었다.

생후 초기의 안정적 애착이 아이의 지적·정서적 발달에 결정적 영향을 미친다는 '애착 육아'는 영국의 정신분석가이자 정신과 의사인 존 볼비(John Bowlby)가 정립한 애착 이론에 기초한다.

존 볼비는 만 2세 이전에 안정적 애착을 충족하지 못하는 상황이 생기면 아이의 발달에 영구적 손상이 생길 위험이 발생하며, 이 손상으로 인한 결핍은 이후에 어떤 보상을 한다고 해도 만회하기 어려워서 성인기에도 성격적 결함, 또는 정신병리가 발생할 확률이 높다고 주장했다. 그리고 아이는 엄마를 향해 애착을 형성하고자 하는 신념이 있는데, 엄마 쪽에서 제대로 준비가 되어있지 않거나 적절한 반응을 보이지 않는 경우 '부분적 박탈'

이나 '완전한 박탈'을 경험할 수 있다고 했다.

그 당시 '애착 육아'라는 키워드가 한국 엄마들에게 미친 영향력은 지대했다. 엄마가 힘들건 말건, 아기와 엄마와의 애착 형성을 지상 최대의 목표로 여겼던 시절이었다고 할까? 그만큼 엄마보다는 아기가 중심이 되는 희생적 육아가 강조되었다. 특히 애착 형성이 지능 발달에 결정적 영향을 준다는 주장은 교육열에 있어서 세계에서 둘째가라면 서러운 한국 엄마들을 더 안달하게 했다.

그렇게 애착 육아가 높은 지지를 받음에 따라, 애착 형성의 출발점이라고 할 수 있는 모유 수유가 신성시되기도 했다. 모유를 늘리기 위한 엄마들의 노력은 약물 복용으로 이어지기도 했고(실제로 그 당시에 모유 늘리는 약 달라고 병원을 방문하는 엄마들이 꽤 많았다), 분유를 먹이는 엄마들은 나름의 사정과 이유를 막론하고 괜한 죄책감을 느끼게 만드는 분위기였다.

그러다 2013년에 무상보육이 시작되면서, 육아 트렌드에 변화의 물결이 일기 시작했다. 다른 건 모두 접은 채 오직 아이에게만 올인하는 희생적 육아에 지쳐있던 엄마들이 독박 육아의 고충을 세상에 어필하면서, 너도나도 아이를 어린이집에 보내기 시작했다. 엄마 혼자 육아 부담을 짊어지기보다는, 하루 몇 시간이라도 육아 전문가에게 맡기는 편이 아이에게 더 좋은 영향을 줄 것이라는 믿음이 더 지지를 받게 된 것이다.

당시 미국의 저널리스트이자 두 아이의 엄마인 파멜라 드러커맨이 2012년에 출간한 《프랑스 아이처럼》으로 시작된 프랑스 육아 열풍이 한국에 상륙하면서, 엄마가 행복해야 아기도 행복하다는 '엄마 중심의 육아'가 새로운 육아 트렌드로 부상했다. 관심의 열기가 다소 가라앉긴 했지만, 현재까지도 널리 읽히고 있는 프랑스 육아 책에는 '아이의 울음에 곧바로 반응하지 말고 기다리는 법을 가르쳐야 한다.'라고 쓰여 있다. 그리고 '아이에게 좌절을 경험하게 해서 운다고 원하는 걸 다 가질 수 없음을 깨닫게 해야 한다.'고 주장한다. 이는 앞서 언급한 애착 육아에서 제시하는 지침과는 완전히 상반된 내용이다.

우리가 혼란에 빠지는 지점이 바로 이 부분이다. 아이의 울음에 대처하는 문제 하나에 대해서도 시대의 흐름에 따라 생각의 각도가 180°로 바뀌어버리니, 대체 어느 장단에 맞춰야 할지 갈피를 못 잡게 되는 것이다. 대세를 따라가는 게 편하긴 하지만, 무조건 육아 트렌드를 따르자니 어딘가 찜찜한 게 사실이다. 현시점에서 더 많은 지지를 받는다고 해서, 그것이 꼭 정답은 아닐지도 모르니 말이다.

내가 생각했을 때 육아에 있어 가장 중요한 핵심은 다음의 두 가지이다.

1. 필요와 욕구를 구분하라!

필요 : 인간의 항상성 유지에 필수 불가결한 요소가 결핍된 상태

욕구 : 필요를 충족시키기 위한 구체적 수단

이 두 개념은 경제학 용어로, 소비와 마케팅 모두에서 중요한 의미가 있다. 배가 고픈 상태가 '필요'라면, 배가 고픈 상태를 해결하기 위해 햄버거가 먹고 싶다는 것은 '욕구'에 해당한다. 이 개념을 아기의 수유 문제에 대입시켜 보면 다음과 같다.

필요 : 아기가 배고픈 상태
욕구 : 엄마 젖이나 젖병을 빨고 싶은 상태

한데 욕구라는 건 꼭 필요에 의해서만 발생하는 것은 아니다. 다시 말해, 아기는 정말 배고파서 우는 경우(필요)도 있지만, 꼭 배가 고프지 않아도 뭔가 빨고 싶어서(욕구) 울 때도 있다는 얘기이다. 우리가 만약 아기의 필요와 욕구를 제대로 구분할 수 있다면, 우리를 난감하게 하던 딜레마에서 탈출할 수 있을지 모른다. 즉 아기가 정말 배고파서 우는지, 그냥 빨고 싶어서 우는지를 구분할 수만 있다면, 필요에 의한 울음에는 즉각 반응하여 애착 형성에 지장을 주지 않으면서도 불필요한 욕구에 의한 울음은 걸러내어 기다림과 절제를 깨닫게 하는 절충적 육아가 가능할 테니 말이다.

2. 엄마의 모성 본능에 귀를 기울여라!

'필요와 욕구를 구분하라!'라는 단순 명료한 해법에도 난관이 없는 것은 아니다. '필요와 욕구를 어떻게 구분할 것인가?' 하는 문제가 바로 그것이다. 아기가 정말 배고파서 우는지, 그냥 우는 건지를 구분하는 일은 초보 엄마에게 여간 어려운 일이 아니다. 하지만 지나친 걱정에 빠질 필요는 없다. 아이와 함께하는 시간이 쌓이다 보면, 저절로 알게 될 것이기 때문이다.

사실 요즘의 우리는 육아를 너무 지식적으로만 접근하려는 경향이 없지 않다. 하지만 동물들은 누가 가르쳐주지 않아도 본능적으로 제 새끼를 키워낸다. 사람도 엄연히 포유류로 분류되는 동물인 만큼, 그 어떤 다른 포유류보다 강력한 모성 본능이 있다. 그런데 검색 육아, 훈수 육아 등에 길든 요즘의 엄마들은 자신의 모성 본능을 믿지 못하고, 다른 무엇인가를 배워서 그 가르침대로 해야 한다는 강박관념 때문에 육아를 더 어렵고 힘들게 느끼는 경향이 크다.

육아는 감성적이고 본능적인 것이다. 눈을 감고 내면의 소리에
귀를 기울여라. 그리고 그 소리에 따르라. 그것이 답이다!

— 메레디스 스몰(코넬대 인류학과 교수)

자신에 대한 믿음을 갖고 내면의 소리에 집중해서 따라가다 보면, 분명 길을 찾게 될 것이라 믿어 의심치 않는다. 당신은 엄마니까!

Story 8
손가락을 못 빨게 하는 방법은 없나요?

"손가락을 못 빨게 하는 방법은 없나요?"

이런 질문을 받을 때면 나는 할 말이 없었다. 나 역시, 세 돌이 지나도록 손가락 빠는 딸아이를 마냥 지켜보기만 하는 아빠의 입장이었기 때문이다.

사실 내가 꼭 그런 입장이 아니었다고 해도, 그 질문에 대해 정답으로 제시할 만한 묘안이 있지도 않았다. 아이가 빠는 손가락에 밴드나 붕대를 감아놓거나 쓴 약을 발라놓는 등의 시도는 이미 다 해봤을 테였고, 그런 방법들 외에 뚜렷한 효과가 확인된 비책도 없는 게 사실이니까.

하지만 손가락을 지속해서 심하게 빠는 경우에는 치아 배열에 이상이 오거나 손가락 기형을 초래할 수도 있기 때문에, 마냥 방치할 수만은 없는 노릇이다.

Q. 손가락 빨기는 언제부터 못 하게 해야 하나요?

영아기의 손가락 빨기는 본능에 의한 지극히 정상적인 행동이다. 돌도 안 된 아기의 손가락 빨기에 대해 고민하는 보호자를 더러 만나게 되는데, 그건 너무 때 이른 걱정이다. 돌 이후에도 손가락 빨기를 완전히 끊기란 여간 어려운 일이 아니다. 그러나 손가락에 반복적으로 상처가 생기거나 심하게 짓무를 정도로 손가락을 빤다면 모종의 제한 조치가 필요하다.

원론적으로 얘기하자면, 손가락 빨기는 자신을 위안하기 위한 방법의 하나이다. 따라서 손가락을 빠는 아이에게는 다른 방법으로 아이가 즐겁고 기분 좋은 감정을 가질 수 있도록 해주는 것이 가장 좋다. 물론 손가락 빨기를 대체할 만한 위안거리를 찾는 일은 자녀의 특성과 취향을 고려해 보호자가 직접 생각해내는 수밖에 없다.

Q. 우리 아이는 꼭 손가락을 빨아야 잠드는데, 허용하면 안 될까요?

돌이 지난 아이라도 손가락 빨기를 허용해줘야 하는 경우가 있는데, 바로 잠들기 전에만 손가락을 빠는 경우이다. 손가락을 빨아야 잠이 드는 아이는 이미 그렇게 수면 습관이 형성되어버린 것이므로 그 습관을 단기간에 바꾸기란 쉽지 않다. 만약 손가락 빨기가 잠드는 데 도움을 준다면, 잠들기 전에만 제한적으로 손가락 빨기를 허용해주는 것도 좋다.

Story 9
수유가 이렇게 어려운 거였나요?

"내가 치밀유방이라서 모유가 잘 안 나오는 거래."

산후조리원에서 처음 유방 마사지를 받고 온 아내가 한 말이었다. 이 말을 들은 내가 인터넷 검색을 해보니, 실제로 치밀유방이라서 모유 수유에 어려움을 겪고 있다는 산모들의 후기가 상당수 올라와 있었다. 그런데 관련 자료를 좀 더 찾아본 결과, 동아시아의 여성들은 대부분 치밀유방(유선 조직은 많고 지방 조직은 적은 유방)을 갖고 있다는 사실도 알 수 있었다. 만약 모유 수유가 어려운 게 치밀유방 때문이라면 동아시아의 여성들 대부분이 어려움을 겪을 텐데, 그렇지 않은 걸 보면 치밀유방이라고 해서 모유 수유가 다 잘 안 되는 건 아닌 모양이었다.

여하튼 모유가 잘 안 나오는 게 치밀유방 때문이었건 아니건 간에, 아내와 딸이 모유 수유를 위해 고군분투하는 모습은 정말이지 눈물겨웠다. 한 방울이라도 더 짜내 보려고 밤낮없이 유축기와 씨름하는 아내, 한 방울이라도 더 먹어보겠다고 땀을 바짝바짝 흘리면서 엄마 젖에 매달려있는 아기를 지켜보는 내 마음은 바삭바삭 타들어 갔다. 혹시 아기의 빠는 힘이 약해서 그런 건 아닌가 싶어서, 아기를 대신해 내가 아내의 유두를 빨아본 적도 있었다. 모유를 짜내는 내내 아무것도 못하고 있어야 하는 아내를 위해, 그 시간 동안 책을 읽거나 웹서핑이라도 하라고 손을 대지 않아도 되는 핸즈프리 유축기를 주문해주는 정도가 그나마 내가 해줄 수 있는 일이었다.

수많은 전문가가 모유의 우수성을 강조하며 모유 수유를 적극적으로 권장하고 있으며, 각종 육아 서적과 인터넷 자료에는 모유 수유를 잘하는 법이 나와 있다. 나 역시도 모유 수유를 극구 장려하던 전문가 중 한 사람이었다. 하지만 어떤 사람들에게는 그런 노하우와 팁이 통하지 않을 수도 있으며, 모유 수유를 권하고 장려하는 행위 자체가 일종의 폭력으로 받아들여질 수도 있다는 사실을 경험으로 깨닫게 되었다.

모든 면에서 모유가 가장 우수하며, 아무리 잘 만들어진 분유라고 해도 모유보다 나을 수 없다는 데는 지금도 동의한다. 모유 수유에 성공하여 아기에게 충분하고 만족스러운 완모가 이루어진다면, 그보다 더 좋을 수는 없다. 하지만 모든 엄마와 아기가 모유 수유에 성공할 수 있는 건 아니며, 모유 수유 역시 선택의 하나라는 사실을 인정해야 한다. 현실적 고충과 한계를 고려하지 않은 모유 지상주의는 모유 수유가 어렵거나 불가능한 사람들에게는 넘을 수 없는 장벽일뿐더러 선택의 범주를 넘어서는 문제이니 말이다.

해보는 데까지 해보고, 안 되면 그뿐이다. 모유 수유에 실패했다고 해서 좌절감을 가지거나 아기에게 미안해할 필요는 전혀 없다. 혼합 수유는 모유와 분유 양쪽의 장점을 모두 취할 수 있어서 좋으며, 분유만 먹는 아기도 대부분 건강하게 잘 자란다. 오히려 모유만 먹는 아기들보다 혼합 수유나 분유 수유하는 아기들이 더 빨리 자라는 경향을 보인다.

요컨대, 모유 수유를 성공시키는 문제보다 더 중요한 건 엄마와 아기가 모두 만족스럽고 행복한 상태를 유지하는 것이다.

1. 이상적인 모유 수유 간격과 횟수

가장 이상적인 모유 수유 간격은 아기가 배고프다는 신호를 보일 때마다 수유하는 것이다. 아기가 배가 고플 때는 혀를 날름거리거나 입을 쩝쩝거리다가 고개를 이리저리 돌리며 젖을 찾는 시늉을 한다. 그러다 젖을 주지 않으면, 힝힝거리며 짜증을 내다가 '으앙' 울음을 터뜨린다. 가장 중요한 것은 타이밍이다. 짜증 내거나 울음이 터지기 전에 젖을 물려야 한다. 초보 엄마는 아기가 보내는 신호를 감지하는 데 어려움을 느낄 수 있지만, 아기와 함께 보내는 시간이 쌓여가다 보면 자연스럽게 터득할 수 있게 될 것이다.

아기는 만족할 정도로 모유를 먹어야 잠도 푹 잘 잔다. 즉 충분히 먹고 충분한 휴식을 취해야 아기는 무럭무럭 잘 큰다. 생후 1개월까지는 수시로 젖을 물려야 하지만, 점차 3시간 전후의 간격으로 규칙적인 수유 스케줄을 잡아가는 것이 좋다. 그리고 한 번에 먹는 양을 점차 늘려 뱃구레(위의 용적)를 키우고 수유 간격을 넓혀야만 아기도 엄마도 편해질 수 있다.

다음에 제시하는 '월령에 따른 모유 수유 횟수'는 그저 참고만 하시길 바란다. 이는 통계적 자료일 뿐, 이대로 따르라는 지침은 아니기 때문이다. 중요한 것은 아기가 배고픈 신호를 보낼 때 만족할 만큼 수유하는 것이다.

월령에 따른 모유 수유 횟수

월령	생후 1개월까지	2~3개월	4~6개월	6개월 이후
수유 횟수	하루 8~10회	하루 6~7회	하루 5회	하루 4회

2. 이상적인 분유 수유 간격과 횟수

아기가 배고파할 때 만족할 만큼 먹인다는 점은 모유 수유의 원칙과 같다. 한 번에 먹는 양을 점차 늘려가면서 수유 간격을 넓혀 가는 방향성 역시 동일하다. 하지만 모유와는 달리 분유는 수유량을 정확히 알 수 있는 만큼, 좀 더 체계적이고 규칙적인 수유 스케줄을 짤 수 있다.

적절한 시기에 월령에 맞는 젖꼭지로 교체해주는 것이 중요하며, 분유 역시 월령에 맞는 단계의 제품을 선택해서 먹이는 것이 좋다.

월령에 따른 분유 수유 스케줄 예시

월령(개월)	1회량	수유 횟수	하루 수유량
0~1/2	60~80mL	하루 7~8회	600~700mL
1/2~1	80~120mL	하루 6~7회	700~800mL
1~2	120~160mL	하루 6회	800~900mL
2~3	160~180mL	하루 6회	900~1000mL
3~4	180~200mL	하루 5회	1000mL
4~5	180~200mL	하루 5회	1000mL
5~6	200~220mL	하루 4~5회	1000mL
6~9	200~220mL	하루 4회	800~1000mL
9~12	200~220mL	하루 3회	600~800mL

3. 이상적인 혼합 수유 방법

모유가 부족하거나 여타의 사정으로 혼합 수유를 할 경우, 모유와 분유의 비중에 따라 다양한 수유 스케줄이 나올 수 있으므로 각자의 상황에 맞는 맞춤 스케줄을 세워야 한다.

모유가 부족해서 혼합 수유하는 경우 : 모유와 분유를 한 번씩 번갈아 수유하는 것보다는 모유 수유 직후에 부족한 양만큼 분유를 먹여서 한 번에 먹는 양을 충분하고 일정하게 맞춰주는 것이 좋다.

모유 양은 충분하지만, 여타의 사정으로 혼합 수유하는 경우 : 가능하면 모유를 먹일 때와 분유를 먹일 때의 수유량을 일정하게 맞추도록 하고, 규칙적이고 일정한 수유 간격을 유지하도록 한다.

Q. 자주 게워내는 아기, 어떻게 해야 할까요?

어린 영아는 위와 식도를 연결하는 부위를 조여주는 기능이 아직 미숙하여 모유나 분유를 게워내는 경우가 많다. 허겁지겁 급하게 먹거나 너무 자주, 혹은 많이 먹을 때 잘 게워내지만, 그렇지 않은 경우에도 유난히 잘 게워내는 아기가 있다. 대개 월령이 증가하면서 점차 좋아지는 경향을 보이는데, 한동안 괜찮아졌다가도 뒤집기를 시작할 무렵에 다시 심해지기도 한다.

역류 예방을 위해서는 트림을 잘 시켜주는 게 가장 중요하다. 그리고 너무 급하게 먹는 아기라면 좀 쉬었다가 다시 먹이거나 중간에 트림을 한 번 시키고 먹이는 등의 조치가 필요하다. 트림을 잘 시켜주는데도 자주 게워낸다면 눕힐 때 상체를 45도 정도로 비스듬히 높여서 눕히는 것이 역류 증상을 완화하는 방법이다.

먹을 때마다 게워내거나 몸무게가 잘 늘지 않을 정도로 역류 증상이 심하다면, 반드시 병원에 데려가서 진료와 상담을 받도록 한다.

Story 10
이유식, 사서 먹이면 안될까요?

모유나 분유만 먹던 아기에게 처음으로 쌀미음이 담긴 숟가락을 내밀고 아기가 그걸 받아먹는 순간은 진귀한 설렘과 기쁨을 안겨준다. 하지만 그런 설렘과 기쁨은 잠시일 뿐, 엄마는 절대 가볍지 않은 새로운 육아 과제를 감당해야 한다. 준비와 조리 과정이 번거로운 것은 두말할 나위 없고, 새로운 식재료가 하나씩 첨가될 때마다 아기의 반응이 달라지기 때문이다. 게다가 기껏 열심히 만들어놓은 이유식을 아기가 거부해버리면 상심이 이만저만 아니다. 이처럼 이유식은 엄마와 아기 모두에게 대단히 큰 이벤트이자, 육아 과정 중에 찾아오는 몇 번의 고비 중 하나이다.

대부분의 엄마는 이유식을 앞두고 여러 경로를 통해 정보를 얻으며 열심히 공부하고 준비한다. 개중에는 마치 영양사처럼 식재료를 그램 단위로 기록하고 전체 양과 칼로리까지 계산한 이유식 식단을 짜서 그 스케줄대로 이유식을 만들어 먹이는 야심 찬 엄마도 있다. 그런데 넘쳐나는 이유식 정보와 각종 레시피 중에서 알짜를 골라내기란 정말 어려운 일이다. 설령 좋은 정보를 습득했다고 해도, 그걸 그대로 실행하고 지속해나가기는 더 어렵다. 그리고 다른 집 아기에게 유효했던 방법이 우리 아기에게 그대로 통하리란 보장도 없다. 그러니 남이 하는 대로 따라 하기보다는 우리 아이에게 맞는 방법과 레시피가 필요하다.

1. 이유식의 필요성

생후 4~6개월이 되면 모유나 분유만으로는 영양이 부족한 상태가 된다. 수분 함량이 많은 모유나 분유로는 칼로리와 단백질이 부족하게 되고, 무기질(칼슘, 철분, 구리, 아연, 비타민 D 등)도 공급량이 필요량에 미치지 못한다. 따라서 반고형식의 섭취를 통해 부족해진 영양분을 보충해야 한다.

이때는 이가 나고 침 분비가 증가하는 시기이므로, 씹기를 통해 잇몸을 자극하고 침 분비를 촉진하여 소화 능력을 발달시켜야 한다. 즉, 이유식을 진행하는 동안 제공되는 음식의 굳기를 점차 증가시키면 아기의 섭취 능력이 발달하게 된다. 다양한 맛을 경험함으로써 미각의 기초를 형성할 뿐 아니라, 모유나 분유의 단조로운 맛에만 익숙해 있던 아기가 각종 식품의 맛, 냄새, 색깔, 형태, 감촉, 온도 등을 경험하면서 지각 능력이 발달한다. 아기가 의자에 앉아 식기를 사용하는 경험 또한 신체적, 정신적 발달을 촉진하는 과정이다. 이유식을 할 때 중요한 것은 이때의 습관이 미래의 식습관을 형성하는 기초가 된다는 것이다. 따라서 가급적 규칙적인 시간에 일정한 장소에서 먹이는 게 좋다.

2. 적절한 시기에 시작하라!

이유식 시작 시기를 결정하는 일은 매우 중요하다. 다음 발달 단계를 참고하여 적당한 시기에 시작하도록 한다.

- 수유기 : 생후 6개월까지. 빠는 기능이 왕성하다.
- 이행기 : 생후 4~8개월. 이가 나고 고형식을 삼킬 수 있게 된다.
- 성숙기 : 생후 6~12개월. 이와 잇몸으로 자를 수 있는 능력이 생긴다.

이유식은 이행기에 시작하면 되는데, 4~6개월에 체중이 6kg 이상이면서 고개를 가눌 수 있고 이유식 의자, 또는 범보 의자 등에 등을 지지하고 앉을 수 있어야 한다. 이 조건을 충족한 아기가 만약 가족들이 먹는 모습에 관심을 보이며 입을 오물거리는 등의 반응을 보인다면, 이유식을 시작할 때가 되었다고 판단해도 좋다.

가급적 만 6개월(180일) 전에는 이유식을 시작하는 것이 좋다. 6개월이 지나면 영양 부족이 올 수 있기 때문이다. 이른둥이의 경우에는 꼭 교정 연령으로 이유식 시기를 결정할 필요는 없지만, 발달 정도에 따라 1~2개월 늦게 시작해도 무방하다.

3. 육아 책에 나와 있는 스케줄은 참고만!

육아나 이유식 책에 나와 있는 이유식 스케줄은 충분히 참고할 가치가 있다. 오랜 연구와 축적된 경험을 통해 쌓인 노하우를 전문가와 유경험자들로부터 배울 수 있기 때문이다. 하지만 이는 어디까지나 참고일 뿐이며, 거기에 너무 얽매일 필요는 없다. 누군가로부터 전수받은 이유식 스케줄을 지속해서 실행할 자신이 있다면 그대로 답습하는 것도 무방하지만, 따라 하기 버겁고 힘들다면 굳이 그대로 따르지 않아도 괜찮다.

이유식 진행 과정은 개인적인 차이가 매우 크고 식욕과 취향도 천차만별이므로, 다른 사람이 짜 놓은 스케줄을 따라가기보다는 우리 아기의 특성과 진행 속도를 고려한 맞춤 스케줄이 필요하다. 그리고 굳이 스케줄표를 꼼꼼하게 짜지 않아도 상관없다. 꼭 그램 수까지 따져서 식재료를 넣거나 cc 단위로 양을 맞춰 먹일 필요도 없다는 얘기이다. 다소 주먹구구식이어도 괜찮으니, 기본 원칙을 지키면서 우리 아기에게 맞게 나만의 방식으로 적당히 진행하면 된다.

4. 알레르기 예방도 중요하지만, 영양이 더 중요하다

많은 엄마가 이유식 진행 과정 중의 알레르기 발생에 대한 걱정을 토로한다. 때로는 그 걱정이 지나쳐서 새로운 식재료 시도를 과도하게 제한하는 경우도 있다. 알레르기를 예방하는 일도 중요하지만, 적절한 영양 섭취가 그보다 더 중요하다. 알레르기에 대한 감시 및 예방을 위한 기본 원칙만 잘 지킨다면, 새로운 음식 시도를 필요 이상으로 제한하지 않아도 된다.

음식 알레르기 예방을 위한 기본 원칙

❶ 이유식 초기(4~6개월)에는 한 번에 한 가지 음식을 준다. 양은 한 숟가락에서 시작하여 점차 증량한다.

❷ 새로운 음식을 첨가할 때는 3일~1주일 간격을 두고 반응을 살피며 진행해야 하며, 피부 발진 또는 설사, 구토 등이 나타나면 일단 중지한다. 중지시킨 식재료는 2~3개월 후에 다시 시도하거나, 돌 이후에 다시 시도한다.

❸ 견과류나 갑각류는 돌 전에 시도하지 않는다.

❹ 달걀은 단백질 변성을 유도하기 위해 완숙된 달걀을 사용하며, 돌 전에는 노른자만 주고 돌 이후에 달걀 전체를 준다.

❺ 2~3종 이상의 음식에 대해 알레르기 반응을 보인 경우에는 알레르기 검사(피부 반응검사, 혈액검사)를 통해 피해야 할 식재료를 파악해야 한다.

이유식의 기본 원칙

❶ 위생적인 조리와 보관을 위해 노력해야 하며, 소금과 설탕 등의 조미료는 쓰지 않도록 한다. 꿀은 보툴리즘의 위험이 있으므로 돌 전에 주지 않는다.

❷ 냉동 보관했던 이유식을 데울 때는 중탕에 의해 체온 정도로 덥히는 것이 가장 좋다. 전자레인지로 데울 경우에는 중간에 뜨거운 부분이 있을 수 있으니 충분히 골고루 섞은 후에 먹여야 한다.

❸ 모유와 마찬가지로 한번 해동한 이유식을 다시 얼렸다 주는 것은 금물이다.

❹ 생후 12개월까지는 이유식과 함께 모유나 분유를 하루 최소 600mL 이상 먹여야 한다. 돌 이후에는 생우유로 대체할 수 있는데 하루에 600mL 이상 먹이지 않도록 한다.

5. 이유식은 엄마와 아기가 모두 즐거워야 한다

이유식 진행 과정이 항상 순조로울 수만은 없다. 아기가 미음으로 시작해서 어른과 비슷한 음식을 먹을 수 있게 되기까지는 수많은 난관과 시행착오를 경험해야 한다. 이유식을 진행하는 동안 우리가 아기에게 가르쳐 주어야 할 가장 중요한 덕목은 바로 '먹는 기쁨'이다. 고로 이유식 과정은 아기와 엄마 모두에게 즐거워야 한다.

이유식 과정이 즐거운 경험이 되기 위해서는 이유식을 준비하고 먹이는 과정에 있어 보호자의 유연한 태도도 필요하지만, 그 과정 자체도 감당할 수 없을 정도로 힘들지 않아야 한다. 그러니 남이 하는 대로 무작정 따라 하기보다는 보호자가 힘들지 않게 실행할 수 있는 현실적인 이유식 스케줄을 짜고, 이유식 과정 자체를 즐겁게 받아들일 수 있기를 바란다.

아기가 이유식을 잘 먹지 않을 때는 이유식 용기와 숟가락 등을 바꿔보거나 약간의 간을 더하는 것도 방법이다. 무엇보다 중요한 것은 밥 먹는 시간이 엄마와 아기 모두에게 즐거운 시간이 되는 것이니까.

6. 시판 이유식이라도 괜찮아!

대다수의 전문가와 육아 책들은 이유식을 반드시 직접 만들어서 먹이라고 권유한다. 하지만 만약 엄마에게 충분한 시간적 여유가 허락되지 않거나 이유식 만드는 과정이 감당하기 힘들 정도로 어렵게 느껴진다면, 차라리 시판 이유식을 사 먹이고 아기에게 한 번 더 웃어주는 게 훨씬 낫다. 시판 이유식을 만드는 데 드는 시간과 노력 대신 시간적, 정신적 여유를 가지는 것이다. 가장 좋은 절충안은 알레르기에 대한 감시와 예방이 필요한 초기에는 재료를 한 가지씩 추가하며 직접 만들어 먹이다가 중기 이후부터 시판 이유식으로 가는 것이다. 하지만 이 역시 각 가정의 상황과 여건을 고려하여 가장 현명한 선택을 하시기를 바란다.

Story 11

프랑스 육아, 나도 한 번 해볼까?

2010년대 초중반, 프랑스 육아 붐이 일었던 시기가 있었다. 지금은 관심이 다소 사그라들긴 했지만, 요즘도 서점에 가보면 프랑스 육아법과 관련된 책을 심심찮게 볼 수 있다. 그중에서도 프랑스 육아 붐의 시초가 된 책은 바로 미국의 저널리스트이자 세 아이의 엄마인 파멜라 드러커맨이 쓴 《프랑스 아이처럼》이다. 실제로 이 책은 출산을 준비하는 예비 엄마나 어린아이를 키우는 엄마들 사이에서 여전히 필독서 중 하나로 꼽히고 있다고 한다.

육아 지침서를 표방하면서도 백과사전식 안내서가 아니라 에세이 형식으로 된 《프랑스 아이처럼》은 구체적인 방법론보다는 육아에 대한 철학을 정립하는 데 도움이 되는 책이다. 미국 중산층의 육아법에 스스로 문제의식을 느끼고 있던 미국 엄마의 시각으로 바라본 프랑스 육아 이야기는 뉴욕 엄마들 못지않게 경쟁적인 속도전 육아를 펼치느라 고단한 한국 엄마들에게도 생각의 각도를 바꾸는 계기를 마련해준다.

이 책에서 제시하는 육아 방법론 중 가장 핵심이 되는 키워드는 'attend(아탕)'과 'non(농)'이다.

attend(아탕) : 기다려, 멈춰.

non(농) : 안 돼, 절대로 안 돼.

"기다려!"와 "안 돼!"는 아이를 키우다 보면 수시로 입에 담게 되는 말이다. 이 책은 아이에게 "기다려!" 또는 "안 돼!"라고 외치는 것을 주저하지 말아야 할 당위성을 설명하는 데 상당한 분량을 할애하고 있다. 하지만 유감스럽게도 우리의 현실은 책 내용보다 훨씬 더 복잡하다는 게 함정이다.

[장면 #1] 수유할 시간이 안 되었는데도 배고프다고 우는 아기를 "기다려!" 하며 그냥 울도록 내버려 둔다면?

남편 : 애 안 달래고 뭐 해? 얼른 좀 가 봐!

시어머니 : 넌 왜 애를 울리고 그러니? 애 그렇게 오래 울리는 거 아니다!

아이에게 기다리는 법을 알게 하고 싶은 엄마는 규칙적인 시간에 수유하고 싶지만 다른 가족들, 특히 남편이나 시어머니가 협조를 안 해주면 실행하기 쉽지 않다. 사실 요즘의 젊은 아빠들은 대체로 아내 말을 잘 듣는 편이라 별문제 없을지도 모르지만, 시어른의 간섭은 같이 살든 따로 살든 갈등 요인이 되기에 충분하다. 실제로 진료실에서 시어머니와의 의견 차이로 스트레스를 받는다는 엄마들의 토로를 자주 듣곤 한다.

[장면 #2] 옥토넛 세트를 사달라고 백화점 장난감 매장 바닥에 주저앉아 떼쓰는 아이에게 오늘 또 장난감을 사는 건 안 된다고 말하며 외면한다면?

아이가 떼쓰건 말건 안 되는 건 절대 안 된다고 단호하게 말하고 싶지만, 사람이 많은 공공장소에서 난리 치면 어쩔 도리가 없다.

최선의 양육에 대한 사회적 큰 합의가 이루어져 있다는 프랑스와는 달리 우리 아이에게 '아탕'과 '농'을 외치기 위해서는 육아를 둘러싼 다양한 가치관의 충돌과 맞닥뜨려야 한다. 이러한 충돌은 비단 서로 다른 가치체계의 상충뿐만 아니라, 우리 안의 내부적 갈등에 의해서도 일어난다.

'프랑스 육아법에 따라 아이에게 참고 기다리라고 가르쳤다가, 남을 배려한 나머지 자기 것마저 빼앗긴 채 경쟁에서 뒤처지면 어떡하지?'

'무조건 안 된다고 윽박지르며 기를 죽였다가 우리 아이가 어디 가서 주눅 든 채 눈치만 보게 되는 건 아닐까?'

우리 아이들은 전반적으로 여유롭고 느긋한 프랑스 사회가 아닌 일각을 다투며 분주하게 돌아가는 살벌한 경쟁사회인 한국에서 살아가야 하는 만큼, 이런 걱정이 드는 게 당연하다. 그렇다면 육아를 둘러싼 가치 충돌을 해소하면서 내가 우리 아이에게 적용하고 싶은 육아 원칙을 지켜나갈 방법은 없을까?

해법은 의외로 간단할 수도 있다. 그냥 할 수 있는 데까지만 해보는 거다! 즉, 프랑스 육아의 방법론을 너무 곧이곧대로 받아들이지 말고, 프랑스 육아 이론과 우리 현실 사이의 절충점을 찾아가 보자는 거다.

[장면 #1에 대한 해법]

가족 모두가 일관성 있는 양육 태도를 보이는 게 좋다고 주장하는 육아 전문가들이 많지만, 나는 꼭 그럴 필요는 없다고 생각한다. 집안 어른들이 모두 한 목소리로 엄하게 훈육하는 것이 아이의 정서에 결코 좋은 영향을 줄 것 같지 않기 때문이다.

훈육 담당은 한 집에 한 명이면 충분하다. 아이에게는 경외심을 갖고 따를 수 있는 대상도 필요하지만, 편안하게 비빌 언덕도 필요하다. 훈육 담당은 엄마나 아빠일 수도 있고, 혹은 할머니가 될 수도 있다. 될 수 있으면 아이와 가장 많은 시간을 보내는 제1 양육자가 훈육을 담당하는 게 가장 좋다.

우리 집에서 훈육은 아이 엄마 몫이다. 아빠는 딸아이에게 만만한 친구 같은 존재다. 아주 특별한 경우, 이를테면 아이가 위험한 행동을 하려 할 때를 제외하면, 소리 지르며 야단치는 일은 주로 아내 몫이다.

물론 아이 엄마 입장에서는 본인이 악역을 도맡는 것에 대해 불만을 가질 수도 있다. 그렇게 맨날 아이에게 화만 내다가 아이가 엄마를 싫어하게 되면 어떡하나 불안해할지도 모른다.

하지만 단언컨대, 아이는 엄마를 가장 무서워하면서도 가장 사랑한다. 그러니 훈육을 위해 자신을 야단치는 엄마를 아이가 싫어할지도 모른다는 걱정일랑 접어두셔도 된다고 자신 있게 말할 수 있다. 물론, 스스로 감정 제어를 잘해야 한다는 점은 훈육 담당자가 지켜야 할 기본 윤리이자 과제일 것이다. 그리고 훈육 담당자가 훈육 중일 때, 나머지 가족들은 잠시 거리를 두고 물러나 있어야 한다는 게 핵심이다.

조부모의 개입으로 훈육의 일관성이 흐트러지는 것에 대해서도 크게 걱정할 필요 없다고 생각한다. 우리 딸아이는 엄마와 단둘이 있을 때는 대체로 고분고분 말 잘 듣고 어른스러운 면모를 보이지만, 할머니 댁에 다녀오고 나면 어리광이 말도 못 하게 늘어서 무척 다루기 힘든 아이가 되곤 한다. 하지만 그것도 일시적일 뿐이고 하루 이틀 지나면 본 궤도로 돌아온다. 엄마는 아이가 잠시 그렇게 일탈했다가도 얼마 안 가 다시 제자리로 돌아오게 만드는 포털 같은 존재라고 생각한다.

[장면 #2에 대한 해법]

원하는 것을 항상 얻을 수 없다는 것을 아이에게 인식시키기 위해서, 혹은 생떼 쓰는 행위를 더 강화하지 않기 위해서라도 아이의 모든 요구를 들어주면 안 된다는 건 너무도 잘 알고 있다. 생각 같아서는 아이가 울건 말건 외면하고 내버려 두거나, 아이가 스스로 감정을 추스를 수 있을 때까지 기다려주고 싶다. 하지만 주변의 다른 사람에게 민폐를 끼치고 있는 그 상황을 무작정 방치만 하고 있을 수는 없는 일이다.

그런 상황이 발생하면 나는 일단 딸아이를 덜렁 들어 안고 다른 장소로 이동한다. 그리고는 아이에게 이렇게 말한다. "울어서 안 사주는 거야!" 어쨌든 그 순간만 잘 넘기면, 아이는 이내 수긍을 하고 자신의 감정을 추스른다. 그리고 아이의 관심을 돌릴 만한 다른 대상을 찾아주면 아이는 더 빨리 울음을 그친다. 물론 이것은 아이의 기질에 따라 다르기 때문에 모든 아이에게 그대로 통용되는 방법은 아니다.

그러나 아이가 떼를 쓰는 상황에서 잊지 말아야 할 것은 부모가 당황하거나 동요하는 모습을 보이지 말아야 한다는 점이다. 내 직업이 소아청소년과 의사이다 보니, 아이 울음소리에 만큼은 이력이 나 있다. 그래서 웬만한 울음 기술로는 내가 쉽게 걸려들지 않는다는 사실을 우리 딸도 잘 알고 있다. "울어서 안 사주는 거야!"라는 말을 몇 번 듣고, 우는 거로는 잘 안 통한다는 걸 깨닫게 된 딸의 다음 선택은 바로 애교와 설득이었다.

"아현이가 엘사 물병을 갖고 있는데, 채연이도 하나 사주면 안 될까요?"

세상 귀여운 표정을 지으며 사랑스럽게 얘기하는 딸아이의 모습에 심장이 사르르 녹아버리는 나는 어느새 스마트폰으로 엘사 물병을 검색하고 있었다. 그래도 딸에게 생떼 대신 설득의 기술을 알게 한 건 나름의 큰 수확이었다. 어느 TV 프로그램에서 아이가 갖고 싶은 물건이 있을 때마다 프레젠테이션을 통해 부모를 설득할 기회를 준다는 가족의 모습을 본 적이 있다. 딸이 좀 더 크면, 우리 가족도 그 방법을 도입하면 어떨까 하는 생각도 해본다.

내가 생각하는 프랑스 육아의 가장 큰 미덕은 바로, 아이를 부모에게 속한 소유물이 아닌 하나의 독립된 인격체로 존중한다는 점이다. 단호한 제한과 부모의 강력한 권위로 꽤 엄격한 훈육을 하면서도, 아이 스스로 깨달을 수 있게 믿고 기다려주는 태도는 우리가 그들에게서 꼭 배워야 할 점이 아닌가 싶다.

우리는 아이의 영역에 너무 깊이 개입하려 하고, 그들에게 너무 많은 걸 해주려고 한다. 사실 우리 아이들은 우리가 생각하는 것보다 훨씬 더 많은 걸 이해하고 있고, 스스로 가야 할 길을 자기만의 속도로 잘 찾아가고 있는 중일 텐데 말이다. '아이가 스스로 깨닫고 행동할 때까지, 그리고 스스로 자기감정을 추스를 때까지 기다려주는 것!' 어쩌면 기다림은 우리 아이들보다 외려 부모들에게 더 필요한 것인지도 모르겠다. 조급함과 욕심은 버리고, 아이를 사랑하는 만큼 믿고 기다려주는 것 말이다.

Story 12
배변 훈련이라는 게 정말 효과가 있나요?

딸 채연이가 만 30개월을 지났을 무렵, 나는 초조해지기 시작했다. 변기에 앉아 쉬하는 건 제법 능숙해졌지만 변기에 응가하는 건 완강히 거부하는 상태였기 때문이다. 채연이가 변기에 앉아 쉬하고 있을 때 "끙! 하고 응가도 해보자!" 하며 힘주는 시범을 보여줘도, 장난처럼 "끙!" 하며 따라 하는 시늉만 할 뿐이었다.

"말은 다 큰 애처럼 잘하면서, 기저귀를 아직 못 떼네!"

어머니가 지나가는 말처럼 던진 한마디는 내 마음을 더 조급하게 만들었다. 거기다 어린이집 같은 반 아이가 기저귀를 먼저 뗐다는 소릴 들으니, 알량한 경쟁심까지 발동했다. 다른 그 무엇보다 내 머릿속에 든 배변 훈련에 관한 지식이 나를 가만히 있지 못하게 했다.

《홍창의 소아과학》에는 대소변 가리기에 대해 이렇게 쓰여 있다.

'신경계가 성숙함에 따라 어린이는 대소변을 수의적으로 조절할 수 있게 된다. 대부분의 소아에서 18개월에서 2세 사이에 대소변 가리기 연습을 시작할 수 있다. 대변 가리기는 29개월경(16~48개월 범위), 소변 가리기는 32개월경(18~60개월 범위)에 가능하게 되어 대변 가리기를 소변 가리기보다 먼저 할 수 있게 된다. 대소변을 가릴 수 있게 되는 시기는 개인 차이가 크고 가족적으로도 차이가 커서 꼭 어느 시기까지 완전히 가려야 한다고 정할 수는 없으나 생후 3년 말까지 대변을 가리고, 여아는 5년, 남아는 6년까지 밤에 소변을 가릴 수 있는 것으로 기준을 잡는다.'

소아과 전문의 시험을 준비하던 시절에 저 부분을 통째로 달달 외우기도 했었고, 전문의가 된 후에도 배변 훈련과 관련한 육아 상담은 저 내용에서 크게 벗어나지 않았었다. 의사가 된 후 교과서적인 진료를 추구하고자 노력해왔던 나로서는 육아 상담 역시 교과서에 충실한 게 당연했다.

나는 교과서에 나온 대로 18개월부터 배변 훈련을 시작해야 한다고 아내를 닦달했고, 어린이집 선생님에게 공조를 요청하도록 종용했다. 조바심 내는 나를 영 마뜩잖아하던 아내는 그래도 명색이 전문가인 내 의견을 완전히 무시할 순 없었던지 처제에게 물려받은 유아용 변좌 커버와 계단형 발받침대를 창고에서 꺼내와 안방 화장실 변기에 세팅했다. 그리고 그날부터 우리는 바로 본격적인 배변 훈련을 시작했다.

다행히 채연이는 변기에 앉는 데 대한 거부감은 없었다. 몇 번의 시도 끝에 아침에 일어난 직후와 저녁에 자기 전에 꼭 변기에 앉아 쉬할 정도로 놀라운 발전을 보였고, 며칠 안 가 밤에 자는 동안에는 거의 기저귀를 적시지 않는 경지에 이르렀다. 어린이집에서도 같은 반 다섯 명의 아이 중 채연이 혼자서만 변기에 앉아 쉬한다는 얘기를 듣고는 어깨가 으쓱해지기도 했다. 이 정도라면 금방 기저귀를 뗄 수 있을 것 같은 예감이 들었다.

그러나 그 예감은 순전히 착각에 불과했다. 변기에는 곧잘 쉬를 하면서도 응가는 꼭 기저귀에만 하려 했기 때문이다. 그나마 소변도 내가 악착같이 데려다 변기에 앉히는 아침과 저녁을 제외하고는 기저귀에다 해버리는 경우가 대부분이었다. 급기야 어느 순간부터는 어린이집에서 변기에 쉬하는 것을 도로 거부하게 되었다는 비보에, 나는 그만 맥이 탁 풀리면서 깊은 혼돈에 빠지고 말았다.

'왜 교과서와 다른 거지? 책에는 분명 대변 가리기를 소변 가리기보다 먼저 하게 된다고 되어있는데…. 대변 가리기가 평균 29개월에 가능하다는데 채연이는 왜 30개월이 넘도록 똥을 못 가리는 거지? 무슨 문제가 있는 건 아닐까?'

이런 나의 마음을 읽었는지 아내는 "어린이집 선생님 말씀이 채연이가 배변 훈련에 대해서 스트레스를 좀 받는 것 같대. 조금만 느긋하게 기다려주자고 하시네."라고 얘기했다. 나는 내가 너무 성급했었다는 사실을 인정하지 않을 수 없었고, 일단 조금 물러서 기다려보기로 했다.

그러던 어느 날 저녁, 채연이가 "아빠, 똥! 똥!" 하고 다급한 목소리로 날

부르며 달려 나왔다. 놀라움보다 반가움이 더 컸던 나는 채연이를 번쩍 안아 들고는 안방 화장실로 냅다 뛰었다. 그러고는 얼른 유아용 변좌 커버와 발 받침대를 세팅한 후, 채연이를 변좌에 앉혔다. 한동안의 실랑이 끝에 채연이의 항문으로부터 굵은 똥 덩어리 하나가 툭 하고 떨어졌다.

오랜 기다림 끝에 성공한 채연이의 첫 응가를 보고 잔뜩 흥분한 나는 뛸 듯이 기뻐하며 야단법석을 떨었다. 심지어 똥 인증 사진을 찍어 친가·외가 가족들의 단체 채팅방에 올리기까지 했다. 그런데 채연이는 아빠·엄마의 호들갑에 응수하면서도 어딘가 표정이 밝지 않았다. 자기 몸에서 나온 커다란 똥 덩어리가 신기한지 물끄러미 변기 안을 들여다보던 채연이의 입에서 나온 말은 이랬다.

"그런데 너무 아팠어!"

채연이는 기저귀에다 응가를 시도하던 중에 굵은 똥이 잘 나오지 않자 나를 찾으며 달려온 것이었고, 그것도 모르고 난 아이를 변기에 앉힌 거였다. 결국 채연이의 머릿속에는 변기에 똥을 누는 건 아픈 거라는 인식이 탁 박혀버렸다. 그날 이후 한동안 채연이의 변기 거부가 이어졌다.

그로부터 2주 후 근무 중에 아내의 메시지를 받았다. 채연이가 다시 응가에 성공했다는 내용의 메시지였다. "어떻게 다시 변기에서 응가를 시도하게 된 거야?" 비결을 묻는 내 질문에 대한 아내의 대답은 이랬다.

"어제 기저귀에 응가했을 때 팬티형 기저귀를 원래대로 찢어서 벗기지 않고 일부러 밑으로 내려서 벗겼어. 그렇게 해서 똥이 다리에도 묻고 화장실

바닥에도 묻게 했지."

말하자면 아내는 의도적으로 채연이에게 기저귀에 응가하는 것에 대한 불편한 기억을 심어주려 했던 거였다. 깔끔한 성격의 채연이는 자신의 다리에 똥이 덕지덕지 묻는 것을 불쾌한 경험으로 받아들였을 테니 말이다. 그랬더니 정말 거짓말처럼, 그다음 날에는 순순히 변기에 앉아 응가를 시도하려 했다는 것이었다. 1차 시도에서 실패했지만 조금 뒤 다시 변기에 앉히고 슬쩍 자리를 피해 줬더니 스스로 집중해서 응가하는 데 성공했다고 했다.

"역시 엄마는 다르네!"

나는 패배를 승복하고 아내 앞에 고개를 숙일 수밖에 없었다. 아이의 성향과 기질을 명민하게 파악하고 있는 엄마가 헛똑똑이 아빠의 교과서적 지식보다 훨씬 더 주효했음을 순순히 인정하지 않을 수 없었다고 할까?

내 딴에는 배변 훈련이랍시고 감행했던 시도들이 과연 채연이의 대소변 가리기에 도움이 된 건지, 아니면 오히려 더 역효과만 불러일으켰는지, 나는 좀 헷갈렸다. 차라리 내가 좀 더 참고 기다려줬더라면, 더 순조롭게 대소변 가리기를 할 수 있지 않았을까 하는 생각마저 들었다.

우리 병원 근처에 있는 S 아동복지시설에서 아주 오랫동안 아이들을 돌봐오신 원장 수녀님은 일부러 배변 훈련을 시키지 않는다고 하셨다. 따로 훈련이란 걸 하지 않아도, 때가 되면 스스로 할 줄 알게 된다는 것이었다. 딸로부터 얻은 경험이나 주변의 여러 사례를 종합해 봐도 배변 훈련이라는 게 정말 필요한 것인지, 또 그것이 아이의 대소변 가리기에 정말 도움이 되는 건지, 갈수록 의문이 든다.

배변 훈련이 전혀 필요 없다는 것은 아니다. 적어도 변기에 앉는 것에 대한 거부감은 없애줄 필요는 있다. 오래도록 변기에 앉아 똥 누는 것을 거부하는 경우에는 아이가 부모의 눈을 피해 숨어서 변을 보거나 의도적으로 오래 변을 참아서 만성 변비가 발생할 수도 있기 때문이다.

하지만 부모의 개입은 적정한 선에서만 이루어져야 한다. 단기간에 대소변 가리기를 성공시켜 기저귀를 빨리 떼려는 욕심은 아이에게 스트레스만 줄 뿐이다. 변기에 앉아 대변을 보는 것이 훨씬 더 편하고 즐거운 행위로 받아들일 수 있게 도와주는 노력 정도면 충분하다.

반대로 기저귀에 대해서 불편하고 불쾌한 기억을 만들어주는 것도 시도해봄 직하다. 어떤 방법이든 우리 아이의 성향과 기질을 반영한 맞춤형 솔루션으로 진행해야 한다. 육아에는 정답이란 게 없듯이, 대소변 가리기를 잘하는 방법도 아이마다 가정마다 다 다르니까.

Story 13
아이와 함께하는 해외여행

아이를 데리고 해외여행을 가려고 하면, 이것저것 챙겨야 할 것이 한 보따리이다. 자주 아픈 시기의 아이라면 응급 상황에 대비한 준비도 필요하다. 그러니 적어도 여행 출발 4~6주 전부터 다니던 소아청소년과 의사와의 상의 하에 차근차근 여행 준비를 해나가는 것이 좋다.

Q. 신생아는 언제부터 비행기 탑승이 가능한가요?

우리나라의 국적기인 대한항공과 아시아나항공은 생후 7일 이상의 신생아에게 탑승을 허락하고 있으며, 해외 항공사도 대부분 비슷한 규정을 두고 있다. 생후 7일 미만의 신생아는 건강하게 태어난 아기일지라도 체온 조절이 불안정하고 폐 기능이 미숙하여 지상과는 다른 기내 환경에 적응하기 어려울 가능성이 높아 탑승을 제한하고 있다. 그리고 정말 부득이한 사정으로 생후 7일이 안 된 신생아를 데리고 비행기에 탑승해야 하는 경우에는 항공사의 승인 절차를 거치게 되어 있다.

생후 7일부터 만 2세 미만까지를 유아로 규정하고 성인 운임의 10%를 부과하고 있는데, 유아에게는 별도의 좌석이 제공되지 않는다. 단, 유아에 해당하는 나이라도 소아(만 2세 이상부터 만 13세 미만) 운임을 지불할 경우에는 좌석이 제공된다. 만약 승객 1인이 2명의 유아를 동반할 경우에는 최소 1명의 유아는 소아 운임을 지불해야 하며, 소아 운임이 적용된 유아에게는 좌석이 제공된다. 유아 1명당 접을 수 있는 유모차, 유아 운반용 요람, 유아용 카시트 중 1개가 반입 가능하며, 좌석 점유 소아 항공권을 구매한 유아 고객에게는 미리 신청한 때에만 유아용 시트가 제공된다.

각 항공사 홈페이지마다 유·소아 동반 고객을 위한 안내가 잘 나와 있으니, 가장 편리하면서도 안전한 여행을 할 수 있도록 옵션과 혜택을 꼼꼼히 챙기시기 바란다.

Q. 해외여행 전에 어떤 비상약을 준비해야 하나요?

해열진통제 : 해열 또는 진통 목적으로 이부프로펜 또는 아세트아미노펜 제제를 준비한다.

감기 증상 조절제 : 감기에 자주 걸린다면 콧물, 코막힘, 기침에 대한 약을 가급적 복합제가 아닌 단일 제제로 따로따로 준비하는 것이 좋다.

위장관 증상 조절제 : 복통이나 구토를 완화해주는 위장관 운동 조절제(포리부틴 등)와 설사를 경감시켜주는 지사제(하이드라섹산, 스멕타 등)를 구비한다.

두드러기 및 알레르기약 : 두드러기가 발생했을 때나 벌레에 물렸을 때 가려움증과 부기를 완화시키는 목적으로 준비한다.

항생제 연고 : 상처가 났을 때나 종기 등의 피부 감염증이 생길 때를 대비해 준비한다.

반창고 : 상처가 생길 때를 대비해 반창고 및 습윤 밴드 등을 사이즈별로 준비한다. 수영을 할 계획이라면 방수 반창고를 챙겨가는 것이 좋다.

벌레 차단제 : 벌레가 많은 지역을 여행할 때는 필수 품목이다.

[아이와 함께하는 해외여행 전에 챙겨야 할 체크리스트]

❶ **해외여행자 보험(해외 의료 보험)** : 여행 기간이 짧든 길든, 해외여행자 보험에 가입하는 것이 좋다. 해외여행자 보험은 일단 출국한 이후로는 어떤 이유로도

가입이 불가하기 때문에, 적어도 여행 전날까지는 가입해야 한다. 출발 전에 보장 내역을 꼼꼼히 확인한 후에 적절한 상품을 선택하도록 한다.

❷ **과거 병력에 대한 정보 :** 아이에게 특별한 과거력이 있거나 현재 건강상의 문제를 갖고 있는 경우에는 이에 대한 충분한 양의 약제를 가지고 떠나야 하며, 주치의로부터 영어로 기록된 의료 요약지를 받아 지참하도록 한다.

❸ **예방접종 :** 해외여행을 계획 중인 모든 소아는 연령에 맞게 필수 예방접종 스케줄에 있는 모든 백신을 접종 완료한 상태여야 한다. 맞아야 할 백신을 아직 맞지 못했다면, 여행 4~6주 전에 미리 접종하는 것이 좋다. 특수한 지역을 여행할 경우에는 필수 예방접종 외에도 추가로 맞아야 하는 백신이 있다. 해외 여행지에 관련한 백신 정보는 해외여행질병정보센터(www.cdc.go.kr/)에서 얻을 수 있다.

해외여행 중 심한 장애나 사망을 초래하는 주원인은 상해와 교통사고이다. 그러므로 해외에 나가서는 안전사고에 특별히 더 유의해야 한다. 또한 해외 여행지에서의 감염은 오염된 음식에 의한 경우가 많으니 꼭 생수를 식수로 사용하고, 위생 상태가 의심되는 곳에서는 얼음 역시 피하도록 한다. 모기 등의 벌레가 많은 지역을 여행할 때는 벌레 차단제 사용이 필수이다.

Story 14
소아과 의사를 100% 활용하는 방법

요즘은 널린 게 소아청소년과이다. 이 병원이 마음에 안 들면 길 건너편, 혹은 한두 블록 떨어진 건물에 있는 다른 병원을 찾아가면 된다. 소아청소년과가 흔하다는 것은 그만큼 선택의 폭이 넓다는 뜻이지만, 실제로 100% 마음에 드는 의사를 만나는 일은 생각보다 쉽지 않다. 보호자의 마음에 드는 의사를 찾아 지역 내 여러 소아청소년과를 순회하거나 맘 카페를 통해 소아청소년과에 대한 평판을 공유하는 세태만 봐도, 소아청소년과 선택에 대한 엄마들의 고민을 짐작할 수 있다.

하지만 이 병원, 저 병원을 찾아다니는 데는 분명 물리적 한계가 있고, 맘 카페에 올라와 있는 소아청소년과 후기도 순수하지 않은 의도로 작성된 광고성, 또는 음해성 정보인 경우가 꽤 많아 완전히 신뢰하기 어렵다.

요컨대 100% 잘 맞는 소아청소년과 의사를 만나기란 완벽한 결혼 상대자를 찾기만큼이나 어려운 일이다. 그렇기에 발상의 전환이 필요하다.

'내가 다니는 소아과가 100% 마음에 들지 않더라도, 해당 의사로부터 베스트를 뽑아내는 방법을 알면 더 만족스러운 진료를 받을 수 있지 않을까?'

잘 맞는 의사를 찾기 위한 물심양면의 소모를 줄이는 대신, 지금 다니고 있는 소아청소년과의 의사를 100% 잘 활용해서 흡족한 진료를 받을 수 있는 몇 가지 노하우를 알려드리고자 한다.

1. 진단을 먼저 내리지 말고 증상을 알려주세요

의사가 "어디가 아파서 오셨어요?"라는 질문을 던졌을 때 흔한 예로 "감기 때문에 왔어요."라며 보호자가 먼저 진단을 내려 얘기하는 경우가 종종 있다. 증상과 징후를 파악해서 진단을 내리는 일은 의사의 몫이므로, 환자나 보호자께서는 증상만 얘기하면 된다. 이를테면 "감기 때문에 왔어요."가 아니라 "콧물, 기침 때문에 왔어요."라고 얘기하는 것이다.

2. 증상은 가급적 자세하게 말씀해주세요

'어디가 언제부터 어떻게 아팠냐'는 의사의 질문에 소극적으로 대답하거나, 다소 귀찮은 듯한 태도를 보이는 보호자를 더러 본다. 문진도 매우 중요한 진료 과정이다. 특히 자기 스스로 어디가 어떻게 아픈지 제대로 표현하지 못하는 소아를 진료할 때는, 보호자가 말해주는 정보가 절대적으로 필요하다. 그러니 아이와 가장 많은 시간을 보내는 양육자가 가능하면 자세하게 환아의 증상을 의사에게 설명해주어야 한다. 만약 아이와 함께하는 시간이 적은 보호자(아빠, 직장맘, 조부모 등)가 환아를 데리고 병원에 오실 경우에는 제1 양육자로부터 충분한 정보를 들은 후에 내원하시기를 당부드린다. 증상을 메모해오거나, 진료 시에 의사와 제1 양육자를 통화로 연결하는 것 또한 좋은 방법이다.

3. 질병의 경과를 정확하게 파악해서 알려주세요

언제부터 아팠냐는 질문에 앞뒤 맥락 없이 "계속 아팠어요!"라고 대답하는 보호자가 꽤 많다. 며칠 만에 내원한 경우야 그렇다 쳐도, 2~3주 내지 수개월 만에 내원해서 그렇게 얘기하는 보호자도 있다. 그런데 다시 되짚어 차근차근 질의응답을 하다 보면, 지난 내원 때의 증상이 이어진 것보다는 최근에 새로 시작된 증상으로 내원한 경우가 더 많다.

어린이집이나 유치원에 다니는 아이들은 감기가 좀 나을 만하면 또 다른 감기에 걸리기 때문에 보호자는 아이가 항상 아픈 것처럼 느낄 수 있다. 그렇다고 해서 아이가 계속 아프다고 얘기하면 의사는 정확한 진단과 처방을 내리기가 어렵다. 연거푸 이어지는 감기 경과 중에서도 다시 시작되거나 심해진 시점을 알아야 적절한 치료 계획을 세울 수 있기 때문이다. 따라서 보호자는 아이의 증상이 언제쯤 좋아졌다가 언제 다시 안 좋아졌는지 등의 경과를 좀 더 세밀하게 파악해서 의사에게 정확하게 알려주셔야 한다.

4. 스마트폰을 적극적으로 활용하세요

말로 설명하기 어려운 증상이 있거나, 일시적으로 나타났다가 사라질 가능성이 있는 중세나 병변 등이 있는 경우에는 스마트폰 카메라로 사진이나 동영상을 찍어서 가져오면 진료에 큰 도움이 된다. 병력(발열, 설사, 구토 등)이나 수유 스케줄 등을 기록하는 앱을 활용해 진료에 필요한 정보를 정리하는 것도 바람직하다. 하지만 진료 중에 사진이나 동영상을 촬영하는 행위는 절대 바람직하지 않다. 혹시 진료 장면을 촬영하고 싶다면, 사전에 꼭 의사의 허락을 구하길 바란다.

5. 질문은 의사의 설명이 끝난 후에 해도 늦지 않습니다

아직 설명해야 할 게 남은 상태에서 보호자의 질문 공세를 받게 되면, 의사는 마음이 조급해질 수밖에 없다. 의사의 설명을 듣는 중간에도 간단한 질문 정도는 할 수 있지만, 되도록 질문은 의사의 설명이 끝난 후에 하시길 바란다. 그래야 좀 더 느긋하게 질문에 답할 수 있기 때문이다.

6. 왜 이렇게 안 낫느냐고 따지기보다는 같은 편으로 생각해주세요

의사도 감정을 지닌 동물인 만큼, 보호자가 왜 이렇게 안 낫느냐고 따지고 들면 의기소침해질 수밖에 없다. 항생제든 증상에 대한 약이든 경험적인 처방에 따른 치료를 하다 보면, 1차로 선택한 약제가 잘 듣지 않을 수도 있는데 말이다.

첫 진료 후 1~3일 후에 다시 추적 관찰을 하는 이유는, 완벽한 호전을 기대해서라기보다는 1차 치료에 대한 반응을 살피기 위한 목적이 더 크다. 그러니 혹시 첫 진료 후에 받은 1차 처방에 차도를 보이지 않더라도, 다른 병원을 찾아가거나 의사를 책망하지 말고, 담당 의사에게 조금 더 시간과 기회를 주시길 바란다. 다시 말해 한 번의 진료와 처방만으로 의사의 실력을 성급히 단정 짓기보다는 적어도 두세 번 진료 후의 치료 결과를 지켜보고 나서 판단하는 게 좋다는 뜻이다. 의사를 평가의 대상이 아니라 우리 아이에게 닥친 문제를 함께 해결해가는 동반자로 생각해주시면 더할 나위 없이 좋겠다.

7. 의견 제시는 환영하지만 지시에 가까운 요구는 곤란합니다

의사와 보호자는 환아에게 최선의 치료를 찾아 실행하는 동반자 관계인 만큼, 치료에 대한 보호자의 의견 제시는 필요하다. 하지만 의사의 소견에 반대하고 지시에 가까운 요구를 하는 것은 절대 바람직하지 않다.

환아에 대해 가장 잘 이해하고 있는 보호자의 의견은 반드시 존중되어야 한다. 그렇다고 해서 의사가 항상 보호자의 요구대로 따라가서는 안 된다. 때로는 보호자와 얼굴을 붉히더라도, 의사의 뜻을 관철해야 하는 순간이 분명 있다는 말이다. 의사는 보호자를 올바른 방향으로 이끌기 위한 설명과 설득에 힘써야 할 의무가 있다.

8. "미안해!" 보다는 "괜찮아!" 하며 달래주세요

진료실에 들어와 우는 아이를 달랠 때 연거푸 "미안해!"라고 말하는 보호자가 많다. 심지어 어떤 할머니들은 아예 대놓고 "의사 쌤, 때지!" 하며 내 허벅지나 팔을 툭 치기도 한다. 그럴 때면 의사는 공연스레 죄인이 된 것 같은 기분을 느껴야 한다. 진료는 아이에게 해를 끼치는 행위가 아니라 아픈 아이를 위해 꼭 필요한 과정이다. 그런 사실을 아이도 인지할 수 있게 보호자가 도와주셔야 한다. 그러니 진료실에서 우는 아이를 달랠 때는 '미안해!'가 아니라 '괜찮아!'라는 말로 달래주실 것을 당부드린다.

9. 아이가 자주 앓는 질환에 대해서는 어느 정도 이해가 필요합니다

의사는 올바른 진단과 치료뿐만 아니라 병의 자연경과 및 예후에 대해 보호자에게 설명하고 이해하도록 도와야 할 의무가 있다. 그런데 만약 보호자가 질병에 대해 잘 이해하고 있으면, 진료 과정이 훨씬 원활해질 수 있다. 따라서 우리 아이가 자주 앓는 질병에 대해서는 보호자도 어느 정도 이해하고 계시는 것이 좋다. 인터넷이나 주변인들로부터 얻은 정보가 도움이 될 때도 있지만 부정확하거나 잘못된 정보일 수도 있으므로, 자주 보는 소아청소년과 선생님에게 간명한 설명을 부탁하는 것이 가장 바람직하다고 생각한다.

10. 부디 믿어주세요

나를 포함한 소아청소년과 의사들은 대개 모든 환아와 보호자에게 최선을 다하려고 노력하지만, 그중에서도 자신을 믿고 잘 따라주는 이들에게 가장 마음이 가기 마련이다. 물론 믿음은 보호자 쪽에서 일방적으로 줄 수 없는 가치이니 의사 쪽에서 먼저 믿음을 받을만한 태도와 실력을 보여야 한다. 하지만 처음으로 나를 찾아온 보호자가 불신 가득한 눈초리로 바라볼 때면, 나도 모르게 위축되는 바람에 내가 가진 친절과 의술을 제대로 발휘하지 못하는 경우가 있다.

그러니 보호자께서 마주하는 의사로부터 100%의 진가를 끌어내기 위해서는 일단 의심과 경계를 풀고 믿음과 긍정이 담긴 태도로 대하시길 부탁드린다. 그것이 바로 소아과 의사를 100% 활용하는 방법 중 가장 중요한 하나이다.

Story 15
많이 아픈 아이를 두신 부모님께

"3일 치 약을 처방해 드릴 테니, 3일 후에 다시 뵐게요!"

아이를 낳기 전까지는 미처 알지 못했다. 아이에게 밤새 고열이 나면 그 부모는 뜬눈으로 밤을 지새워야 한다는 걸…. 나는 그저 3일 만에 다시 본 아이가 좋아진 걸 보면 기뻤고, 차도가 없다거나 더 심해졌다는 얘길 들으면 다소 의기소침해졌을 뿐이었다. 내가 아빠가 되어, 3일 만에 한 번 보는 의사가 아니라 아픈 아이 곁에서 3일 내내 밤잠을 설쳐야만 하는 보호자의 입장이 되어보고서야 비로소 깨달을 수 있었다. 아이가 아플 때의 부모의 마음을….

사실 우리 아이는 이른둥이 출신이지만 비교적 건강한 편이다. 하지만 아이가 코가 막혀 불편해하는 모습에 내 숨이 턱턱 막히는 것 같고, 컹컹거리며 기침을 해대면 그 고통이 내 심장까지 전해져 오는 것만 같다. 그렇게 우리 애의 건강에 아주 약간의 이상 신호만 감지되어도 내 멘탈이 이리저리 흔들리는데, 하물며 많이 아픈 아이를 둔 부모는 얼마나 마음고생이 심할까?

진료실에서 몸에 큰 수술 자국이 있거나 소아암을 비롯한 중대 질환 병력이 있는 환아와 마주하게 되면 나도 모르게 자세를 고쳐 앉게 된다. 특히 선천적, 또는 후천적 원인으로 인해 장애를 안고 살아가는 아이를 정성껏 잘 돌봐주시는 부모님들에게는 가슴 깊숙한 곳으로부터 우러나오는 경외심까지 갖게 된다. 이 지면을 빌어서 그분들께 내 진심을 담은 응원 메시지를 보내고 싶다.

"많이 아픈 아이를 정성껏 돌봐주시는 부모님들! 정말 존경하고, 또 감사드립니다!"

위의 메시지는 지금으로부터 삼사십 년 전, 심한 알레르기성 천식으로 사흘이 멀다고 소아과와 응급실을 들락날락하는 아이를 돌보느라 수많은 불면의 밤을 보내셨을 한 부모님에게 보내는 것이기도 하다. 특히 그 어머니는, 똑바로 누우면 숨쉬기 힘들어하는 아이를 등에 업고 침대 모퉁이에 기댄 채 밤을 보낸 적이 많았고, 시간에 맞춰 약을 먹이기 위해 매일 같이 수업 중인 초등학교 교실 창문 앞에서 대기하기도 하셨다. 숨넘어갈 듯 쌕쌕거리는 소리를 들으며 밤을 지새워야 했던 그 어머니의 심정은 과연 어떠셨을까?

심한 소아 천식을 앓는 아이를 돌보던 그분들은 바로 내 부모님이시다. 한 때, 나는 의대에 진학한 것을 후회한 적이 있었다. 의대 공부가 적성에 맞지 않는 데다가 나 자신이 의사가 되기에는 부적합한 사람으로 느껴졌기 때문이다. 하지만 이왕 의업의 길로 들어선 이상 좋은 의사가 되고 싶었던 나는 생각의 각도를 조금 달리할 필요가 있었다. 그런 맥락에서 나는, 내가 크고 작은 병치레와 함께 유소년기를 보낸 것이 의사가 되기 위한 조기 수련이었다는 자조적 믿음을 갖기로 했다. 그 모든 건, 나를 좋은 의사로 만들기 위해 이미 오래전부터 예정된 일이었다고….

"그렇게 골골거리던 아이를 이렇게 어엿한 어른으로 잘 키워주셔서 정말 감사드립니다. 그리고 존경합니다. 두 분에게 받은 사랑은 아픈 아이들을 잘 돌보고 그 부모님들의 마음을 잘 헤아릴 줄 아는 의사로 살며 갚아 나가겠습니다."

찾아보기

BCG	183
ILU 마사지	140
RSV	109, 274
가성 생리	62
가습기	224
가와사키병	151
간질	100, 174
간질 지속증	102
감기	112, 160, 266
감염성 비염	112
경구 수액 요법	135
경련	100, 174
경피용 BCG	183
고막 튜브 삽입	145
고빌리루빈혈증	35
고체 이물질을 삼켰을 때	242
곤충 자상	153
골절	239
관장	136
광선 요법	37
교환 수혈	37
구강 칸디다증	71
구진성 두드러기	153
구충제	194, 195
구토	126
귀지	223
급성 복통	121
급성 후두염	110
기관지확장제 패치	107
기능성 변비	139
기도 폐쇄	244
기생충	194, 195, 198
기저귀 발진	64, 65, 166
기저귀 발진 연고	65, 66
기저귀 분비물	62
기저귀 얼룩	60, 62, 63
기침	104
기침 이형 천식	105
기침약	107
꿀물	106
낙상 사고	235
넘어진 상처	234
녹색 변	56
농가진	152
누낭비강 연결술	55
눈곱	52
눈물샘 마사지	54
대리석양 피부	51
덱시프로펜	173, 175
독감 예방접종	184, 185
돌발진	148
동맥관 개존	25, 28
두통	130
딤플	30
딸국질	74
땀띠	49, 152
레이저 치료	233
마스크 선택법	209
만성 복통	122
머리 아플 때 먹는 약	132
머리둘레 성장 도표(남아)	90
머리둘레 성장 도표(여아)	91

머릿니	196
면역 요법	116
면역력	179, 255, 257
모세기관지염	109
모유 먹는 아기 변	58
모유 수유	294
모유 황달	35, 38
무해성 기능성 심잡음	23
미세먼지	206
미코플라스마	106
바이러스성 장염	126
발작	100
발진	148
밤에 갑자기 귀 아플 때	147
응급실에 가야하는 경우	99, 125
배꼽 관리	75
배꼽 육아종	76
배변 훈련	312
배앓이 전용 분유	73
배즙	106
백신	180, 181, 182
변 색깔에 따른 대처 방법	59
변비	136
보습제	210, 211
보습제 선택법	212
복막염	121
복통	120
복통 위치에 따른 원인들	123
복합 열성 경련	101
부비동염	105, 114
분유 먹는 아기 변	58
분유 수유	295
불소 도포	205
불소 함유 치약	205

비강 국소 스테로이드제	119
비만	214, 215, 216
비염	115, 119
비판텐 연고	66
빌리루빈	34
사경	76
사시	76
삼출성 중이염	145
상처 치유 단계별 치료 방법	231
상처의 치유 과정	230
생리적 황달	38
선천 심질환	27
선천 코눈물관 막힘	52
설 유착	68
설사	133, 162
설소대	67
설소대 수술	70
성장 검사 시기	219
성장 정상 범위	78
성장 지표	78
성장 호르몬 치료	221
성장판 검사	220
성홍열	150
세균과 바이러스 비교	161
소아 비만	214, 215, 216
손 씻기 방법	188
손가락 못 빨게 하는 방법	291
손톱에 긁힌 상처	234
수두	150
수족구병	149, 276
슈도에페드린	118
스테로이드 연고	66, 75, 166, 211
스테로이드 연고 등급	170
습윤 드레싱	231

시판 이유식	304	언어 발달 검사 시기	85
신바이오틱스	201	언어 발달 과정	84
신생아 중독 홍반	50	언어 지연	85
신생아 황달	33, 37	에피네프린	111
신생아에게 적합한 온도, 습도	49	여드름	51
신생아의 발열	41	연고와 보습제 바르는 순서	211
신장 성장 도표(남아)	86	연어반	51
신장 성장 도표(여아)	87	역류 예방	297
신종 코로나	187	열	40, 41, 96, 165, 172, 174
신종 플루	187		
실리콘겔 시트	233	열성 경련	101, 174
실리콘관 삽입술	55	영아 산통	73
심방중격 결손	28	영양제	260
심실중격 결손	25, 28	영유아 검진	79, 80
심인성 기침	106	예방접종	178, 180, 181, 184
심잡음	20	오심	126
심장초음파 검사	22, 23	요산	61, 63
심질환	25, 26, 27	요산뇨	61, 63
심폐소생술	247, 248, 249	요충	198
아구창	71	운동 발달 순서	82
아구창의 치료	72	유산균	141, 199, 200, 203
아나필락시스	111	유스타키오관	142
아데노이드	192	유해 물질	243
아세트아미노펜	173, 175	이른둥이	271
아토피 피부염	45, 166, 210, 213	이부프로펜	173, 175
안약	53, 177	이유식	298, 300
알레르기	166	입 냄새	202, 203
알레르기 비염	115	자주 게워낼 때	297
애착 육아	285	장염	126
액체 이물질을 삼켰을 때	242	장중첩증	121
야뇨증	189, 190	재채기	104
약의 유효기간	176	저신장의 정의	218
약진	152	전염성 홍반	149
양치질	202	전유 후유 불균형	57

정장제	135
조기 모유 황달	36
좁쌀종	50
중동 호흡기 증후군	187
중이염	114, 142, 162
중증 급성 호흡기 증후군	187
지루성 피부염	74
지사제	135
천명음	109
천식	105, 108
체중 성장 도표(남아)	88
체중 성장 도표(여아)	89
초미세먼지	206
초음파진동칫솔	204
치아 관리법	204
침대에서 떨어졌을 때	235
켈로이드	233
코골이	193
코눈물관 부지법	55
크룹	110
키	218, 220, 222
타미플루 부작용	186
탈수	129
태변	57
태아 보험	275
태열	45, 46
탯줄 떨어지는 시기	75
테이핑	232
토	297
팔로 4징	29
편도 비대	193
폐동맥 협착	29
포경수술	225
포크랄 시럽	23
프랑스 육아	305
프로바이오틱스	201
프리바이오틱스	201
피내용 BCG	183
한진	49, 50, 152
항경련제	103
항공성 중이염	145
항류코트리엔제	116
항문 주위 가려움증	198
항생제	145, 158, 163
항생제 내성	164
항생제 사용 기준	160, 267
항생제 설사	162
항진균제 연고	66
항히스타민제	118
해열제	98, 172
해열제 교차 복용	173
해열제의 종류	175
해외여행 상비약	320
해외여행 전 예방접종	321
핵황달	37
호흡곤란	108
호흡기세포융합바이러스	109, 274
혼합 백신	180
혼합 수유	296
홍반	50, 149, 152
홍삼	259
화농성 중이염	145
화상	241
환기 방법	208
황달	33
후비루	106
흉터	230, 234
흉터 연고	233

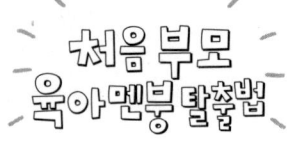
처음 부모 육아멘붕 탈출법

초판 1쇄 발행 2020년 3월 20일
초판 2쇄 발행 2020년 7월 10일

지은이 | 곽재혁

펴낸이 | 박현주
디자인 | 인앤아웃
그림 | 김미선
마케팅 | 유인철
인쇄 | 미래피앤피

펴낸 곳 | ㈜아이씨티컴퍼니
출판 등록 | 제2016-000132호
주소 | 서울시 강남구 논현로20길 4-36, 202호
전화 | 070-7623-7022
팩스 | 02-6280-7024
이메일 | book@soulhouse.co.kr

ISBN | 979-11-88915-21-7 13590

ⓒ 2020. 곽재혁

이 책은 저작권법에 따라 보호받는 저작물이므로 본사의 허락 없이 무단 복제와 무단 전재를 금합니다.
잘못된 책은 구입하신 서점에서 바꾸어 드립니다.